Survivre à tout prix

Norman Ollestad

Survivre
à tout prix

Récit d'un rescapé

Traduit de l'américain
par Nathalie Cunnington

Albin Michel

Ce livre, nourri de mes souvenirs, de mes conversations avec ma famille et mes amis et de mon travail de recherche, raconte mon enfance. Certains noms y ont été modifiés.

Titre original :
CRAZY FOR THE STORM
© Norman Ollestad, 2009
Publié avec l'accord d'ECCO,
an imprint of HarperCollins Publishers, New York
Tous droits réservés.

Traduction française :
© Éditions Albin Michel, 2010

Sur le dos de mon père à Topanga Beach en 1968

J'ai un an aujourd'hui. Je suis dans un porte-bébé attaché au dos de mon père. Je regarde par-dessus son épaule. Nous glissons sur la mer. Les ondulations de la lumière crue du soleil et du bleu de l'océan se mêlent. La planche de surf entaille l'arc de la vague et des gouttes scintillantes éclaboussent les pieds de Dad. Je me sens voler.

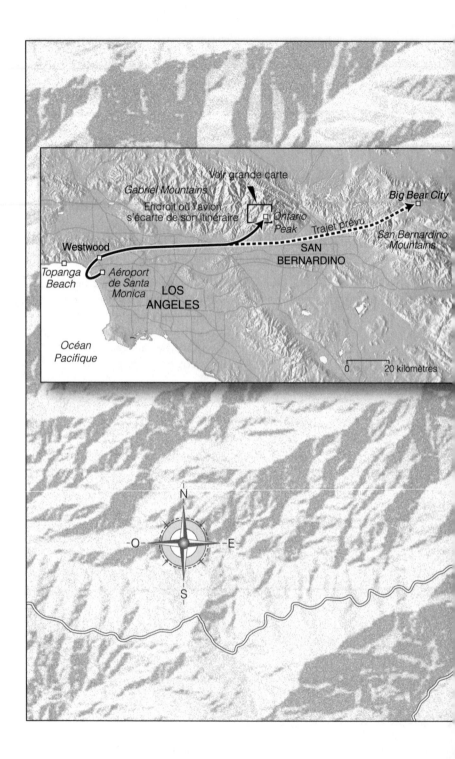

Voir grande carte

Gabriel Mountains

Endroit où l'avion
s'écarte de son itinéraire

Ontario
Peak

Big Bear City

Trajet prévu

San Bernardino
Mountains

Westwood

SAN
BERNARDINO

Topanga
Beach

Aéroport
de Santa
Monica

LOS
ANGELES

Océan
Pacifique

0   20 kilomètres

N

O   E

S

Mont San Antonio
(3 320 m)

Mont Baldy
(2 840 m)

LOS ANGELES COUNTY
SAN BERNARDINO COUNTY

CUCAMONGA

WILDERNESS

Ranch
des Chapman
(1 480 m)   Ma descente

Mount
Baldy
Village

Lieu de l'accident

Ontario Pic
(2 900 m)

0   1 kilomètre

1

LE 19 FÉVRIER 1979. Ce matin-là, à sept heures, mon père, sa petite amie Sandra et moi décollons de l'aéroport de Santa Monica. Destination : les Big Bear Mountains. La veille, j'ai remporté l'épreuve de slalom du championnat de ski de Californie du Sud et l'après-midi même, nous sommes rentrés en voiture pour mon match de hockey. Comme je dois récupérer mon trophée et m'entraîner avec l'équipe de ski, mon père a loué un avion, ce qui nous évitera de refaire le chemin inverse en voiture. Mon père a quarante-trois ans, Sandra trente et moi onze.

Le Cessna 172 décolle, vire sur son aile à la verticale de Venice Beach, prend de l'altitude au-dessus d'un groupe d'immeubles de Westwood, avant de se diriger vers l'est. Je suis installé devant avec tout l'attirail du copilote – casque, micro, etc. À côté de moi, Rob Arnold, le pilote, pianote sur les touches du tableau de bord qui s'incurve jusqu'au plafond du cockpit. De temps en temps, il actionne une sorte de roue verticale placée près de ses genoux, le compensateur, et l'avion se met à faire le yoyo. Au loin, une calotte de nuages gris couvre les montagnes de San Bernardino, ne laissant dépasser que les sommets, dont certains s'élèvent à 3 300 mètres. Tout autour s'étendent des espaces déserts.

Comme je viens de gagner l'épreuve de slalom, je me sens particulièrement sûr de moi. J'imagine les pentes sculptées sur les flancs de ces reliefs – des toboggans concaves dégringolant des sommets et dessinant des rides profondes sur les montagnes. Peut-on les descendre à skis ?

Mon père, assis derrière Rob, est en train de lire la section sport du journal tout en sifflotant une chanson de Willie Nelson que je l'ai souvent entendu jouer sur sa guitare. À côté de lui, Sandra coiffe ses cheveux soyeux. Je me fais la réflexion qu'elle est drôlement attifée aujourd'hui.

Dad, on arrive quand ? demandé-je.

Il me jette un coup d'œil par-dessus son journal.

Dans une demi-heure environ, champion. On pourra peut-être voir la piste où tu as gagné en passant près du mont Baldy.

Puis il enfourne une pomme dans sa bouche et plie le journal en rectangle. C'est comme ça que, le menton dégoulinant de jus de pastèque, il plie le *Racing Form*, le journal du turfiste, les jours où nous allons à l'hippodrome de Del Mar, *le point de rencontre du surf et du turf*. En général, nous quittons Malibu en voiture tôt le matin pour aller nous faire quelques vagues à cent kilomètres plus au sud, au large de la pointe de Swami, baptisée ainsi à cause de l'ashram qui couronne le promontoire. Quand les vagues se font attendre, Dad s'installe sur sa planche dans la position du lotus et fait semblant de méditer devant tous les autres surfeurs – à ma grande honte. Vers midi, nous arrivons à Solana Beach, qui n'est séparée de l'hippodrome que par la grande route longeant la côte, et cachons nos planches sous le petit pont en bois – elles sont trop grandes pour rentrer dans la vieille Porsche de Dad. Ensuite, nous traversons la route et la voie ferrée pour aller voir les chevaux. Au pesage, Dad me hisse sur ses épaules, avec pour tout déjeuner une poignée de cacahouètes. Choisis ton gagnant, champion, dit-il. Et il parie sur le cheval que j'ai désigné. Une fois, un outsider du nom de Scooby Doo a remporté la course d'une courte tête. Ce jour-là, Dad m'a donné un billet de cent dollars en me disant d'acheter ce que je voulais.

Les sommets paraissent s'élever encore plus haut que l'avion. Je tends le cou pour regarder par-dessus le tableau de bord. Au moment où nous nous approchons du pied des montagnes, la tour de contrôle de Burbank passe le relais à celle de Pomona. Rob explique aux contrôleurs de Pomona qu'il préfère rester en dessous de 2 500 mètres à cause du froid. C'est alors qu'un avion privé signale par radio qu'il vaut mieux ne pas s'aventurer dans la région des Big Bear Mountains sans les instruments de bord adéquats.

Message reçu ? nous demande la tour de contrôle.

Bien reçu, répond Rob.

Le nez de notre avion pénètre la zone de tempête. Brusquement, une brume grise se referme sur nous. Un bruit assourdissant sature l'espace de la carlingue, qui se met à ballotter dans tous les sens. Rob empoigne à deux mains le volant en forme de W. Avec tous ces nuages, me dis-je, pas la peine d'espérer voir la piste où j'ai gagné, ni même les pentes du mont Baldy, où Dad et moi avons passé deux jours de bonheur dans la poudreuse l'année précédente.

Brusquement, je me souviens du ton grave de l'autre pilote. La peur me tire de mes rêveries.

Je jette un coup d'œil à Dad. Il avale le trognon de la pomme en se léchant les babines. Ses yeux bleu vif et son grand sourire calment mes inquiétudes. Son visage

15

rayonne de fierté. Ma victoire apporte la preuve que nos efforts ont enfin payé et que, comme il dit toujours, rien n'est impossible.

Tout d'un coup, je vois passer derrière la fenêtre une branche toute tordue. Un arbre ? À cette hauteur ? Impossible. Puis tout redevient gris. Non, c'était un effet d'optique.

Dad examine mon visage. Comme si son regard nous suspendait en l'air, comme si nous n'avions pas besoin d'avion pour voler – comme si nous avions tous deux des ailes et planions dans le bleu du ciel. Je m'apprête à lui demander quand nous arriverons.

C'est alors qu'une grosse touffe d'aiguilles de pin passe comme un éclair derrière la fenêtre, une masse verte, qui déchire la brume. Il neige. Puis une branche pointue vient percuter la vitre. Une branche pointue, meurtrière, que Dad ne voit pas. Qui crève la carlingue, la vide de toute vie, ne laissant qu'une image carbonisée, comme une photo dévorée par le feu. Tout d'un coup, le visage de mon père se couvre de taches et se déforme.

Le temps ralentit, comme capturé par un immense lasso élastique. La brume colle aux vitres. Il n'y a plus ni haut ni bas. Comme si l'avion, immobile, pendouillait au bout d'une ficelle tel un jouet. Le pilote plonge la main vers le compensateur, le fait tourner. Oh, vite ! vite ! prendre de l'altitude, échapper aux arbres ! Rob lâche le compensateur, reprend le volant en forme de W, fait valser l'avion. Et ce cadran ? Si je le tournais ? À ce moment-là, je vois une branche se rapprocher de la fenêtre.

Attention ! hurlé-je en me recroquevillant.

L'une des ailes de l'avion cisaille un arbre, provoquant un choc sourd qui se répercute dans ma colonne vertébrale. Parti en vrille, moteur emballé, notre Cessna rebondit comme une boule de flipper sur deux autres arbres, dans un fracas de métal arraché. Je regarde le compensateur. Trop tard pour le manœuvrer.

Notre appareil s'écrase contre le pic Ontario, qui culmine à 2 870 mètres, et s'éparpille en morceaux sur la face nord de la montagne.

Projetés sur une pente verglacée au milieu des débris, nos corps se retrouvent en équilibre sur une pente à quarante-cinq degrés. Si nous glissons, c'est la chute vers l'inconnu. Il neige, le vent est glacial – et nous sommes suspendus quelque part à quatre-vingts mètres du sommet – la distance entre la vie et la mort.

2

L'ÉTÉ PRÉCÉDANT l'accident, la machine à laver de ma grand-mère est tombée en panne. Après leur retraite, Grand-Mère et Grand-Père Ollestad s'étaient installés à Puerto Vallarta, au Mexique, et un appareil ménager coûtait si cher à Guadalajara ou à Mexico qu'un tel achat aurait lourdement grevé leur budget. Quant à louer un camion pour aller chercher eux-mêmes une nouvelle machine aux États-Unis, c'était à l'époque une véritable expédition. Si bien que mon père a décidé d'aller chez Sears acheter un nouveau lave-linge et de le transporter lui-même jusqu'à Vallarta. Son idée est d'emprunter la camionnette Ford du cousin Denis, de traverser la frontière à San Diego et de descendre toute la péninsule de Baja. Arrivé à La Paz, il compte traverser la mer de Cortez en ferry jusqu'à Mazatlan, puis rejoindre Vallarta à travers la jungle épaisse, en profitant sur la route de tous ces fameux spots dont il avait entendu parler.

Ma mère m'explique tout cela alors que nous sortons de l'école où elle enseigne en CE1 et où je suis un stage d'été pour préparer mon entrée en cinquième. Je l'écoute en silence, raide de peur. Elle n'a pas précisé s'il fallait que j'accompagne Dad, mais c'est dans l'air, comme une

18

menace, d'autant plus terrifiante qu'elle est incertaine. L'idée de rôtir trois ou quatre jours dans cette camionnette à chercher les bons endroits pour le surf – et pire encore, à les dénicher, ce qui veut dire me retrouver noyé dans des vagues immenses, tout seul avec Dad –, voilà qui n'a rien d'enchanteur. Dad ne pensera qu'à surfer et je serai livré à moi-même. Je m'imagine plaqué par une vague et ballotté, puis essayant de remonter péniblement à la surface à moitié asphyxié.

Mom prend la route qui longe la côte. Le chuintement de l'océan se superpose à la musique des Beatles à la radio. Je regarde par la fenêtre pour faire passer mon envie de vomir.

Nous sommes enfin arrivés. Mom habite à Topanga, la plage la plus au sud de Malibu. Les maisons qui se trouvent là ont été construites directement sur le sable, à la va-vite, sans aucun plan, comme si l'idée de faire des abris solides était secondaire et que seul comptait le besoin fondamental de vivre sur la plage. Avant, Dad habitait avec nous. Un jour – j'avais trois ans –, il est parti s'installer de l'autre côté de la route, dans une baraque au bord du canyon. Plus tard, vers dix ans, j'ai pu reconstituer, grâce à quelques bribes d'information, un récit sommaire des raisons pour lesquelles mes parents s'étaient séparés.

Je me souviens que Mom râlait souvent parce que le téléphone sonnait au beau milieu de la nuit et que Dad partait sans rien lui dire, puis revenait sans plus d'explication. Elle savait que ces appels concernaient Grand-Père Ollestad et Oncle Joe, le demi-frère de Dad, qui demandaient toujours à Dad de les tirer du pétrin où ils s'étaient fourrés. Mais mon père refusait de parler de ces histoires. Quand Mom se plaignait d'être exclue de certains secrets de famille, Dad feignait l'indifférence, partait surfer, ou bien, lorsqu'elle ne voulait pas lâcher le morceau, s'en allait, tout bonnement. Un jour, il a prêté à Oncle Joe de l'argent pris sur le compte d'épargne qu'il avait ouvert avec ma mère et a refusé de dire à Mom pourquoi. C'est la goutte d'eau qui a fait déborder le vase. Peu après, un Français du nom de Jacques – un ami d'un ami de Dad – est venu séjourner quelque temps à la maison. Mon père avait subi récemment une grosse opération du genou et pouvait à peine se déplacer, si bien qu'il a prêté une planche de surf à Jacques et lui a indiqué depuis la véranda, en criant et en agitant sa béquille, l'endroit où prendre les vagues. Comme il n'avait pas la force de faire visiter Malibu à Jacques, c'est Mom qui a emmené notre hôte à Point Dume, une série de petites criques idylliques, au restaurant Chez Alice sur le ponton et au musée Getty. Puis Jacques est reparti en France et Dad a cessé de rentrer dormir à la maison. Deux ou trois semaines plus tard, il est revenu quelques jours, avant de déménager toutes ses affaires dans la petite maison de l'autre côté de la route.

Mom s'est alors mise avec un type, un certain Nick, qui dès le début s'est comporté comme s'il cherchait la bagarre. Exactement le contraire de mon père, qui détestait se disputer avec ma mère. Nick et Mom se faisaient parfois des scènes spectaculaires devant tout le monde sur la plage. Mais cela n'avait rien d'anormal – à Topanga, on voyait souvent des gens mariés embrasser d'autres personnes, se bagarrer avec leurs nouveaux partenaires, puis déménager du jour au lendemain. Pour en revenir aux problèmes entre mes parents, je n'avais qu'un tableau incomplet de l'histoire. Quelque chose s'était brisé, voilà ce que je savais. Et j'étais bien obligé de faire avec.

Mom met la voiture au garage. Sunshine, ma chienne golden retriever à trois pattes, m'attend sur l'allée longeant le côté de la maison. Nous courons jusqu'à la véranda, dévalons les escaliers et traversons la plage en direction de la pointe – une langue de sable à l'extrémité nord de la baie.

Deux filles de mon âge montant des chevaux à cru trottent dans les vagues qui meurent sur la plage. Je retiens Sunny pour qu'elle n'effraie pas leurs montures. Ces filles vivent dans le canyon de Rodeo Grounds, en dessous de là où mon père s'est installé. Nous nous faisons un signe de la main. Les sabots des chevaux éclaboussent d'eau salée les jambes des cavalières, qui miroitent au soleil de cette fin d'après-midi.

J'attends qu'elles disparaissent dans l'entrée du canyon pour lancer le bâton de Sunny dans l'écume. Un blond à longue barbe attifé comme un Indien se met à faire la danse du soleil face au couchant. Il me rappelle Charles Manson, qui passait son temps à traîner sur la plage à l'époque où j'étais bébé et contait fleurette à ma tante quand elle était installée avec moi dans les bras sur les marches de notre véranda.

Heureusement que je n'ai jamais rejoint cette communauté dont il me parlait tout le temps, a ajouté ma tante le jour où elle m'a raconté cette histoire.

Après dîner, j'essaie de m'endormir en me laissant bercer par les vagues, puis lis quelques pages des aventures des Hardy Boys pour m'empêcher de penser à l'expédition mexicaine. Au milieu de la nuit, je fais une tente avec mes couvertures et invente une histoire d'espion qui transmet des informations secrètes à son QG par le biais des montants en laiton rouillé de mon vieux lit, au pied duquel Sunshine, couchée en rond, monte la garde. Je la caresse en lui confiant que je déteste être obligé d'aller surfer, que j'en ai assez de ne pas pouvoir passer le week-end à jouer, comme les gamins de Pacific Palisades.

Je me plains souvent auprès de mon père de ne pas habiter en ville. Il me répond qu'un jour, je me rendrai compte de la chance que j'ai de vivre sur la plage, et que comme il m'arrive d'aller chez Eleanor (qui est comme une marraine pour moi) à Pacific Palisades, je suis doublement verni.

Mais elle n'a pas de piscine, dis-je, à quoi Dad réplique que j'ai à ma disposition la plus grande piscine du monde.

Avant ma naissance, ma mère travaillait à Hill'n Dale, l'école maternelle dont Eleanor était directrice. Mes parents, Eleanor et son mari sont ainsi devenus grands amis. À trois ans, je suis entré dans son école, et Eleanor s'est tout de suite beaucoup occupée de moi. Nous sommes nés le même jour, le 30 mai, se plaît-elle à dire à tout le monde. Arrivé en CP, j'ai pris l'habitude de marcher de l'école primaire à Hill'n Dale, distante de cent mètres, où j'attendais que mon père ou ma mère vienne me chercher après le boulot. Ainsi, voyant Eleanor pratiquement tous les jours, j'en suis venu à la considérer comme ma *deuxième mère*, et c'est ce que j'explique autour de moi.

Au réveil, une bonne nouvelle m'attend – mon père doit préparer un procès pour faute professionnelle avec Al, son associé au cabinet d'avocats, avant son départ pour le Mexique. Je ne serai donc pas obligé de surfer ce week-end et, en plus, il est question que Sandra l'accompagne au Mexique. Il y a maintenant de grandes chances que je reste. Je suis tellement ivre de soulagement que je ne vois pas venir le sale coup que me réserve Nick. Cela fait maintenant plusieurs années qu'il vit avec ma mère. Et le voilà qui parle de *protège-dents*, de *directs*, et annonce que Charley, le seul garçon de mon âge à vivre sur la plage, va venir à la maison. Mais j'ai la tête ailleurs – je flotte dans un monde merveilleux où le Mexique n'existe pas, où nous autres gamins passons notre temps à dormir chez les uns et les autres, à fêter nos anniversaires et à manger de gros gâteaux recouverts de glaçage.

Le sable blanc est brûlant. Nous sommes en août. La brume s'est levée depuis longtemps et le soleil cogne. Tout en buvant leurs bières, Nick et son copain Mickey ont dessiné un cercle sur la plage.

Ça, c'est le ring, explique Nick. Si vous en sortez, vous serez automatiquement disqualifiés.

Il paraît que Nick ressemble à Paul Newman. Il est plus grand que mon père, mais n'a pas ses épaules larges – parce qu'il ne surfe pas, j'en suis certain. Il diffère de mon père sur plein d'autres points. Il ne danse jamais aux fêtes, ne joue aucun instrument de musique, ne sait pas chanter – alors que tout cela, mon père l'a appris tout petit, quand il faisait du cinéma. Il a joué dans un grand classique, *Treize à la douzaine*, inspiré de la vie de la famille Gilbreth et de leurs douze enfants, ainsi que dans plusieurs autres films et feuilletons télé, et ce jusqu'à vingt-deux ou vingt-trois ans. Dans un feuilleton qui s'intitulait *Sky King*, il tenait le rôle d'un mécanicien, ce qui est plutôt drôle vu qu'il aurait été incapable de réparer ne serait-ce que mon vélo. Pour en revenir à Nick, je ne l'imagine pas non plus directeur d'un camp d'été pour pom-pom-girls, comme l'a été mon père. C'est d'ailleurs ainsi qu'il a rencontré ma mère – en recrutant des animatrices pour enseigner le chant dans son camp. À l'époque (c'était en 1962), ma mère habitait avec une animatrice à Westwood, près de l'université de Los

Angeles (UCLA). Dad venait de démissionner du FBI et travaillait pour Robert Kennedy. Lui et son pote Bob Barrow, qui avait grandi dans le même quartier sud de Los Angeles, avaient eu une idée formidable pour se faire du fric et rencontrer des filles : organiser un camp d'été pour pom-pom-girls. Dad leur faisait répéter leurs numéros de danse le matin, puis endossait son costume-cravate et filait au département de la Justice.

À leur premier rendez-vous, Dad a emmené ma mère à Topanga Beach. Il lui a joué de la guitare et l'a persuadée de surfer avec lui. Un an plus tard, ils étaient mariés et s'installaient dans la maison sur la plage.

Mickey nous aide, Charley et moi, à attacher nos gants de boxe. J'ai obtenu les miens en les échangeant avec un gamin de la plage contre ma poupée de chiffon, au sortir d'une soirée de dispute avec Nick où j'ai annoncé mon désir d'apprendre à boxer. Et maintenant, comme pour me montrer qu'il n'est pas impressionné par ma soudaine passion pour la boxe – bien évidemment une réponse à ses colères d'ivrogne –, Nick a décidé d'organiser ce petit combat entre Charley et moi.

Ça te fera du bien, Norman, dit-il.

Pendant que Mickey attache nos gants, Charley et moi tendons le cou pour voir derrière la dune plate surmontant le promontoire.

Au lieu de reluquer les dames à poil, mettez donc vos protège-dents, fait Nick.

La plage de nudistes se trouve juste derrière la dune. Mickey et moi nions immédiatement tout intérêt pour les filles.

Ça vaut mieux, répond Nick. Vous savez ce qu'il y a derrière ces nichons et ces paires de fesses ?

24

Tout ouïes, nous levons de grands yeux impatients vers lui.

Des mères, des grand-mères, des frères, des sœurs, des cousins. Des mariages, des fêtes d'anniversaire. Des corvées qui n'en finissent pas.

Nous attendons, ignorant qu'il n'y a pas d'autre réponse à attendre.

Un de ces jours, ça va vous tomber dessus, poursuit Nick. Les protège-dents sont mis ?

Ouais, je réponds.

Bon. Ta mère me ferait une crise si tu perdais tes dents.

Tout en buvant sa bière avec de grands glouglous, Mickey jette un coup d'œil à notre maison au fond de la petite baie. Ma mère est en train d'arroser ses plantes sur la terrasse.

OK, déclare Nick. Les mains près du menton, et on soigne son jeu de jambes.

Comme Mohammed Ali, dis-je.

Nick sourit. Je sens son haleine chargée de l'odeur de bière.

Ouais, comme Ali, tout à fait.

Charley n'a pas du tout l'air inquiet. Et pour cause – il fait dix centimètres et cinq kilos de plus que moi. Nous décrivons des cercles sur le ring. Je danse comme Ali. J'aperçois quelques ouvertures entre le gant de Charley et son épaule, juste assez pour le frapper à la mâchoire, sauf que mon bras, au lieu de partir comme une flèche, retombe mollement à mi-course. Je repars à l'attaque, mais mes muscles se raidissent. Il me faut briser leur résistance. Mon coup de poing vient s'écraser sur le front de Charley comme une mouche sur une vitre. Alors, il se lance à l'attaque. Je monte ma garde. Il me frappe au ventre. Le souffle coupé, je me tourne sur le côté. Il me frappe sur le nez.

Une sorte de décharge me parcourt tout le corps. Ce n'est pas une simple douleur. C'est liquide et frais comme l'alcool avec lequel Dad se lave les oreilles après le surf. Mes yeux s'emplissent de larmes. Mort de peur, je tourne la tête pour chercher de l'aide et tombe sur le regard insistant de Nick.

Alors, on abandonne ? me demande-t-il avec un sourire narquois.

Je fais oui de la tête. Charley lève les poings en signe de victoire.

Je tends les bras pour que Nick défasse mes gants. Il se frotte le front en soupirant et pose sa bière. Charley, que Mickey félicite d'être un vrai dur, parade. Je me souviens alors des larmes que j'ai versées après avoir échangé ma poupée de chiffon. J'aurais tant voulu la récupérer. Ce jouet, c'était tout ce qu'il me restait de l'époque où mes parents étaient encore ensemble. Mais trop tard – le garçon auquel je l'ai donnée a déménagé.

Charley, le premier à enlever ses gants, annonce qu'il part faire du skate avec Trafton et Shane et quelques-uns de ces as du surf qu'on voit sur la plage. Ils ont décidé d'aller à Coastline, là où la chaussée est toute neuve et où les rues larges et pentues semblent interminables.

Ta mère te l'a expressément interdit, Norman, fait Nick sans même me laisser le temps de plaider ma cause.

Je le regarde. Je sens mon visage rougir et mon menton se mettre à trembler.

C'est trop dangereux, ajoute-t-il.

Je porte la main à mon nez endolori. Nick paraît ravi qu'on m'autorise à boxer tout en m'interdisant le skate.

On n'a pas toujours ce qu'on veut dans la vie, déclare-t-il en me tapotant le dos comme pour me consoler de cette injustice. Mieux vaut s'y habituer maintenant, Norman.

Nick et Mickey partent devant nous en prenant les gants et les protège-dents pour éviter que nous les perdions. J'accompagne Charley jusqu'à sa maison près du promontoire.

Tu sais, tu peux venir si tu veux, dit-il.

Je n'ai pas besoin de son autorisation. Ces types, je les connais, moi aussi. Mais je fais semblant d'être reconnaissant.

3

JE ME RÉVEILLE. Je suis à quelques dizaines de mètres du sommet du pic Ontario. Les flocons qui tombent du ciel telles des plumes recouvrent mon visage. J'ai rêvé, mais je ne me souviens pas de quoi. Peut-être de Dad et moi en train de descendre une piste recouverte de poudreuse ?

Le vent souffle entre les aiguilles de pin, tellement pur et libre que je me demande si je ne suis pas encore endormi. Je suis tout replié sur moi-même. Un morceau du tableau de bord encombre mon champ de vision. L'une de ses extrémités s'enfonce dans le brouillard comme un bateau renversé. À quelques mètres de là se trouve un gros tronc d'arbre. Incliné dans l'autre sens, il forme une croix avec le tableau de bord. Impossible de savoir où se trouve la ligne d'horizon. Je tente désespérément de m'orienter. Tout d'un coup, le brouillard se lève, comme un vol d'oiseaux montant vers le ciel. L'une des ailes de l'avion est fichée dans le tronc de l'arbre. Des images bizarres s'emmêlent sans aucune logique. La neige tombe dans tous les sens, par tourbillons chaotiques, puis disparaît derrière un rideau blanc de brouillard.

J'essaie de respirer, mais n'arrive pas à remplir mes poumons. J'ai le ventre scié en deux par ma ceinture de sécurité, qui me scotche au siège. J'appelle Dad. Je hurle.

J'peux pas respirer ! Dad, j'peux pas respirer !

Je suis assis sur le côté, cloué à mon siège. Impossible de me tourner pour voir comment vont Dad et Sandra. Je m'évanouis par intermittence – comme si je sombrais dans une mare boueuse, puis remontais à la surface avant de sombrer à nouveau. Tout ça n'est qu'un cauchemar. Un rêve sans queue ni tête. Pourtant, je n'arrive pas à me réveiller.

Je remarque une forme tout là-bas, de l'autre côté de la cabine déchiquetée – le pilote, étendu sur le dos, bras et jambes ouverts comme s'il sautait en parachute à l'envers. À l'endroit où devrait se trouver son nez, il y a comme un trou rouge sang. Mais je ne suis pas sûr. Une nappe de brouillard l'avale.

J'essaie de respirer. Une toute petite bulle d'oxygène. Je cherche à tâtons la boucle de la ceinture. Mes Vans couinent sur la neige. La boucle s'ouvre. L'air glacial brûle mes poumons. Dad va s'occuper de ça, j'en suis sûr. Il va tout remettre d'aplomb.

Je me sens défaillir, comme un moteur en bout de course. Ma tête est toute légère, je vois flou. J'ignore où je suis. Mes yeux se ferment. J'abandonne.

4

CHARLEY ET MOI GRIMPONS dans le combi Volkswagen, saturé par la fumée des joints qui circulent. Je tire une bouffée, en prenant garde de ne pas trop avaler. Big Fowler saute du véhicule pour qu'il puisse remonter jusqu'à la route. Au niveau du musée Getty, un peu plus au sud, nous tournons. Shane appuie sur l'accélérateur pour atteindre le sommet de la colline. Là, il va laisser le volant à l'une des filles qui nous retrouvera à un carrefour à la fin de notre descente.

La porte coulissante du combi s'ouvre, laissant s'échapper une bande de types pieds et torses nus avec les cheveux en queue-de-cheval. Les roues de skate en polyuréthane viennent de remplacer les anciennes en argile. Sous mes yeux émerveillés, les grands descendent la rue à toute allure en dessinant des virages en épingle à cheveux au milieu de la chaussée. Charley et moi attendons jusqu'à ce que leurs silhouettes aux bras ballants disparaissent au premier tournant.

Ne reste plus devant nous que la pente de bitume noir. Charley, qui ne semble pas le moins du monde impressionné, saute sur son skate et se jette en avant. Je n'ai jamais rien descendu d'aussi raide. Mais hors de question de rester là-haut tout seul. Je me lance, en prenant des virages bien larges et en remontant chaque fois la pente. Charley disparaît dans le tournant, accroupi sur son skate. Je ne veux surtout pas qu'il prenne trop d'avance sur moi et que tout le monde me voie arriver à la traîne.

Avalant ma peur, je pointe mon skate vers le milieu de la rue. L'accélération est brutale, instantanée. Au niveau du virage, mon skate commence à trembler. Après le tournant, j'ai atteint une vitesse démentielle. Je me penche vers le haut de la pente pour ralentir. Les vibrations montent des roues jusqu'aux trucks – les essieux métalliques sous le skate – et grimpent le long de mes jambes, qui se mettent à flageoler comme des pots d'échappement prêts à tomber. Tenir, tenir à tout prix ! Le trottoir se rapproche. Vite ! Préparer le prochain virage ! Luttant contre les vibrations, je déplace le poids de mon corps vers mes orteils. Tout d'un coup, les roues se coincent. Je suis projeté en l'air. J'atterris sur la hanche gauche, rebondis deux fois et dérape sur la chaussée en m'arrachant la peau. Impossible de m'arrêter. Je plaque la main par terre. Mon coude se plie. Je fais la culbute. Quand je m'immobilise enfin, j'ai le dos et les fesses complètement à vif.

L'air avive la douleur sur tout le côté gauche de mon corps. Le contact du sol avec mon dos est insupportable. Ma main brûle. Ma hanche me lance. Mais la seule chose qui m'importe, c'est de savoir si quelqu'un m'a vu. Je lève les yeux. Charley est déjà en train de prendre le virage suivant.

Mon skate a atterri dans un buisson de roses. Je le ramasse, m'égratignant au passage l'autre main. Je grimpe dessus et finis ma course en prenant de grands virages. À la fin de la descente, je vois Charley assis le dos contre le combi avec tous les autres garçons et les filles avec des fleurs dans les cheveux.

Qu'est-ce qui t'est arrivé ? demande-t-il.

On dirait bien que Norman s'est pris une gamelle, dit Trafton.

Je fais oui de la tête et baisse mon short pour leur montrer ma blessure de guerre. Elle est rouge écarlate et sanguinolente, avec la peau autour toute noircie.

Regarde-moi ça comme la rue t'a tatoué ! ironise Shane.

Tout le monde se met à rire. Je sens mon courage s'envoler.

Putain, tu devais aller à fond la caisse ! s'exclame Trafton.

Je hausse les épaules

C'est ça, le skate, le vrai, poursuit-il.

Merci, je réponds.

Pas besoin de regarder Charley ou les autres – je sais qu'ils me respectent maintenant. Je remonte mon short et reprends mon skate. Charley me propose de la bière. Je refuse.

Comme ma mère est postée devant notre garage, Shane gare le combi au bout de l'allée. Je sors en me mêlant à la bande et passe par le portail d'une maison voisine. Les autres remontent dans le véhicule, qui s'éloigne en pétaradant. Je prie pour que la maison soit vide. Tout ce que je sais des gens qui y habitent, c'est qu'il y a un garçon qui y passe un week-end par mois avec son père. Je décide de prendre l'escalier extérieur qui descend le long de la maison, ce qui me permettra d'arriver chez moi par la plage.

L'escalier passe juste à côté d'une fenêtre. Sous les marches, je vois le père du garçon. Il est installé sur un lit entre les jambes d'une femme et la baise. La femme secoue la tête. Ses joues sont roses. En l'entendant gémir, une onde d'excitation envahit le creux de mon ventre. Jamais je ne pourrais partager ça avec Dad. Il se moquerait de moi s'il savait que j'aime les filles. Et tous ses amis feraient de même.

L'homme pénètre vigoureusement la femme, qui pousse un cri. Ensuite, il reste étendu sur elle. Je suis incapable de détacher mes yeux d'elle. Mon nez se trouve à quelques centimètres de la vitre, embuée par mon souffle. Lorsque je recule, il y a dessus une tache humide de la taille de mon visage.

Tout en vagabondant sur la plage aux rochers moussus que la marée basse a découverts, je revois les joues roses de cette femme. Plus au sud, au fond de la baie, j'aperçois Bob Barrow, Larry et Vincent, le frère de Nick, penchés au-dessus de la table de poker sous la véranda de Barrow. J'entends des pincements de cordes non loin. La musique provient de la maison jaune où vivent tous les meilleurs surfeurs. Ils l'appellent le Yellow Submarine. C'est là que Nick habitait avant de venir vivre avec ma mère. En apprenant qu'il ne surfait pas, je n'en ai pas cru mes oreilles. Trafton et Clyde sortent sur le perron avec leurs guitares électriques. Bien campés sur leurs jambes, ils se mettent à répéter des riffs de blues.

Une femme aux cheveux de jais descend sur la plage. Comme portée par le vent, elle se laisse pousser jusqu'au pied de la maison jaune et s'allonge sur la petite dune formée par les vagues à marée haute. Elle lève les yeux vers Clyde et Trafton, qui grattent sur leurs guitares. Aimanté par elle, j'avance sans me presser jusqu'au sable humide.

Elle roule sur le dos, contemple l'océan, balançant la tête au rythme de la musique. Je me mets à genoux, creuse un trou dans le sable et m'installe pour regarder en douce sous sa minijupe. Son corps est magnétique, ce qui est plutôt dans l'ordre des choses, mais je ne sais pas trop quoi faire de cette excitation qui me parcourt.

Au début, je ne me rends pas compte qu'elle m'observe. Le temps qu'il me faut pour détourner mes yeux et m'apercevoir qu'elle me regarde me paraît étrangement long. Elle m'étudie d'un air détaché, comme si je n'étais pas en train de reluquer sous sa jupe à elle, mais sous celle d'une autre femme, comme si elle étudiait une photo de la scène. Elle ne semble pas gênée par le fait que je contemple son sexe. Comme les nudistes qui prennent le soleil près du promontoire et n'ont pas l'air gênées quand Charley et moi rôdons dans les parages.

Je reprends mon skate et m'en vais.

Je cours jusqu'à la maison, piétinant le lierre qui pousse dans le sable devant la véranda. J'entends s'ouvrir une porte coulissante. Ma mère apparaît sur le passage longeant la maison. Sa silhouette bouge quelques instants dans la pénombre, puis elle rentre. Fonçant telle une flèche, je vais dissimuler mon skate sous la terrasse, en bas de l'étagère, entre la nourriture pour chien et celle pour chat. Enfin, j'entre.

Dans l'embrasure de la porte menant à la buanderie, je vois le torse de ma mère penchée sur le côté. Elle se redresse et me regarde.

Tu étais où, Norman ?

À la plage.

Sans Sunshine ?

Sunny sort de sous la table de la cuisine, la queue frétillante comme si elle ne m'avait pas vu depuis plusieurs années. Je m'accroupis, la câline et lui embrasse la truffe.

Tu mens, dit ma mère.

De quoi tu parles ?

Tu es allé faire du skate. Ton skate n'était pas à sa place.

Je ne le mets plus là parce que Dad pose toujours les planches de surf dessus.

Puis je file dans ma chambre, qui se trouve juste à côté de la cuisine, et m'enferme. J'ôte mon tee-shirt et mets une chemise à manches longues pendant que Sunny gratte à la porte.

Je sors de ma chambre et vais droit au frigo. Je suis en train de boire du lait à la bouteille quand ma mère passe la tête au-dessus de la porte du réfrigérateur.

C'est la vérité ?

Oui.

Mentir à quelqu'un en face, c'est pire encore.

Je ne mens pas. Demande aux autres. Je ne suis pas allé avec eux.

Elle m'inspecte, l'air soupçonneux. Je hausse les épaules.

Pourquoi tu t'es mis une chemise à manches longues ?

Parce que je vais dans le canyon.

Elle prend un air perplexe et vaguement inquiet. J'appelle Sunny. Nous entrons dans le salon, passons devant le rocking-chair où Nick s'installe le soir pour regarder le journal télévisé. Ce qui me fait penser à toutes ces heures passées à regarder, contraint et forcé, les auditions du Watergate tandis que Nick, assis dans ce même fauteuil, hurle après le poste, une bouteille de vodka à la main.

Me précédant, Sunny franchit d'un bond la marche menant à la chambre de ma mère, puis passe la porte cou-

35

lissante et déboule sur la véranda. Elle a perdu sa patte antérieure gauche, ce qui ne l'empêche pas de sauter de là directement sur la plage.

Elle sait où nous allons. Le canyon de Topanga débouche sur la plage. Le ruisseau qui y coule forme un étang avant de disparaître peu à peu dans l'océan, sauf l'hiver quand, grossi par les pluies, il devient exubérant. Nous prenons un chemin de terre à moitié recouvert de réglisses qui fait le tour de l'étang. L'air embaume. J'arrache une brindille et la mâchonne. Puis j'en arrache une autre et la donne à Sunny. Au beau milieu de l'étang se trouve un combi Volkswagen emporté jusque-là depuis le canyon un jour de grosses pluies, plusieurs années auparavant. Une fois, suite à un pari, je l'ai rejoint à la nage et suis monté sur le toit.

Il fait plus frais sous le pont. Les voitures vrombissent au-dessus de nos têtes. De l'autre côté, un sentier serpente le long des rives sablonneuses du ruisseau. Suivi de Sunny, j'entre dans la forêt de bambous. Une fois dans notre fort, nous nous asseyons sur notre couverture toute déchirée. Je raconte à Sunny la fin de l'histoire que je suis en train d'écrire sur Murcher Kurcher, le célèbre détective qui traque le voleur de la *Joconde* à bord d'un bateau à destination de l'Europe. Tout en parlant, je note mon récit sur le carnet que je dissimule dans une vieille bouteille Thermos métallique trouvée dans le canyon. L'histoire terminée, j'explique à Sunny que quand je serai plus grand, j'aurai plein de muscles et je botterai le cul de Nick si jamais il nous crie dessus ou nous tyrannise, ma mère et moi. Sunny plonge ses yeux dans les miens. Elle a cette façon de m'écouter, comme si j'étais la personne la plus importante au monde.

5

MON CORPS TRESSAUTE comme un train de marchandises. Je me réveille. Gelé. Le froid mord la brume douce qui m'enveloppe. Tout est comme quand je me suis réveillé la première fois – un paysage improbable sans aucune forme, un nuage sans fond à travers lequel j'ai l'impression de tituber. C'est alors que je vois le tableau de bord tout déformé.

J'essaie de bouger. Je suis assis sur le côté dans mon siège renversé. Derrière moi, la pente, une nappe de glace, tombe à pic, si raide que je me demande pourquoi je ne suis pas entraîné jusqu'en bas. Prudemment, je tourne la tête, juste la tête. Mes cheveux blonds sont collés à un morceau de métal déchiqueté et tordu comme une feuille d'aluminium. Les mèches gelées craquent quand je bouge.

Je cherche du regard, au-delà du tableau de bord, l'endroit où l'arbre se trouvait tout à l'heure. Une mousse de nuages me bouche la vue.

Lentement, je reprends vie, comme un fœtus qui s'adapte à son cocon laiteux. Je suis peut-être sur une piste de ski, sans aucune visibilité, comme cela m'est déjà arrivé. J'ai percuté un arbre et Dad n'arrive pas à me trouver à cause de la tempête. Mais alors, ce tableau de bord ?

La brume ondule, comme si elle respirait, et soulève la neige pendant quelques secondes. À cinq mètres de moi, de l'autre côté de la pente verglacée, les chaussures du pilote pointent dans des directions opposées. Ses jambes reposent sur la neige, toutes tordues. Le bas de sa chemise est remonté, son ventre pâle.

Suis-je encore endormi ?

En me dégageant de mon siège, je cogne du pied le tableau de bord, qui se met à dévaler la nappe glacée et disparaît dans le brouillard, comme avalé par une trappe. Pour m'éloigner de cet à-pic, je prends appui sur mon épaule et ma hanche et avance en direction du pilote. Je me demande s'il est aussi amoché qu'il en a l'air. J'entends bouger un autre morceau de l'avion, le son du métal raclant la neige, mais je ne vois rien d'autre que la brume qui monte progressivement. Je suis en train de glisser, alors je m'immobilise, roule sur le ventre. Le froid transperce mon pull et mes Vans. Il faisait beau hier à Big Bear. Si seulement j'avais mes gants, mon blouson et mon bonnet de ski ! Je me plaque comme je peux contre la paroi gelée, avec mes doigts, mon menton, ma poitrine, mon bassin, mes genoux. Le rideau de glace s'élève si haut dans le brouillard, si raide, que j'ai l'impression que je vais tomber en arrière. La brume se referme sur moi, m'enveloppe dans un minuscule cocon gris.

J'avance centimètre par centimètre sur le rideau de glace, de gauche à droite, en direction de l'endroit où j'ai repéré le pilote. Au bout de quelques minutes, la glace devient plus molle, plus facile à agripper. Me souvenir de cet endroit où la surface change de texture, où elle est plus facile à agripper. En m'approchant, je vois le nez du pilote sur la neige à côté de sa tête. Le trou au milieu de son visage est rempli de sang gelé. Ses yeux sont grands ouverts, comme s'il regardait en l'air. Sa cervelle s'échappe de l'arrière de son crâne.

J'appelle Dad.

Je fouille du regard les nappes de brume qui circulent dans tous les sens. En vain.

J'appelle. Dad ! Dad !

Une voix de femme me répond, puis s'évanouit dans le vent.

En suivant la voix, je découvre Sandra au-dessus de moi, sa silhouette à peine visible dans la brume. Elle a été projetée hors de la carlingue en même temps que son fauteuil. Une rafale de neige la dissimule quelques instants. Je constate que je suis dans une sorte de couloir qui, tout là-haut, se confond avec le brouillard et les nuages. Avec Dad, on l'appellerait un toboggan. Il dévale toute la montagne, depuis le sommet. Je suppose que plus bas, il s'évase ou se transforme en canyon. Je regarde en dessous de moi. Le toboggan concave me rappelle l'une des noires les plus difficiles de Mammoth. Pas faite pour les trouillards, comme dit Dad. J'imagine que des rochers déchiquetés, pour l'instant dissimulés par le brouillard, bordent ce toboggan, comme sur la noire de Mammoth.

Pourvu que le toboggan s'arrête juste après ce banc de brume. Pourvu qu'il ne fasse pas plusieurs centaines de mètres de long.

Je regarde de nouveau vers Sandra. Elle est perchée juste à droite d'une partie encore plus raide du toboggan qui plonge à la verticale de ce côté-là, un couloir d'avalanche, comme diraient les spécialistes de la montagne. Quand des plaques de neige se détachent des sommets pour former des avalanches, c'est là qu'elles s'engouffrent, arrachant tout sur leur passage et laissant derrière elles une nappe de glace polie. C'est là que je me trouvais quand je me suis extirpé de mon siège – dans ce couloir qui, tel un trou noir, avale tout. Surtout, surtout, ne pas s'en approcher.

Sandra pleure et tremble.

Ton père est mort, dit-elle.

Je cherche autour de moi, mais ne le vois pas. Elle est sous le choc, c'est tout, me dis-je. Il faut quand même que je trouve Dad. Je perce des yeux la nappe de brouillard qui arrive. Quand elle se lève, je regarde en direction du couloir. La silhouette de Dad apparaît juste au-dessus de mon siège, là où j'étais il y a quelques minutes – mais la pente était si raide et le brouillard si épais que je ne l'ai pas vu recroquevillé de l'autre côté de mon siège. Il est replié sur lui-même. Le sommet de son crâne est appuyé contre le dos de mon siège. Son visage plonge entre ses genoux.

Ainsi, Dad s'est avancé, penché vers moi. Pour me protéger, ou bien a-t-il été projeté là ?

Qu'est-ce qu'on va faire, Norman ? s'écrie Sandra.

Une nouvelle nappe de brouillard me recouvre, puis s'éloigne rapidement. Je remarque alors que les épaules de Sandra sont tordues, comme celles d'une marionnette avachie. Ses cheveux forment une masse emmêlée autour d'une plaie qu'elle a au front et sont collés au sang poisseux qui s'est amassé là. Elle parle sans s'arrêter. Je me retourne pour regarder le corps de mon père, sans comprendre comment il a bien pu atterrir contre mon siège. Ses bras reposent mollement sur ses cuisses. Ses mains pendent sur ses genoux.

Mon Dieu ! s'exclame Sandra.

Il est peut-être simplement sonné, dis-je.

Non, non. Il est mort.

Ça, je ne peux pas l'accepter. C'est impossible. Dad et moi formons une équipe. Lui, c'est Superman. Sandra se met à gémir. Son épaule droite est beaucoup plus basse que

sa clavicule et je me rends compte qu'elle est toute déglin-
guée, comme Sandra d'ailleurs. Je suis certain qu'elle se
trompe à propos de mon père. Elle pose la main gauche
sur son visage avec des sanglots de démente.

6

NICK RENTRE après la tombée de la nuit. Ma mère nous sert alors mon plat préféré, le poulet au miel. Elle s'assoit pour manger sur le canapé tandis que Sunny et moi nous installons par terre et Nick dans son rocking-chair avec un pichet de vin. Je fais le malin parce que j'ai dit à ma mère que les égratignures sur mon bras provenaient d'une chute près du ruisseau. Le fait qu'elle ait gobé mon histoire, inattaquable à mes yeux, me rend étrangement tout joyeux. Lorsque, le dîner terminé, Nick décide de regarder l'émission spéciale sur le Watergate, j'ai le front de protester.

Moi, ces secrets sordides qu'ils ont enregistrés pendant toutes ces années, je veux les connaître, décrète Nick.

Mon Dieu, soupire Mom. Est-ce vraiment une obligation ?

Bien sûr !

D'un bond, je vais changer de chaîne, puis me retourne vers Nick.

Remets l'autre, menace-t-il. Sinon, je te fais Chi-cow-ski.

Tchaïkovski, corrige ma mère.

Il est clair, vu son expression morose, que cette intervention n'amuse pas du tout Nick. Ses cheveux frisés se dressent au-dessus de son front et, associés à ses yeux ternes et fatigués, lui donnent une allure plutôt négligée.

Remets-la, répète-t-il.

Non.

Il se balance vers l'avant en se levant dans le même mouvement. Puis il boit une gorgée de vin.

Chi-cow-ski !

Je cours me réfugier derrière Sunny. Nick pousse la chienne et s'installe à califourchon sur moi en plaquant mes épaules au sol. Sunny s'étend sur le dos en se tortillant et lèche le bras de Nick et mon visage. Pointant ses index, Nick se met à me marteler la poitrine comme un pianiste fou.

Do-ré-mi-fa-sol-la-si-do ! chantonne-t-il. Son souffle chargé de l'odeur du vin me donne des haut-le-cœur. Je tourne la tête.

Do-ré-mi-fa-sol-la-si-do ! Promets de changer de chaîne, sinon Chicowski continuera à jouer !

Maman ! J'peux plus respirer ! Dis-lui d'arrêter !

Nick, il ne peut plus respirer. Arrête.

Alors répète après moi, m'ordonne Nick tout en me martelant la poitrine.

Ok, ok.

Je ne tiendrai plus jamais tête à Nick.

Je ne tiendrai plus jamais tête à Nick, répété-je.

Il se redresse, les bras ballants, et regarde au loin.

Il faut que tu te lèves si tu veux que je change de chaîne, dis-je.

Nick regarde par terre, les yeux fixant un point comme s'il y avait quelque chose de bizarre logé dans les poils du tapis. N'ayant pas l'intention d'attendre qu'il veuille bien se lever, je me dégage d'une torsion du corps, ce qui fait descendre mon short. La couleur écarlate de ma hanche attire l'attention de Nick. Ses yeux s'écarquillent.

Je remonte rapidement mon short en évitant son regard et remets la chaîne diffusant l'émission spéciale sur le Watergate.

Voilà. Et si je faisais la vaisselle ?

C'est gentil de ta part de proposer, Norman, dit ma mère.

Comme ça, vous, vous pourrez regarder l'émission.

Nick est toujours agenouillé, les bras ballants, la tête légèrement penchée en avant, silencieux, immobile si ce n'est les mouvements de son dos quand il respire. Je vais dans la cuisine faire la vaisselle. Pendant ce temps-là, Nixon et ses comparses nient toute implication dans le cambriolage. Tout d'un coup, la voix de Nick monte, couvrant le bruit de la télévision – *skate* est le seul mot que je parviens à distinguer. Ensuite, j'entends les enquêteurs expliquer ce qui s'est réellement passé à la Maison Blanche – comment l'affaire a été étouffée. Vu que Nick ne m'appelle pas et qu'il n'interrompt pas l'émission en hurlant, j'en conclus que je suis tiré d'affaire. Au moment où je finis la vaisselle, la télé diffuse un célèbre discours de Nixon, dans lequel il se défend de certaines accusations pendant la campagne de 1952, puis des enregistrements secrets.

Nick allume un joint en lançant au poste un regard haineux. Il ôte sa chemise. Je m'avance jusqu'à l'écran. Le Watergate, le Watergate, toujours le Watergate, déclaré-je. Ras-le-bol du Watergate.

Nick cligne des yeux comme pour mieux distinguer ma silhouette au premier plan.

Toi, t'as rien compris, dit-il.

Rien compris de quoi ?

Il se redresse, brusquement furieux.

S'il y a bien quelqu'un qui devrait regarder ça, dit-il, c'est toi. Tu sais pourquoi ?

Mon visage se trouve au même niveau que son ventre nu. L'atmosphère de la pièce a changé. Brusquement, j'ai l'impression d'être pris au piège.

Je vais me coucher, dis-je.

Au moment où je me tourne, Nick agrippe mon bras, le serrant jusqu'à l'os.

Aïe ! Tu me fais mal !

En effet. Maintenant, réponds à ma question.

Laquelle ?

Pourquoi toi, tu devrais regarder la chute du président des États-Unis ?

Je l'ai déjà vue il y a deux ans.

Eh ben, il faut que tu la revoies. Et tu sais pourquoi ?

Non.

T'entends ça, Jan ? Je parie que toi non plus tu ne sais pas pourquoi.

Ma mère est en train de ranger le poulet dans le frigo. Elle avance jusqu'à l'arche séparant la cuisine du salon.

Qu'est-ce que je ne sais pas ? demande-t-elle.

Putain, mais regarde un peu ce qui se passe autour de toi ! C'est ça, le problème ! Tu ne regardes jamais.

La main sur la hanche, ma mère contemple Nick, lève un sourcil et soupire. Nick resserre sa prise. La douleur me fait hurler.

Lâche-le.

Ça te soulagerait, hein ? Mais tu sais pourquoi je ne peux pas ? demande-t-il, aussi bien à ma mère qu'à moi.

Oh, je brûle d'envie de le savoir, répond Mom en levant les yeux au ciel.

Parce que si je le lâche, il finira comme Nixon.

Arrête ton cinéma. Qu'est-ce que tu racontes ?

Ton fils est un menteur !

Moi, je ne l'ai pas vu faire du skate, réplique ma mère. Et toi ?

Alors comme ça, tu le crois ?

Elle me jette un coup d'œil. Je veux la prévenir du regard, mais la douleur me paralyse.

Oui, je le crois.

D'un geste brusque, Nick baisse mon short. La ceinture arrache la croûte. Du sang frais apparaît au niveau de la plaie.

Et ça, alors ? dit Nick en désignant la tache écarlate.

Mon Dieu ! s'exclame ma mère. Tu t'es fait ça où ?

J'aurais voulu être dans son camp à elle. J'aurais voulu qu'elle gagne.

C'est quand je suis tombé dans le canyon.

Tu parles ! dit Nick. Regarde ces marques noires tout autour.

C'est la poussière.

Nick frotte son doigt sur les marques noires.

Je pousse un cri de douleur.

Arrête, Nick, dit ma mère.

Il lui montre son doigt.

C'est pas de la poussière, ça.

Si, dis-je.

Nick tend le doigt vers la télé. Quand tu parles, on dirait Nixon. Ça te vient naturellement.

Je me souviens de la voix cassée et aiguë de Nixon pendant son discours, de son sourire feint, de son froncement de sourcil artificiel. Sur la plage, personne ne l'aime. Quand quelqu'un mentionne son nom, mon père grogne et signifie d'un geste de la main que ce n'est même pas la peine de parler de lui.

À ce moment-là, Nick lâche mon bras. Je cours me réfugier dans la cuisine.

Reviens ! hurle-t-il.

Laisse-le tranquille, dit ma mère.

Rapplique immédiatement ! ordonne Nick.

Je file dans les toilettes. Pendant que je pisse, j'entends Nick se disputer avec ma mère parce que j'ai oublié de sortir la poubelle pour la deuxième fois consécutive. Preuve, dit-il, que *Norman est persuadé d'être le centre du monde.*

Quand je sors des toilettes, Nick et ma mère se tiennent l'un en face de l'autre.

Tu as des réactions exagérées, lui dit-elle.

C'est ça, oui, répond Nick en passant devant elle et en entrant dans les toilettes.

Je comprends que je suis fichu avant même qu'il le dise.

Putain ! Il a encore oublié de tirer la chasse ! aboie Nick. C'est la dixième fois au moins !

Il sort des toilettes et m'appelle.

Nettoie les chiottes ! Il n'y a que comme ça que tu apprendras.

Ma mère s'interpose.

Dégage ! lui lance Nick en la fusillant du regard. Elle fait non de la tête.

Je me rappelle alors que Nick est capable de n'importe quoi. Un jour, il a cassé une côte à Wheeler, notre voisin, après une discussion politique un peu chaude dans la cuisine.

Je cherche refuge dans les toilettes.

C'est toujours quand t'es jeune que ça commence, déclare Nick. Un petit mensonge par-ci, un petit mensonge par-là. Et puis un jour, ça devient une habitude. Tu deviens un menteur.

47

Allons, Nick, dit ma mère, tu mentais comme un arracheur de dents quand tu étais gosse. C'est pour ça que tu t'es fait virer de l'école primaire, du lycée, de l'école militaire. Alors n'agis pas comme si c'était Norman, le problème.

Nick s'affaisse contre la porte comme un animal acculé. Il est à deux doigts d'exploser. Je prie intérieurement : Mom, ne fais rien, ne dis rien.

Tu es persuadé d'avoir raison parce que tu es saoul et défoncé, dit-elle en changeant de position. Mais tu te trompes.

Ce *tu te trompes* semble réveiller quelque chose de profond chez Nick. Quelque chose qui, libéré, remonte le long de son cou, gonfle ses veines et donne à son visage une couleur cramoisie. Ses yeux se mettent à tourner dans leurs orbites comme ceux des personnages de BD. Sauf que ce n'est pas drôle du tout. Je n'ose plus respirer.

La vérité, elle est de mon côté, dit Nick entre ses dents. Et vous, vous êtes que des sales menteurs.

Il me fixe du regard, le visage rouge, les veines gonflées, tout ruisselant de sueur.

Hors de question que je te laisse devenir un menteur. Un loser. Je ne peux pas laisser faire ça. Tu vas devoir assumer les conséquences de tes actes.

Il passe devant moi, prend la bouteille d'Ajax et l'éponge sous le lavabo et me les tend.

Nettoie les chiottes.

Je jette un coup d'œil à ma mère qui est debout, la main sur la hanche. Elle secoue la tête, mais j'ai trop peur pour défier Nick. Je verse de l'Ajax dans les WC.

Tu n'es pas obligé, dit ma mère.

Ta mère se fout de toi, Norman. Elle veut que tu deviennes un menteur et un loser. Tu sais pourquoi ? Parce qu'elle est trop flemmarde pour t'en empêcher.

Ferme-la, Nick, dit ma mère. Norman n'est pas un menteur. Le menteur, c'est toi. Toi !

Le corps de Nick tressaute, comme parcouru par une onde électrique.

Tu sais pertinemment que j'ai raison, dit-il.

Il me regarde.

Tu sais que j'ai raison, répète-t-il.

Il est peut-être bien saoul et défoncé, voire fou. Mais il a bel et bien raison – j'ai menti.

Je tiens l'éponge et la bouteille d'Ajax. Ma mère me regarde, à moitié cachée par le ventre de Nick. Elle secoue la tête. Qu'est-ce qu'elle veut me dire ? De ne pas nettoyer les WC, ou bien est-elle simplement dégoûtée par tout ça ?

Mon nez se trouve à quelques centimètres des poils que Nick a sur le ventre. Il sent le lait tourné.

Un jour, tu te réveilleras et tu te rendras compte que tu n'es pas le centre du monde et alors il sera trop tard, dit-il. Tu seras trop vieux pour changer. Tu deviendras amer et frustré jusqu'à la fin de ta vie. Alors sauve ton âme, Norman, puisque ta mère ne peut pas.

Mom part d'un rire méprisant. Soit elle ne sait pas, soit elle se fout de savoir si j'ai menti ou pas. Cette ambiguïté creuse un vide en moi, un espace où les idées diaboliques de Nick peuvent prendre racine.

Je commence à nettoyer la cuvette.

Tu n'es pas obligé, répète ma mère.

Il sait que j'ai raison, rétorque Nick.

Tu es pathétique, répond-elle.

Je continue à récurer les WC. J'entends craquer le rocking-chair de Nick. Ma mère entre d'un pas décidé dans le salon et ils recommencent à se crier dessus. J'aimerais pouvoir hurler moi aussi – mieux vaut ça que de me ratatiner comme un vermisseau.

Il la traite de pute. Elle rétorque que même avec une pute bien disposée, il ne serait pas foutu de faire quoi que ce soit. Ensuite, j'entends un son mat. Et la seconde d'après, un bruit sourd contre le sol. Lâchant l'éponge, je me précipite dans le salon.

Ma mère est à terre, les deux mains sur l'œil. Recroquevillée sur elle-même en position de fœtus, elle gémit comme une enfant. Nick se tient debout au-dessus d'elle, levant les pieds tel un cheval nerveux. Je me place entre lui et ma mère.

Brute !

Il déglutit. Je vois sa pomme d'Adam monter et descendre. Il se retourne et se dirige vers le frigo. Je m'agenouille, demande à ma mère comment ça va.

Bien, Norman, ne t'en fais pas. Tu devrais aller te coucher maintenant. Tout va s'arranger. Je te le promets.

Je ne vois pas comment les choses pourraient s'arranger. Pour moi, c'est impossible. Soit elle ment, soit elle ne comprend pas vraiment ce qui se passe.

Je cours chercher Dad, dis-je.

Surtout pas ! Ne fais pas ça, Norman.

Pourquoi ? Il nous protégera.

Si tu essaies de t'enfuir, je te retrouverai, prévient Nick. Tu n'y arriveras jamais.

Il parle comme un acteur de cinéma. Il s'approche avec un bloc de glace enveloppé dans un torchon. L'expression de son visage me paraît mélodramatique et totalement ridicule. Il tend le bloc de glace à ma mère en me jetant un regard de côté avec ses yeux injectés de sang. Je tourne la tête. En voyant la porte vitrée, je m'imagine prendre la fuite par là. Remonter le canyon au pas de course jusqu'à chez mon père – il arrangera tout – mais Nick me poursuit sur le pont qui enjambe le ruisseau et il fait noir et ses doigts s'accrochent à mes cheveux. En me voyant étalé par terre, je sens mon courage s'évaporer, laisser place à un autre sentiment. Je reste là dans le salon, figé sur place, les yeux rivés sur la porte de sortie, défait.

Au beau milieu de la nuit, je suis réveillé par le cri d'un animal à l'agonie. Je me lève, ouvre la porte et entends ma mère gémir comme si elle était blessée à mort. M'approchant de sa chambre, je m'apprête à lui demander si elle va bien. Elle gémit à nouveau, mais différemment, comme si une note joyeuse se mêlait à des accords sombres. Je me rends compte qu'ils sont en train de baiser. Brusquement, je comprends que leur dispute de la soirée, c'était comme un spectacle, comme si tous deux étaient des acteurs dans une histoire inventée de toutes pièces.

Je retourne me coucher. Oui, j'ai menti, et Nick a raison, et oui, ma mère s'est trompée, et Nick l'a frappée, et maintenant ils baisent, comme s'ils avaient su depuis le début que la nuit allait se conclure de cette manière.

7

S ANDRA CESSE DE PLEURER. Elle garde la main sur le visage. Elle se trompe, j'en suis sûr. Mon père est toujours vivant. Il faut que j'aille voir comment il va.

Mais pour me placer dans la bonne direction, je dois me retourner. Une rafale de neige aveuglante me mitraille. Je ferme les yeux et essaie de visualiser la façon dont je vais pouvoir opérer ce virage à 180 degrés. Je me souviens de ce que Dad m'a dit à propos de la glace – il faut toujours rester sur ses carres – et je me refais le film de cette fois où j'ai glissé sur les pentes de Mount Waterman et où Dad, se lançant telle une fusée, m'a ramassé au passage à la manière d'un joueur de base-ball. *Une fois qu'on est entraîné par la pente, Ollestad, c'est dur de s'arrêter.*

La rafale de neige passée, je déplace un bras et tente de trouver une prise sur la paroi près de mon autre épaule. Mes doigts tombent sur une plaque de neige durcie, creusent la couche compacte. Je les enfonce de quelques centimètres, la longueur d'une phalange. Ça suffit.

Je me ramasse sur moi-même comme un skieur qui aborde un virage tout schuss et porte le poids de mon corps sur le côté amont de mes Vans. Puis je me détends

52

comme un ressort, pivote les hanches à 180 degrés et reprends immédiatement la position du skieur pour ne pas perdre l'équilibre.

J'avance vers Dad centimètre après centimètre, en enfonçant la tranche de mes semelles dans la neige comme si c'étaient des skis. Vu qu'elles sont en caoutchouc, et pas en métal, je dois prendre garde d'être toujours bien en équilibre. J'ai le ventre collé à la paroi, avec pour tout appui quelques centimètres de neige durcie – la frontière entre moi et le rideau de glace. Et je m'accroche avec les ongles.

Je ne dois plus être loin de Dad. Je redresse un peu la tête. Une nappe de brouillard s'accroche à lui. Seuls ses cheveux châtains frisés apparaissent, parsemés de quelques mèches argentées – des cheveux blonds de surfeur, dirait-il.

J'enfonce les mains dans la neige gelée. Des pointes de douleur me crispent les doigts, remontent le long de mes bras. Ne pas regarder en bas. Je tire sur les bras pour parcourir les quelques mètres qui me séparent de mon père. Et là, brusquement, je perds prise et commence à dévaler le rideau de glace.

Par habitude, j'appelle mon père. Le cherche du regard tout en dégringolant. J'aperçois sa main molle, une forme livide dans la brume. Elle ne se tend pas vers moi.

Je me tords comme un serpent qui tombe dans une cascade. Je lance les bras sur le côté pour tenter de me rattraper. Mes doigts tombent sur quelque chose, l'agrippent. Un sapin tout frêle. Il se courbe sous mon poids, bloque brusquement ma chute. Je m'accroche. J'enfonce une main dans la neige pour que le petit arbre n'ait pas à supporter tout mon poids et creuse des trous avec mes pieds tout en tenant bien fermement la branche.

Les larmes me montent aux yeux. J'ouvre la bouche, prêt à appeler Dad. Mais au lieu de crier, je ferme les paupières. Mes larmes gèlent sur mes joues.

Alors, je maudis les montagnes, la tempête. Et entre deux jurons je pleure. Tout cela ne m'aide pas – Dad est toujours là-haut, recroquevillé – et le froid humide qui traverse mon sweat-shirt et mes tennis me brûle la peau. Je n'ai pas d'autre choix que d'essayer de remonter tout seul.

8

J'ENTENDS LE BRUIT des pas de mon père sur les planches disjointes du passage le long de la maison.

Une partie de mon esprit s'éveille tandis que l'autre s'agrippe au cocon paisible du sommeil. Qu'est-ce que Dad fait là ? Il est censé préparer le dossier de son client avec son associé, Al, dans le cabinet d'avocats qu'ils ont ouvert ensemble il y a quelques années. Ils sont censés aider un pauvre type qui a perdu une jambe parce que quelqu'un a construit à la va-vite un pont qui s'est écroulé. Je ne me souviens plus des détails, mais c'est ce genre d'histoire.

La porte coulissante s'ouvre dans un chuintement. Dad ne frappe jamais quand il vient me chercher tôt le matin. Je suppose qu'il ne veut pas les réveiller. Je me réfugie dans le rêve d'un dimanche matin idéal – sans foot ni basket ni ski, et surtout sans surf. Nick nous ferait ses pancakes du dimanche avec des tonnes de sirop d'érable. Comme si rien ne s'était passé. Oh, Dad, je t'en supplie, j'ai un stage de hockey à la fin du mois d'août. Allez, accorde-moi cette journée. Voilà le petit discours que je prépare pour susciter la clémence de Dad.

La porte de ma chambre s'ouvre en grinçant. Allongée

sur mon lit, Sunny lève la tête. Je sens la paume chaude de Dad sur mon dos, ses lèvres chaudes sur ma joue. Je ferme les yeux bien fort, espérant qu'il aura pitié de moi, de ce pauvre petit garçon fatigué.

Bonjour, champion, dit-il.

Je réponds par un gémissement censé signaler mon épuisement.

C'est une bien belle journée qui s'annonce aujourd'hui, dit-il.

Je me mets à geindre comme un enfant perdu dans un rêve.

C'est l'heure de se lever.

Je suis trop fatigué, dis-je dans un murmure forcé.

Le vent va vite se lever, alors c'est le moment, Ollestad.

Je me suis fait mal partout... en tombant. Je suis égratigné de partout.

Fais-moi voir.

Je rabaisse les couvertures et lui montre ma hanche, mon coude et ma main.

L'eau salée, c'est ce qu'il y a de mieux pour ce genre de bobo.

Mais ça va me faire super-mal !

Pendant quelques secondes, c'est tout. L'iode, c'est excellent pour ça. Lève-toi.

J'ai mal partout, Dad.

Juste une vague, Ollestad. Tu ne t'en rendras même pas compte. Je pars pendant une semaine, alors tes vacances, tu vas les avoir, dit-il en souriant.

Je pousse un gémissement.

Aussi loin que je m'en souvienne, j'ai passé ma vie sur une planche de surf. Mais c'est uniquement l'été dernier, au Mexique, que Dad a voulu que je surfe de vraies vagues au lieu de barboter, comme il le dit, dans la mousse.

Je gémis de nouveau.

Dis donc, jeune homme, moi, il a fallu que j'attende d'avoir au moins vingt ans avant d'apprendre. Avant, je jouais au base-ball, c'est tout. Tu as la chance de pouvoir skier et surfer à ton âge. Tu prends de l'avance sur les autres.

J'ai besoin d'une journée de repos, supplié-je en remontant les couvertures.

Il fixe un point dans le lointain, exactement comme font les cow-boys dans les westerns quand ils perdent patience et essayent d'apaiser la colère qui couve en eux. Son short rouge délavé lui ceint les hanches, faisant saillir les deux bandes de muscles qui sculptent son ventre. Des fossettes apparaissent sur son épaule quand il flatte Sunny en lui disant qu'elle est une bonne chienne qui va m'aider à me préparer. Je m'attends à ce qu'il me raconte une fois de plus comment il s'est payé ses premiers séjours au ski à la fin des années 50, en projetant des films de Bruce Brown, le grand surfeur, dans les mairies d'Aspen et de Sun Valley. Mais il se contente de lancer ma combinaison sur le lit.

Enfile-la, m'ordonne-t-il. Je vais waxer les planches.

Chargés de notre matériel, nous nous dirigeons vers l'endroit où l'étang se vide dans l'océan. Nous passons devant le ring où j'ai boxé la veille et je me souviens du coup que j'ai pris dans le nez, et de celui que ma mère a pris dans l'œil. Si je raconte ça à Dad et lui répète de quoi Nick m'a menacé si je vais chercher son aide, est-ce qu'ils se battront ? J'imagine Nick balançant une bouteille de vin sur Dad et lui fendant le crâne. Je sens depuis toujours que mon père ne tient pas à être mis au courant des détails sordides de la vie privée de ma mère, qu'il ne veut surtout pas être mêlé à tout ça. L'image de la bouteille de vin lui fracassant le crâne et cette façon qu'il a de me faire comprendre, par son silence, qu'il ne veut surtout rien savoir me persuadent de me taire.

Allongés sur nos planches, nous ramons jusqu'à ce qu'une série de grosses vagues, de vraies vagues, se profile à l'horizon. Dad pousse l'arrière de ma planche en me disant d'accélérer le mouvement. Nous franchissons avec peine les deux premières vagues. La troisième, la plus haute, se dresse au-dessus de ma tête en s'incurvant. Je plonge à sa base. Elle s'abat sur mes jambes en les giflant. Le sel ravive mes blessures. Une fois l'écueil rocheux passé, je m'assois sur la planche. Mon bobo à la hanche me lance et la combinaison serrée fait pénétrer l'eau salée dans mes plaies à vif.

Mon père m'a déjà expliqué qu'il y a des *difficultés qu'on doit surmonter avant de pouvoir se faire plaisir*. En secouant ses cheveux frisés pour les essorer, il développe son idée selon laquelle *les gens qui laissent tomber se privent de moments fabuleux*.

C'est ainsi je me retrouve à piquer tête la première dans une vague en avalant des tonnes de flotte. Dad me dit de réessayer. Je serai heureux une fois que je saurai surfer comme il faut. Je lui réponds sèchement que je déteste surfer.

Chris Rohloff s'approche de nous, allongé sur sa planche. Cela fait plusieurs mois que je ne l'ai pas vu. Il a deux ans de plus que moi, mais nous sommes bons copains. Son père vit à Rodeo Grounds (qu'on appelle aussi Snake Pit) juste en dessous de chez Dad. Nous sommes devenus potes après que j'ai vu au Yellow Submarine un film que son père a fait sur le surf.

Rohloff tente de prendre une vague, mais comme il ne rame pas assez fort, mon père s'approche de lui et le pousse.

Rohloff grimpe sur la vague et la surfe pratiquement jusqu'au rivage. Il pousse un cri de joie et lève les bras en l'air. J'ai l'impression d'être une chochotte parce que mon désir d'apprendre est moins intense que le sien.

Rohloff revient vers nous, le visage rayonnant.

Salut, Little Norman, dit-il. T'as vu, ton père m'a bien chauffé.

Elle était super, cette vague.

Je suis à fond dedans.

Moi aussi, dis-je.

Regardez, les garçons, celle-là, elle est pour Ollestad !

Dad me place devant la vague et me pousse délicatement. Je comprends que celle-ci sera ma dernière si je ne m'y mets pas sérieusement. Je me concentre sur chacun des mouvements à faire. Me lever, fléchir les genoux, me pencher en avant puis corriger ma position au moment où la planche touche le creux de la vague. Étant gaucher, je place mon pied droit en avant, appuie le talon gauche sur l'arrière de la planche, qui vient se loger à l'intérieur de la vague lorsque je me redresse. Je file ainsi pendant trente mètres, genoux fléchis, corps penché en avant ou en arrière pour contrôler l'inclinaison de ma planche sur le mur d'eau mouvante.

Je sors de l'eau devant la maison de ma mère. Mom est en train d'arroser ses plantes. De là où je me trouve, son œil au beurre noir est visible. Je tire ma planche jusqu'à la maison et m'arrête au niveau du lierre.

Alors, c'était comment ? me demande-t-elle.

T'as vu la dernière que j'ai prise ?

Son œil indemne me fixe. Sa paupière se baisse deux ou trois fois.

Oui, répond-elle. Elle était chouette.

Je sais qu'elle ment.

Bien sûr, c'est un tout petit mensonge, un mensonge attendrissant. Il n'empêche, j'ai honte. En montant les marches vers la véranda, la planche me paraît brusquement lourde. C'est comme si le mensonge de ma mère donnait à Nick un avantage dans cette bataille pour savoir qui des deux m'a percé à jour. Je lui en veux d'avoir menti.

Regarde, dit ma mère. Norman est sur une bonne.

Mon père se tient sur sa planche, les bras ballants comme ceux d'un singe, le torse immobile tandis que ses pieds s'avancent jusqu'à l'avant de la planche. Ses orteils agrippent le bord, éraflant l'eau. Il penche le buste en arrière, comme une figure de proue renversée. Il avance ainsi jusqu'à la plage, met tranquillement pied à terre et laisse l'océan laver sa planche avant de la ramasser.

Ma mère continue à arroser ses plantes en orientant le côté intact de son visage vers lui.

Bonjour, Janisimo, dit mon père.

C'était une belle vague, Norm, répond-elle.

Little Norman aussi en a pris une belle. Tu l'as vu ?

Elle fait oui de la tête, ce qui me donne envie de rentrer sous terre. Mon père grimpe les escaliers au petit trot. Ma mère détourne le visage. Il a un mouvement de surprise, mais ne paraît pas remarquer son œil au beurre noir. Il pose sa planche sur l'étagère dans le passage. Je lui tends la mienne, qu'il range au même endroit.

Il se penche et m'embrasse. De l'eau salée coule de sa moustache et vient me chatouiller le nez. Il me regarde. Des paillettes de différentes nuances de bleu colorent ses iris et ses joues luisent comme des pommes bien rouges. Il m'embrasse à nouveau.

Je reviens dans une semaine, ajoute-t-il.

Salut, Dad.

Adios, Ollestad junior.

Il commence à prendre la direction de la plage. Ma mère l'entend s'approcher d'elle et fait mine de s'occuper des mauvaises herbes dans un pot. Il passe de l'autre côté et découvre son œil au beurre noir.

Merde ! dit-il.

Le dos tourné vers moi, ma mère lui murmure quelque chose. Les sourcils de mon père se froncent jusqu'à former une sorte de fourchette entre ses yeux, puis il détourne le regard comme s'il en avait ras-le-bol et voulait projeter sa hargne dans un espace ouvert où elle se disperserait.

Il semble peu à peu gagné par la colère, ce qui me réjouit parce que pour moi, cela signifie qu'il commence à devenir un rempart contre Nick. Je sens monter en moi l'espoir de voir mes fautes rachetées. Puis comme en écho à cela, j'imagine Nick, les yeux injectés de sang, traquant mon père avec quelque chose dans la main – une arme.

Je me rends compte que Dad, à l'autre bout du passage ombragé, m'étudie. Il y a quelque chose d'animal au fond de ses yeux – la même lueur que quand il surfe ou skie dans la poudreuse. Il me regarde par-dessus l'épaule de ma mère, qui lui parle toujours. Il hoche la tête et lui dit quelques mots, puis se dirige vers moi. Mom se tourne et le suit des yeux, avec un regard humide et implorant qui lui donne une allure juvénile, innocente, en dépit de son œil au beurre noir. Ses lèvres s'ouvrent. Elle se penche vers lui. Dad ne s'arrête pas, ne regarde pas derrière lui. Est-ce ainsi qu'il est parti quand il a déménagé pour de bon ? Mom espérait-elle à ce moment-là qu'il ne nous quittait pas vraiment, que ce n'était que temporaire ? Après le retour de Jacques en France, Dad a dormi ailleurs pendant deux ou trois semaines. Un soir, à ma grande surprise, il est entré par la porte coulissante de la cuisine après le boulot, vêtu d'un costume gris et d'un nœud papillon, avec des lunettes à monture épaisse sur le nez. Il boitait mais n'avait plus ses béquilles. Il m'a lu une histoire au lit et, une fois que j'étais endormi, est allé parler avec ma mère. Elle avait l'intention de rejoindre Jacques à Paris.

C'est Jacques ou moi, lui a dit mon père.

Elle a refusé de choisir. Deux jours plus tard, il est parti pour de bon.

Pendant quelques semaines, Mom et Dad ont maintenu les apparences lors de leurs parties de bridge nocturnes et continué à jouer ensemble contre d'autres couples, ainsi qu'ils le faisaient depuis des années. Leurs amis gardaient tous bon espoir qu'ils se remettent ensemble. À l'époque, Jan et Norm étaient perçus comme le couple parfait.

Mom bat des paupières trois ou quatre fois, comme si elle voulait chasser une poussière de son œil, puis recommence à arracher les mauvaises herbes du pot. Tirant sur la ficelle accrochée à ma fermeture Éclair, je retire ma combinaison. Moi, je n'ai aucun espoir qu'ils se remettent ensemble – au cours de ma vie, ils ont vécu en tant qu'entités séparées bien plus longtemps qu'en tant que couple, si bien que cela me paraît normal.

Alors ? me dit mon père en s'installant à califourchon sur moi.

Je lève les yeux vers lui en chassant les mèches de cheveux qui tombent sur mes yeux. Ses épaules qui se découpent sur l'arrière-plan paraissent larges et massives – donnant une impression de puissance.

Nick est un connard, Ollestad. Ne l'écoute pas.

Je sais, lui dis-je tout en songeant que Dad ne prononcerait jamais ce genre de paroles devant Nick. Tous deux se comportent toujours très cordialement l'un envers l'autre et il n'y a entre eux aucune tension, aucune jalousie. Du moins d'après ce que je vois.

Évite de te trouver sur son chemin, poursuit Dad. C'est ce que je fais, moi.

Pour cela, me dis-je, il faudrait que j'aie recours à de savantes manœuvres pour contourner son corps dans le salon, que je mange dans ma chambre, que je me réfugie avec Sunny dans mon fort.

Et s'il m'attrape ?

Mon père détourne le regard, là encore comme s'il projetait quelque chose hors de lui, mais cette fois-ci dans la pénombre du passage. Un grognement à peine perceptible, mais que j'ai déjà entendu, monte de sa poitrine.

Ne parle pas à Nick, dit-il en ronchonnant. Réponds oui à tout ce qu'il dit et écarte-toi de son chemin.

Je me demande intérieurement comment je vais bien pouvoir faire.

Passe le plus de temps possible chez Eleanor et Lee pendant mon absence, ajoute Dad.

Il sait qu'Eleanor me couvre d'un amour inconditionnel, qu'elle est ma bonne fée. Tout le monde dit qu'entre elle et moi un lien immédiat et inexplicable s'est établi dès ma naissance. Et je ne manque jamais une occasion d'aller chez elle et de me faire traiter comme un petit prince. Je dis donc Ok à Dad.

J'appellerai Eleanor à mon retour, promet-il.

Je fais oui de la tête. L'air brusquement inquiet, il pose la main sur mon épaule.

Je reviens dans pas longtemps. On verra comment ça va dans deux ou trois heures. D'accord ?

Je fais de nouveau oui de la tête, tout en me demandant ce que deux ou trois heures vont changer à l'affaire.

Il se place bien en face de moi. Son sourire communicatif emporte tous mes doutes.

À tout à l'heure, dit-il.

Ok.

Il descend le passage jusqu'à la route, s'avance dans le soleil et disparaît.

Je passe le reste de la matinée dans mon fort avec Sunny. Je reviens à la maison pour prendre du lait parce qu'il fait très chaud. Ma mère est au téléphone. Je descends une demi-bouteille.

Norman, attends. C'était ton père, me dit-elle en raccrochant.

Ah oui ?

Il veut que tu l'accompagnes au Mexique.

Je fais la grimace.

Tu verras, tu vas t'amuser. Vous pourrez surfer en chemin et la traversée en ferry est super-chouette. Et puis tes grands-parents seront contents de te voir. En plus, ça te fera louper une semaine de stage de mise à niveau.

Comment lui faire comprendre que j'ai encore plus peur d'aller surfer au Mexique que de me retrouver de nouveau face à Nick, même après cet œil au beurre noir qu'il lui a fait ?

J'ai pas envie d'y aller, dis-je.

Ça, c'est à ton père qu'il faudra l'expliquer. Il veut que tu le rejoignes chez lui tout de suite. Allez, on va faire ta valise.

Elle s'avance vers ma chambre. La main sur la tête de Sunny, je reste immobile.

Norman.

Je fais non de la tête.

Pourquoi est-ce que je dois y aller ?

Parce que. Parce que ça sera une bonne chose pour tout le monde. Tu n'as pas vu tes grands-parents depuis l'été dernier. Ils ne te manquent donc pas ?

Non.

De toute façon, ton père a dit que tu y allais, alors c'est avec lui qu'il va falloir que tu t'arranges.

Pourquoi ? Je croyais que Sandra partait avec lui.

Visiblement non.

Et merde ! dis-je.

9

JE LÂCHE LE PETIT ARBRE et grimpe en essayant de sortir du couloir gelé. Je tends la main droite au maximum, plante mes ongles dans la glace et tire sur mon bras pour me déplacer. Je répète l'opération plusieurs fois. Enfin, mes doigts tombent sur une couche de neige dure. Je comprends que je suis sorti du couloir. Il me faut beaucoup de temps, trente minutes peut-être, pour escalader les six ou sept mètres qui me séparent de mon père. Hors de question de recommencer ce genre de glissade. J'ai vraiment eu de la chance de pouvoir m'accrocher à cet arbre !

Je passe à côté de Rob, notre pilote. La neige recouvre son nez et s'accumule sur l'un des côtés de son corps, formant une congère. Bientôt, Rob ne sera plus qu'un gros tas blanc. Je range cette pensée dans un coin de ma tête, à côté du vent et du froid, sans trop vouloir y croire.

Mon père ne se trouve plus qu'à un mètre de moi. Il est dans la même position : assis, le corps replié, les mains pendant entre les genoux.

J'approche mes lèvres de son oreille.

Dad, réveille-toi. Allez, réveille-toi !

Je le secoue, perds l'équilibre. Mes pieds dérapent. Je

lâche mon père, pour ne pas l'entraîner avec moi jusqu'en bas. La neige est moins dure à cet endroit et heureusement, je trouve une bonne prise. Je décide de me creuser une marche dans la paroi pour pouvoir m'occuper de Dad.

Pendant que je tape dans la couche de neige durcie, Sandra se met à marmotter – à répéter des mots et des bouts de phrases sans queue ni tête. Je n'arrive pas à creuser la neige avec mes Vans. À force de cogner j'ai tellement mal aux orteils que je dois m'arrêter. Je regarde à ma droite, légèrement vers le haut. Sandra est toujours là, en équilibre précaire au bord du couloir. Je l'observe quelques instants. Ses yeux divaguent, ses paupières s'ouvrent et se ferment selon qu'elle marmonne ou se met à hurler. Je décide de ne pas l'entendre et sa voix s'évanouit.

Je recommence à creuser la neige. Mon pied ne sent plus rien maintenant, si bien que je parviens à tailler grossièrement une sorte de marche. Ensuite, j'en creuse une deuxième avec l'autre pied. J'ai ainsi deux solides points d'appui. Je saisis le bras de mon père avec mes deux mains et le secoue.

Réveille-toi, Dad. Allez ! Allez !

Une bourrasque s'engouffre dans le couloir. Des débris d'avion se mettent à basculer. J'entends comme un grognement. Mon siège. Je tourne la tête, juste à temps pour le voir dévaler la pente. Et hop ! Il a disparu. Je lâche mon père. J'ai peur de nous précipiter tous les deux dans le vide.

Je pose la paume de la main sur son dos. Il ne semble pas respirer. Et si Sandra avait raison ? Et s'il était vraiment mort ?

Je reste là à observer les rafales de neige qui se succèdent comme des vagues. Je commence à avoir des crampes aux orteils à force d'agripper les petites encoches que j'ai taillées dans la neige – et grâce auxquelles je n'ai pas encore plongé dans le vide comme mon siège. Une bourrasque manque me faire partir à la renverse. Je me colle à la paroi de glace. Même les arbres que j'ai vus tout à l'heure me donnent l'impression d'avoir froid et peur et de se serrer les uns contre les autres pour se protéger.

Enfin le vent se calme. Je me penche de nouveau vers mon père.

Dad, dis-je en appuyant la main sur son dos.

Mais il est plié en deux comme une table cassée.

Il m'a appris à chevaucher des vagues immenses, m'a tiré d'un tronc d'arbre creux, m'a sorti de la poudreuse étouffante. Maintenant, c'est à mon tour de le sauver.

J'enfonce les bouts de mes Vans dans les encoches. Bien prendre appui. Je place les mains sous ses épaules et pousse. Il ne bouge pas d'un millimètre. Je me retrouve coincé sous lui comme une brindille sous un énorme rocher. Alors je passe au-dessus de lui et essaie de le tirer. Il est trop lourd. Si seulement j'étais plus grand, plus fort.

Pourquoi suis-je si petit ? Un gringalet, voilà ce que t'es.

Je regarde mon père. Mes doigts tremblent. La douleur s'infiltre jusqu'à mon cœur. Je me penche pour l'embrasser. Ses cheveux frisés me chatouillent le nez. Je le serre contre moi.

Je vais te sauver. Ne t'inquiète pas, Dad.

Je le serre plus fort dans mes bras. Il est encore chaud.

10

LA VOLKSWAGEN de ma mère grimpe la côte, envoyant valser la valise grise contre les parois du coffre. Nous traversons la voie rapide à toute vitesse, prenons la route du canyon, puis le chemin de terre menant à la maison de mon père. Brusquement, un motard déboule, entouré d'un nuage de poussière. Ma mère freine d'un coup sec. La moto nous évite en faisant une embardée. J'aperçois les cheveux soyeux de Sandra, assise à l'arrière, les bras autour de la taille du motard.

Nous échangeons un regard. Elle pince les lèvres, l'air furieux.

Attends un peu, je n'ai même pas demandé à l'accompagner, moi ! lui expliqué-je intérieurement. Vas-y, toi ! Vas-y !

La moto l'emporte dans un nuage de poussière.

Eh bien ! Pour un peu, ils nous rentraient dedans ! s'exclame ma mère.

Elle va où ?

Aucune idée, répond Mom.

C'est toujours comme ça avec Sandra, toujours mystérieux. Un jour, elle est apparue en compagnie de mon père chez Barrow, ce qui sous-entendait qu'elle était sa nouvelle petite amie. Larry la surnomme la *fougueuse petite chérie*, ou encore la *sombre Écossaise*. Avec le soleil, sa peau prend un ton de caramel foncé – sauf le rose de ses lèvres, épaisses comparées à la finesse de ses traits – et quand elle est très bronzée, la couleur chocolat de ses yeux écartés se confond avec celle de sa peau. D'après Barrow, elle vient d'un quartier pauvre quelque part en Écosse, plus pauvre encore que celui où Dad et lui ont vécu, enfants. Elle se dispute souvent avec mon père, mais revient toujours tête basse. Un jour, ils s'étaient séparés et elle a débarqué, désespérée, à son bureau pour lui demander de l'argent, qu'il lui a donné. Il a même signé un papier pour qu'elle puisse obtenir une prolongation de son visa. Cette façon de toujours vouloir la protéger me donne l'impression qu'il a un peu pitié d'elle. Ce qui n'empêche pas Sandra de ne pas supporter qu'il me fasse passer en premier, et de nous foudroyer du regard quand il m'emmène au hockey ou au ski.

Les sièges sont déjà tout collants quand nous montons dans la camionnette. Dad coince sa guitare derrière la banquette et met une station de radio qui passe Willie Nelson, son chanteur préféré. Au crépuscule, nous atteignons le poste-frontière de Tijuana. Un gros type en uniforme s'approche. Il fait le tour de la camionnette et inspecte la machine à laver recouverte d'une bâche, ainsi que nos deux planches de surf bariolées. Puis il s'approche du siège conducteur en se dandinant lourdement.

Buenas noches, lui dit mon père.

L'homme fait un signe de la tête, puis lui demande quelque chose en espagnol. Mon père ouvre la boîte à gants et lui tend la facture du magasin d'électroménager. Le type l'examine longuement, puis dit quelque chose que je reconnais comme étant un chiffre parce que j'ai appris quelques mots d'espagnol l'été précédent, quand je suis allé voir mes grands-parents.

Mon père grogne et propose un autre chiffre.

L'homme sourit, révélant des dents en or. Sans même lui laisser le temps de répondre, mon père lui tend quelques billets. Pendant que le Mexicain les compte, Dad enclenche la première et commence à avancer. Le gros type regarde autour de lui, puis empoche l'argent. Dad accélère.

Pourquoi tu lui as donné de l'argent ? lui demandé-je.

Ils appellent ça une taxe. En réalité, c'est un pot-de-vin.

Mais c'est pas légal !

En effet. Sauf qu'ici, c'est lui qui dit ce qui est légal ou pas.

Il est policier ?

Oui, on peut dire ça.

Mais si les policiers ne respectent pas la loi, qui les arrête, alors ?

Bonne question, Ollestad. Je ne sais pas.

Il me laisse me débattre avec ces paradoxes quelques instants.

Dans un pays pauvre comme le Mexique, reprend-il, les gens essaient de gagner de l'argent par tous les moyens. Même dans un pays riche comme les États-Unis, ça se passe ainsi. Ce n'est pas bien. Mais parfois – comme aujourd'hui, avec ce type – on entre dans le jeu parce qu'on comprend la situation.

Nous sortons de Tijuana et nous rapprochons de la côte. Je sens qu'il me jette de temps en temps un regard. Tout est noir dehors, à part quelques rares lumières au loin.

Alors c'est un menteur ?

Tu veux dire, le policier ?

Oui.

En effet, c'est un menteur.

L'envie brusque me prend de lui dire que moi aussi j'ai menti, que j'ai fait du skate, que c'est bien là que je me suis fait mal. J'appuie le front contre la vitre, conscient qu'il me regarde. Des images traversent mon esprit, celle de Nixon avec ses joues flasques et ses épaules voûtées, celle de ce policier avec ses dents en or, cette petite guérite dans laquelle il passe la nuit, et tout cet argent qu'il soutire aux gens.

Ne t'appuie pas trop sur la vitre, Ollestad, dit mon père.

Pardon.

Tu veux t'allonger sur mes genoux ?

J'veux bien.

Pivotant, je pose la joue sur sa cuisse, les jambes repliées pour pouvoir loger mes pieds contre la portière.

La lumière du soleil qui entre à flots par le pare-brise de la camionnette vient caresser ma tête. Je me redresse et m'essuie le front avec mon tee-shirt.

Buenos dias, me dit mon père.

Je remarque les poches fripées sous ses yeux – d'un jaune olivâtre bien différent de la couleur miel de sa peau lisse. Jamais je ne lui ai trouvé l'air aussi vieux. Il boit du café dans une tasse en polystyrène.

On est où ?

On vient de quitter Ensenada.

L'œil encore embué de sommeil, je regarde le paysage devant moi et le soleil tombant en oblique sur les buissons d'armoise qui escaladent les collines en les ponctuant de taches vert sombre. L'endroit me rappelle Malibu. Je tourne la tête vers la droite. À l'ouest, au-delà des falaises nues, l'océan Pacifique s'étend à l'infini, ses eaux couleur pêche dans la lumière matinale.

Mon père se met à bâiller. Je lui demande s'il a dormi.

Oui, répond-il. Je me suis garé au bord de la route à Rosarito pour faire un petit somme.

Pourquoi elle est pas venue, Sandra ?

Son sourire disparaît instantanément. Il fixe un point quelque part sur la route et ses yeux se plissent.

Elle était en colère contre moi, Ollestad.

Pourquoi ?

C'est compliqué.

Vous vous êtes disputés ?

Oui. Mais ce n'est pas pour ça qu'elle m'en veut.

Pourquoi, alors ?

À cause du frère de Nick, Vincent. Tu le connais, n'est-ce pas ?

Je fais oui de la tête.

Eh ben, il s'est mis en tête de voler l'oiseau de Sandra.

Son petit perroquet ?

Oui.

Pourquoi ?

Pour lui faire une farce, répond-il en secouant la tête.

Une farce ?

Il nous a fait croire que l'oiseau avait été kidnappé. On a même déposé de l'argent dans la cabine téléphonique près du marché. On a compris que c'était lui uniquement quand on l'a vu débarquer avec le perroquet.

La bouche en cul de poule, Dad fait la moue, comme Grand-Père parfois.

Sandra voulait appeler les flics, ajoute-t-il.

Et tu l'as fait ?

Non.

Et c'est pour ça qu'elle est partie ?

Ouais. Elle m'a lancé un ultimatum.

Genre, si tu fais pas ça, je te quitte ?

T'as tout compris.

Et le type sur la moto, c'était qui ?

Je ne sais pas. Un ami à elle.

Il dit cela avec un regard doux. L'os saillant de son arcade sourcilière a perdu son côté brut et animal.

Pourquoi t'as pas appelé les flics ?

Parce que Vincent est un ami.

J'ai souvent vu Dad et Vincent jouer au poker ensemble dans la maison de Barrow sur la plage et me suis toujours étonné que mon père soit copain avec le frère du petit ami de ma mère. Mais je garde mes réflexions pour moi.

C'est illégal, ce qu'il a fait ?

Mon père hoche la tête.

Alors pourquoi t'as pas appelé les flics ?

Parce c'était une mauvaise blague, c'est tout.

Et si tu étais resté au FBI, tu l'aurais arrêté ?

Il éclate de rire.

Non. Au FBI on s'attaquait à des vrais durs, pas à des petits plaisantins.

Je me mets à contempler la route. J'ai entendu parler de l'année où mon père a travaillé au FBI, à Miami, entre 1960 et 1961. Et du livre – l'un des premiers du genre – qu'il a écrit pour dénoncer les manœuvres hypocrites de J. Edgar Hoover.

Dad s'était fait enrôler par le FBI à l'âge de vingt-cinq ans. Le boulot, très convoité, exigeait d'être titulaire d'une licence, de préférence en droit. Avant d'entrer au FBI, Dad avait lu tout ce qu'il pouvait trouver sur J. Edgar Hoover, le directeur du FBI, afin de se familiariser avec celui que l'on considérait comme le meilleur agent de la lutte contre la criminalité dans toute l'histoire de l'Amérique.

Dès ses premières semaines au centre de formation du FBI, Dad a découvert, à sa grande surprise, que cette façade comportait de nombreuses fissures. Devant les nouvelles recrues dont il faisait partie, les instructeurs ont déclaré avec fierté qu'aucun président ne renverrait jamais Hoover et que le Congrès n'oserait pas mettre en doute les affirmations d'un aussi grand directeur. Lorsqu'il a passé le premier examen, Dad a constaté, stupéfait, que les instructeurs donnaient les réponses à tout le monde – validant ainsi l'affirmation d'Hoover selon laquelle les agents du FBI obtenaient tous la note maximale aux examens. Le seul véritable test était le dernier – la rencontre avec le directeur lui-même. Soit Hoover vous donnait sa bénédiction, soit il vous déclarait inapte. Si quelque chose en vous ne lui plaisait pas, il vous jetait. S'il n'aimait pas votre tronche, par exemple la forme de votre crâne, vous étiez viré.

Dès sa première journée de travail au FBI, Dad s'est étonné du fait que les agents ayant un peu de bouteille choisissaient toujours les voitures les plus déglinguées pour partir en mission, alors qu'elles pouvaient vous lâcher en pleine course-poursuite et que leurs radios ne fonctionnaient pas. Hoover avait décrété, a-t-il alors appris, que si un agent endommageait un véhicule du FBI, il devait payer les réparations de sa poche, et ce, quelles que soient les circonstances. Ainsi, on réduisait les frais d'assurance et Hoover pouvait se targuer devant la commission sénatoriale qui contrôlait les dépenses de faire économiser aux contribuables américains des dizaines de milliers de dollars. Quelques semaines plus tard, Dad s'est rendu compte que le nombre d'agents chargés par Hoover de retrouver les véhicules volés était disproportionné. Il a compris qu'Hoover agissait ainsi afin de gonfler les statistiques, toute voiture récupérée entrant dans la catégorie des crimes résolus par le FBI, même si aucun suspect n'avait été arrêté.

Pour mon père, cette hypocrisie et ce manque d'efficacité étaient insupportables – les criminels, alors, quand est-ce qu'on les arrêtait ? Au bout de dix mois, il avait perdu toute illusion. Deux faits l'avaient particulièrement choqué. Tout d'abord, il s'était rendu compte qu'il y avait, dans chacun des cinquante-deux bureaux du FBI répartis sur le territoire, des agents dont le seul travail consistait à regarder la télé, à écouter la radio et à lire les journaux pour y relever toute mention de Hoover, qu'ils transmettaient immédiatement aux fidèles lieutenants du directeur, lesquels menaient leur petite enquête sur le coupable. En même temps qu'il découvrait cela, un agent du nom de Carter s'est fait renvoyer parce qu'on l'avait vu seul avec une fille, ce qui était contraire aux principes du FBI – alors que la fille en question était sa fiancée. Par la suite, deux des collègues de Carter ont à leur tour été virés parce qu'ils n'avaient pas averti leur hiérarchie des relations inconvenantes que Carter entretenait avec sa fiancée. Jugeant que pour Hoover, le plus important, ce n'était pas de lutter contre la criminalité, mais d'imposer ses décisions aux agents qui travaillaient pour lui, Dad a démissionné.

Il était tellement déçu, m'a raconté ma mère, de la manière dont Hoover dirigeait le FBI qu'il se fichait totalement de ce qui lui arriverait s'il en faisait un livre. Les choses se passaient avant le Watergate. La plupart des gens ne pouvaient pas imaginer que Hoover soit autre chose que parfait. Après la publication du livre de Dad, *Inside the FBI* (Le FBI vu de l'intérieur), nos lignes téléphoniques ont été mises sur écoute, et certains journaux ont colporté toutes sortes de mensonges à son propos. En gros, on a voulu salir son nom. Le livre est sorti l'année de ma naissance. Ma mère était terrifiée à l'idée que mon père puisse être arrêté sous de faux prétextes ou bien soupçonné d'être communiste et jeté en prison. Il a été harcelé non seulement par Hoover lui-même, mais également par un présentateur de télé célèbre qui s'appelait Joe Pine et animait un show très populaire dans tout le pays, où il a invité mon père et l'a accusé d'être un agent du KGB. Pine est allé jusqu'à faire venir sur le plateau un prétendu agent double, un type balèze qui a pris Dad à partie, ce qui a failli se terminer en pugilat à l'extérieur du studio. D'après ma mère, Hoover, estomaqué par l'audace de mon père – comment ce moins que rien pouvait-il mettre en doute son honnêteté, alors que même le président des États-Unis ou le Congrès ne l'osait pas – avait décidé de ne pas lui faire de cadeau.

Mon père avait travaillé avec un indic de sinistre renommée, un certain Murph the Surf qui lui donnait rendez-vous en pleine mer, dans les eaux chaudes baignant Miami, pour lui filer des tuyaux, et qui plus tard s'est fait coffrer parce qu'il avait volé un saphir, l'Étoile des Indes. Murph avait présenté à Dad une superbe nana dont il était tombé raide dingue. Hélas, c'était la fille d'un gros bonnet de la Mafia. Lorsque le FBI a appris que mon père, non content de la surveiller, couchait avec elle, il a été obligé de la quitter.

Dad tapote sur le volant. En le regardant, je songe à tous ces trucs dangereux qu'il a faits – fréquenter des criminels endurcis, coucher avec la fille d'un mafioso, défier Hoover, subir toutes ces attaques… Il me paraît bizarre que les gens à Topanga Beach ne soient pas plus impressionnés que cela. Et je comprends brusquement que, quels que soient vos exploits passés, ce lieu sera toujours plus grand que vous. La seule chose qui importe là-bas, ce qui remet tous les compteurs à zéro, c'est le surf. Je pense que Dad aime cette pureté, cette simplicité.

Devant nous se profilent des bâtiments aux couleurs pastel. Dad m'annonce que nous entrons dans la ville de San Vincente.

Nous sortons de l'autoroute pour aller manger dans un restaurant. Dad a un air triste. Je lui demande si c'est à cause de Sandra. La véranda du restaurant donne sur l'allée en terre battue où nous avons garé la camionnette. Notre table se trouvant sous une tonnelle, le visage de mon père est coupé en deux par l'ombre de l'une des lattes au-dessus de nos têtes. Il a un œil éclairé et l'autre dans la pénombre. Pour la première fois, j'ai l'impression qu'il ne me dit pas tout, qu'il a un secret. Je n'ai aucun moyen de savoir ce qu'il pense, ce qu'il ressent. Est-ce cela qui a tant inquiété ma mère ?

On y va ? proposé-je, pressé de le voir de nouveau en pleine lumière.

Le bitume fait comme des ondulations sous la chaleur. Autour de nous, tout est mort et sec. Nous buvons de l'eau minérale, mangeons des cacahouètes, puis jetons les pelures par la fenêtre. Le seul moment drôle de cette étape, c'est le concours de pets – que mon père gagne. Plus tard, nous allons faire nos besoins, accroupis dans les buissons d'armoise. Dad m'ayant dit qu'il risque d'y avoir des serpents à sonnette, je me retiens. J'ai tellement mal au ventre que je dois rester plié en deux jusqu'à notre arrêt suivant. Enfin, nous arrivons dans une ville près de l'océan, et je me précipite dans les toilettes d'un restaurant.

Après m'être soulagé, je rejoins mon père, qui s'est installé sur la plage avec sa guitare et joue *Heart of Gold* à trois jeunes Mexicaines habillées comme en plein hiver. L'une d'elles entre dans la mer sans même ôter ses vêtements et se met à nager. À Vallarta aussi, les Mexicaines font comme ça. Pourquoi ne mettent-elles pas de maillot de bain ?

Deux ou trois types à la figure patibulaire sortent du bar en adressant des regards hargneux à mon père et aux jeunes filles. Dad continue à jouer comme si de rien n'était. L'un des gars, qui a pris un coup de soleil malgré sa peau mate, interpelle mon père en espagnol. Je reconnais le mot *gringo*. Relevant un sourcil, mon père tourne vers lui ses yeux bien enfoncés dans ses orbites.

Le type ricane. Je sens des picotements dans mes doigts, une sorte de nervosité. La gorge serrée, je le vois s'approcher. Mon père dit quelque chose en espagnol. Pris au dépourvu, le Mexicain reste muet quelques instants, puis répond. Dad sourit et se met à jouer une chanson mexicaine et à chanter en espagnol. Des gens sortent du bar. Le type fait des gestes en direction de mon père comme pour dire qu'il a organisé ce petit concert avec son pote *el gringo*.

Je m'assois près de mon père et, entre deux chansons, lui glisse que je veux partir. Au bout de la deuxième fois, il regarde l'océan.

T'as raison. Pas de vagues ici. Il va falloir revoir la carte, dit-il.

Nous descendons dans un motel en parpaings. Mon père donne de l'argent au vieux réceptionniste pour qu'il surveille notre camionnette. Nous la garons en face de notre chambre et laissons le rideau jaune ouvert. Puis mon père consulte la carte, sur laquelle des cercles rouges indiquent les bons spots dont il a entendu parler.

Visiblement, demain, on va en trouver quelques-uns sur notre chemin, dit-il.

La route traverse des zones d'ombre grise. Dans l'aube finissante, la poussière prend des reflets dorés. Des cactus se dressent, tels des cow-boys stoïques, attendant que le soleil se lève de derrière les crêtes des collines. Il n'y a que les cactus et les buissons d'armoise qui peuvent survivre dans cet environnement. D'ici deux à trois heures, la chaleur et la poussière deviendront insupportables. Encore une journée de plus à rôtir dans cette camionnette, collé à mon siège, affalé comme un zombie, la bouche pleine du goût de la poussière, à espérer vainement que l'air entrant par la fenêtre soit frais. Je me mets à rêver de neige fraîche tombant sur mon visage et se transformant en eau sur ma langue. Je donnerais n'importe quoi pour que l'hiver revienne.

Huit mois auparavant, mon père et moi avons pris le télésiège jusqu'en haut de Mount Waterman. Il nous avait fallu une heure et demie avec la petite Porsche blanche de Dad pour nous rendre à la station depuis Topanga Beach. Malgré la neige, mon père ne s'était pas arrêté pour mettre les chaînes. Il voulait que nous prenions le premier télésiège pour descendre dans une poudreuse immaculée.

Au moment où je m'installais, l'employé a posé une couverture sur mon dos. Le télésiège m'a emporté sous les rafales de neige. J'avais bien chaud sous mon anorak, mais mon visage était gelé. Je me suis mis à penser au gâteau au chocolat qu'il y aurait à l'anniversaire de mon copain Bobby Citron. Pourvu que je ne rate pas la fête !

En haut, nous nous sommes réfugiés sous des épicéas pour nous protéger du vent, mon père montant en escalier devant moi, les jambes fléchies comme un cheval de course. Arrivés près d'un immense rocher de forme presque carrée surplombant la descente, mon père a jeté un coup d'œil en bas.

Ça a l'air super, Ollestad junior.

C'est raide ?

Juste ce qu'il faut pour ce type de neige, a-t-il répondu – ce qui voulait dire que c'était très raide.

Je déteste quand c'est trop raide.

Je vais avancer un peu pour vérifier qu'il n'y a pas de risque d'avalanche.

Fais attention.

Ne t'inquiète pas.

Et là, il s'élance. Une plaque de neige se détache et dévale le couloir qui s'ouvre à partir du rebord pour disparaître trois cents mètres plus bas dans les nuages remontant de la vallée.

Ça m'a l'air bon. Allez, Ollestad, vas-y ! crie-t-il une fois parvenu en bas du couloir.

J'oriente tant bien que mal mes skis dans la bonne direction. Un coup d'œil en bas. C'est vraiment raide.

Avec cette neige épaisse, pas de risque de déraper. N'hésite pas à prendre de la vitesse.

Je plante mes bâtons, qui s'enfoncent jusqu'aux poignées. Je les fais ressortir et balance mon corps en avant et en arrière jusqu'à ce que mes spatules percent l'amas de neige. Je suis parti.

Les jambes souples ! hurle mon père. Fléchis les genoux !

J'ai beau essayer de plier les jambes, la neige épaisse forme comme un mur contre ma poitrine. Je tente de tourner en pivotant le buste. À travers la neige qui couvre mes lunettes, je vois la paroi rocheuse se dresser juste devant moi. J'essaie de plier les jambes, mais me retrouve brusquement projeté vers l'avant. J'atterris tête la première dans le talus, la bouche pleine de neige, incapable de respirer. Je tente de bouger les bras. Impossible. Je suis pris comme dans un étau. Je recrache la neige avalée, mais après chaque expiration, je suis bien forcé d'inspirer, si bien que plus je lutte pour respirer, plus la neige s'enfonce dans ma gorge. Et ma bouche refuse de se fermer.

Mon père me fait sortir de là en me tirant par les pieds. Crachant, pleurant, je me mets à hurler tous les gros mots que j'ai appris à Topanga Beach. Dad nettoie mes lunettes en m'expliquant que de toute façon, il était juste à côté de moi et ne m'aurait jamais laissé suffoquer.

Une fois ma petite crise passée, il rattache mes lunettes autour de mon casque et me remet sur mes skis.

On devrait remonter en escalier par d'où on vient, dis-je.

La couche de neige est trop épaisse.

C'est pour ça qu'on n'aurait pas dû venir ici. Elle est trop épaisse.

Trop épaisse ? Impossible, Ollestad.

Si, elle est trop épaisse. Tellement épaisse qu'on n'y voit rien. On peut même pas tourner.

Tu dois fléchir les jambes avant que tes skis ne s'enfoncent.

C'est impossible, dis-je. Pourquoi tu m'obliges ?

Parce que c'est chouette quand on y arrive.

Moi, je trouve pas ça chouette du tout.

Un jour, tu verras.

Jamais.

On en reparlera, répond-il. *Vamanos.*

Je parie que je vais encore tomber. Et ça sera de ta faute.
Plie bien les jambes.

J'arrive pas.

Je prends mon élan en faisant des mouvements d'ailes
avec les bras pour bien lui montrer que je suis coincé. Et
là, mes skis remontent à la surface.

C'est ça, Ollestad ! Fléchis les genoux !

Une fois au-dessus de la neige collante, il devient possible de redresser mes skis. Dès que je sens que je m'enfonce
à nouveau, je fléchis les genoux jusqu'à ce qu'ils touchent
mon ventre. Sous l'effet du contrepoids, mes spatules sur-
gissent telle la proue d'un navire porté par une vague. Je
passe ainsi plusieurs grosses bosses, en conservant ce mouvement de levier et en veillant à ce que mes skis ne s'enfoncent pas. J'entends mon père pousser un cri de triomphe.
Une rafale de neige m'éclabousse le visage, m'aveuglant.
J'ai juste le temps d'essuyer le côté gauche de mes lunettes
avant qu'une deuxième rafale me frappe. Au moment où
j'essuie de nouveau mes lunettes, je me souviens qu'il faut
que je plie les genoux. Trop tard. Clac ! mes fixations
lâchent. Je fais un saut périlleux et atterris sur le dos.

Je passe la main sur mon visage couvert de neige pour
pouvoir enfin respirer. En entendant le cri joyeux de mon
père, je me redresse. Une plaque de neige triangulaire
dévale le milieu du couloir, telle une vague blanche soule-
vée par une orque qui nagerait juste sous la surface.

Crevant le sommet de cette vague blanche, la tête de
Dad apparaît quelques secondes. Il vient s'arrêter juste au-
dessus de moi. Sa moustache s'est transformée en saucisse
blanche congelée. Des petites boules de neige duveteuse se
sont accrochées à son blouson beige en peau de mouton et
à son pantalon noir. J'aperçois à travers les verres rosés de
ses lunettes l'un de ses yeux bleu électrique qui brille d'un

éclair un peu fou, comme une bête sauvage qui vient de déchiqueter sa proie.

Génial, Ollestad ! dit-il entre deux nuages de buée.

Je saute intérieurement de joie, mais sans le lui montrer, parce que cela ne ferait que l'encourager et alors, il m'en demanderait plus encore.

C'est bon, Dad, on peut rentrer ?

Il répond par un grognement. Tu es un vrai *pulver hund*, dit-il, ce qui en allemand veut à peu près dire chasseur de poudreuse.

Tu vas voir quand tu iras à Alta, dans l'Utah, poursuit-il. Avec cette poudreuse qu'ils ont là-bas, c'est comme si tu skiais sur un nuage.

Je me surprends à rêver de cette poudreuse ultralégère d'Alta. Vite ! Détourner le regard pour qu'il ne voie pas mes yeux briller. Parfois, il m'horripile, avec ce charisme qui écrase tout, y compris vos résistances. Pourtant, même dans des moments pareils, je voudrais devenir comme lui.

Nous rejoignons la route, péniblement à cause de cette neige pesante. Un camion nous prend en stop jusqu'au parking. Mais je vois bien que Dad ne veut pas en rester là. Je connais sa logique : des jours comme celui-ci, il y en a peu, alors autant en profiter un maximum. J'aimerais partager la joie qu'il ressent dans des moments privilégiés comme celui-ci. Mais j'ai encore plus envie de jouer avec mes copains.

Étrangement, il ne souhaite pas aller plus loin ce jour-là. Une heure et demie plus tard, nous débarquons chez Bobby. J'entre en courant, sans prendre le temps d'enlever ma tenue de ski. Les invités viennent tout juste de finir le gâteau au chocolat. Je fonds en larmes, refuse de parler à mon père et même de le regarder. Les mères nous toisent – avec nos vêtements de ski, nos cheveux collés par la crasse et notre odeur de sueur, nous ne sommes pas à notre place. Les autres sortent de la douche et embaument le lilas frais, tandis que nous avons l'air d'hommes des bois. Inconscient de tout cela, Dad fait du gringue aux dames et engloutit toute l'assiette de crudités. Je me sens sale, balourd comparé aux autres. Je reste à l'écart, tout en espérant vainement pouvoir attraper le fil d'une conversation qui me permettrait de me joindre aux plaisanteries du groupe. Mais je n'ai rien en commun avec ces gamins-là. Comme j'aimerais avoir la même vie que les garçons de mon âge – faire du vélo après l'école, jouer au ballon dans un cul-de-sac !

La matinée est déjà chaude. Est-ce que je serai toujours disponible pour les anniversaires de mes copains ? demandé-je à Dad pendant qu'il débouche une bouteille d'eau et me la tend.

Oui, bien sûr.

Surprenant mon regard plein d'amertume, il ajoute : Des anniversaires, ça ne va pas manquer, dans ta vie.

Je lui tourne le dos et me mets à bouder. Il me tapote l'épaule.

T'as la belle vie, Ollestad, dit-il. Figure-toi que ta grand-mère m'obligeait à quitter le terrain de base-ball en plein match pour aller à mon cours de danse. Tu imagines ? Alors que toi, merde ! Tu skies, tu surfes ! Bref, tu t'amuses !

Je tourne la tête vers lui, abasourdi. Des cours de danse ? Du tango, des claquettes ?

Pire encore. De la danse classique.

Ben dis donc ! Pourquoi ?

Parce que le rêve de ta grand-mère, c'était que je fasse du cinéma.

C'est toi qui as eu l'idée de porter une tenue de base-ball dans *Treize à la douzaine* ?

C'est ainsi qu'il apparaît dans la première scène du film, où il joue l'aîné des garçons, âgé de douze ou treize ans.

Un sourire irradie son visage.

Exactement.

T'avais de la chance, Dad.

À vrai dire, passer des heures dans un bus pour aller au studio et poireauter en attendant qu'on ait besoin de toi, j'appelle pas ça avoir de la chance. Le rêve de ta grand-mère m'a privé de beaucoup de choses.

Dad prend un air de petit garçon qui voudrait qu'on le plaigne. Je sens qu'il en veut encore à ma grand-mère.

Parfois, quand on attendait, je m'endormais contre un mur, dit-il.

Et tu ne tombais pas ?

Il jette un coup d'œil à la route et fait non de la tête.

Tu as gagné pas mal de fric, quand même, dis-je pour essayer de le réconforter.

C'est vrai. Ça m'a aidé pour mes études.

Nous nous arrêtons pour prendre de l'essence, puis reprenons la route qui commence à grimper. Du reste de la journée, je garde le souvenir de la chaleur. Je dors par intermittence, me réveillant pour boire de l'eau et contempler par la fenêtre le paysage, toujours le même – une étendue poussiéreuse avec quelques cactus. À un moment, je me plains de ne boire que de l'eau et réclame autre chose, du jus de fruit par exemple. Dad me décoche un regard sous son sourcil en accent circonflexe et boit à la bouteille en faisant mine de se régaler.

Mmm ! dit-il en se léchant les babines. Du jus de roche ! Délicieux !

Il me tend la bouteille.

Du jus de roche ? dis-je l'air sceptique.

Essaie, tu vas voir, c'est super ! répond-il, comme s'il venait d'inventer le fil à couper le beurre.

Je prends une gorgée.

Mmm ! Du jus de roche !

Vers minuit, la route se rapproche de la côte. Nous prenons une chambre dans un hôtel d'où l'on peut entendre le bruit des vagues. La chaleur m'empêche de trouver le sommeil. Je m'imagine dans un endroit froid, espérant que cela m'aidera à dormir. Je me souviens de notre séjour à Alta, dans l'Utah, pendant les vacances de Pâques.

Nous étions descendus à Salt Lake City au Little America Hotel. Je revois mon père se brossant les dents, son sexe pendant dans le miroir de la salle de bains. Ses fesses sont plus blanches que ses jambes, et les muscles renflés de son dos creusent une rigole profonde jusqu'à ses épaules.

Sa douche terminée, Sandra sort de la cabine, silhouette fantomatique entourée d'un voile de vapeur d'eau. Elle tend le bras pour prendre une serviette et l'enroule autour de sa poitrine. Son sexe est tout juste couvert et ses jambes paraissent vraiment maigres – des pattes de poulet, dit mon père pour la taquiner. Elle émerge de la brume, surprend mon regard. Ses yeux se plissent. Sait-elle que je l'ai vue chevaucher mon père la nuit précédente sur l'autre lit, que j'ai vu son visage tordu de douleur, entendu ses soupirs de plaisir ?

Norm, dit-elle en se tournant vers mon père, tu pourrais pas te mettre quelque chose sur le dos ?

Tu peux parler, répond Dad avec un sourire.

Quel bordel ici !

Mon père éclate de rire. Sandra entre dans les toilettes et s'enferme. Dad s'approche de la fenêtre.

Il y a au moins trente centimètres de neige sur le toit de la Porsche, dit-il en ouvrant grand le rideau.

Une rafale de neige crible la fenêtre. Il se retourne et m'adresse un regard fiévreux.

Sandra sort des toilettes, vêtue d'une paire de caleçons longs. En voyant la tempête qui fait rage dehors, elle s'immobilise.

Tu plaisantes, dit-elle.

Mon père traverse la pièce, les yeux vitreux, perdu dans ses rêves de poudreuse. Il rassemble mes affaires de ski et me les apporte.

Allons-y, champion.

Il n'y a pas d'urgence, Norm, dit Sandra. T'as vu ce temps ?

Précisément. T'as vu ce temps ? Un temps de rêve.

Assis sur le premier télésiège, le visage fouetté par la neige, je me demande pourquoi Sandra a le droit, elle, de rester tranquillement à l'hôtel à siroter du cognac.

Arrivé en haut du télésiège, Dad et moi baissons la tête pour lutter contre le vent.

Suis mes traces jusqu'au télésiège suivant, me dit-il.

Le deuxième télésiège est vide, comme le premier. C'est à peine si l'employé remarque notre présence. Poussé par le vent, notre siège cogne le premier pylône. Un éclair déchire les nuages. Je me blottis sur la banquette. Dad passe le bras derrière mon cou et me cale contre lui.

Ils vont fermer le télésiège. On a eu de la chance d'arriver à temps.

Tu appelles ça de la chance ?

Un coup de tonnerre retentit. Dad ne me répond pas, et de toute façon, je ne vais pas m'arracher à son bras protecteur pour épier ses sentiments sur son visage.

Arrivés au sommet, nous descendons du siège. Dos au vent, j'attends que mon père repère les lieux. Il suit la trace des pisteurs jusqu'à une crête.

De loin, il ressemble à un sapin sans aiguilles incliné au-dessus de la crête. J'entends un sifflement. Le vent ? Hélas, non. Un bras s'agite dans ma direction. C'est bien le signal de mon père.

Je le rejoins. Au moment où je regarde de l'autre côté de la crête, une rafale de vent balaie l'étendue blanche bosselée, soulevant des nuées de poudreuse sèche aux éclats de diamants. Un nuage argenté dégringole du ciel et se décompose en faisant apparaître des silhouettes de danseurs fantômes.

J'y vois que dalle !

Repère les arbres.

Ils sont où ?

Quelque part en bas.

J'ai froid.

Il me frotte le dos avec son gant.

Allez, champion. Goûte-moi cette neige.

À mon avis, on devrait descendre par la piste normale.

Il secoue la tête. C'est non.

Alors, je franchis la crête et me lance. Une vague de neige me recouvre les genoux. Mes cuisses fendent une mer de cristaux blancs qui s'envolent en formant un halo lumineux autour de moi. Les nuages et le vent se sont évanouis. Rien ne semble exister en dehors de mon cocon de cristaux. Je fléchis les genoux et m'envole. Je retombe en soulevant des gerbes étincelantes. Mes skis glissent avec fluidité dans la poudreuse, sans aucune résistance, sans aucune hésitation. C'est donc cela qui fait rêver mon père, qui l'excite – cette légèreté absolue.

Je vire tel un albatros se laissant porter par le vent. Le monde se résume à cette chute libre en aveugle.

J'entends mon père hurler de joie et sens le glissement de ses skis à côté des miens – à présent, nous sommes deux dans ce gros halo. Je ne vois de lui que sa veste en peau de mouton.

Zoum ! Le halo se rétrécit. Dad est déjà loin, filant comme une flèche. Je suis de nouveau seul dans mon cocon sans poids.

Devant moi, des arbres se dressent, alignés. Sous leurs branches, la lumière se réfléchit sur la neige. Pas de trace. Dans la forêt, les flocons tombent tout droit, les arbres freinant le vent. Je ralentis pour trouver une ouverture et, virant sur mes carres, me glisse entre les arbres. Comme aspiré, j'abandonne mon halo derrière moi. La lumière est plus intense. La neige s'accumule au pied des troncs, entre lesquels je slalome comme si c'étaient des piquets. La neige amoncelée en coussins au pied des arbres vole sur mon passage, déposant de minuscules flocons sur mon visage. La sensation est si agréable que je me mets à viser les plus gros coussins, pour montrer à mon père.

Tout d'un coup, je ne sens plus rien sous mes pieds. Projeté en l'air, je me retrouve tête en bas, retenu par quelque chose. De la neige entre par le bas de mon blouson et ressort au niveau du col en recouvrant mes cheveux. Il y a un tronc d'arbre à soixante centimètres de mon visage et, plus bas, la terre gelée et des racines. En levant les yeux, je m'aperçois que mes skis forment des lignes parallèles aux branches de l'arbre. Leurs spatules sont coincées dans l'écorce et leurs talons reposent sur le bord d'un tronc d'arbre creux dans lequel je suis suspendu, tête en bas.

Je tends les bras vers mes skis. L'écorce craque. Pas assez solide. Je rentre le menton et me mets à hurler.

Dad ! Dad !

Le silence me répond. Et si mon père ne me trouvait pas ? Il faut qu'il finisse la descente et remonte tout en haut. Mais il va peut-être penser que j'ai abandonné et que je l'attends quelque part. S'il tarde à me rejoindre, la neige recouvrira mes traces et il ne pourra jamais me retrouver. Je vais mourir de froid !

Dad ! Dad !

Mes pieds sont gelés. Le sang afflue vers ma tête, qui devient de plus en plus lourde. J'ouvre ma braguette. Avec mes dents, je retire l'un de mes gants et mets la main autour de mon zizi. Il est tout chaud. Le fait de tenir quelque chose, quelque chose qui fait partie de moi, me rassure. Ma crainte de mourir de froid s'évanouit.

J'ai certainement fini par rentrer mon zizi dans mon pantalon, parce que je ne le tiens plus au moment où je sens quelqu'un tirer sur mes skis.

Ollestad junior ! s'exclame la voix de mon père.

Je lui réponds dans un torrent de larmes.

T'en fais pas, dit-il. Je suis là.

Il plonge dans le tronc creux. Mes skis glissent de leur point d'appui. Dad et moi atterrissons sur le sol gelé. Mon casque heurte le tronc tandis que l'un de mes skis retombe sur l'épaule de Dad.

Ça va ? me demande-t-il.

Oui, je crois.

Il défait mes fixations. Quand il se redresse, sa tête dépasse tout juste du tronc creux.

Je vais te donner de l'élan pour t'aider à sortir d'ici.

Il me soulève par la taille, m'installe sur ses épaules, puis me prend les mains et tend les bras.

Pose les pieds sur mes épaules.

Levant les genoux, je cherche des points d'appui solides sur ses épaules. Il s'avance. Je saute par-dessus le rebord du tronc, atterris face contre terre, et m'éloigne à quatre pattes.

Mes skis jaillissent du tronc. Puis apparaît la tête de mon père. Prenant appui sur les parois intérieures, bras et jambes en étoile, il attrape une branche placée en hauteur. La neige tombée des aiguilles lui recouvre la tête. Il pousse sur ses pieds, se dégage du tronc avec une torsion du corps. Et plonge.

Il atterrit à côté de moi, secoue la tête comme Sunny après un bon bain dans la mer.

Un peu compliqué, cette affaire-là, Ollestad, déclare-t-il en relevant ses lunettes.

Oui.

Et au fait, la poudreuse ?

Après ce qui vient de m'arriver, il m'est difficile de me souvenir de ces moments de bonheur dans la poudreuse. Je remarque alors que mon père me fixe du regard. Ses yeux brillent comme un soleil doré perçant les rafales de neige. L'euphorie gagne de nouveau mon cœur.

Il ouvre la main. Je la prends. Il m'aide à me relever.

On va descendre par cette vallée, champion. Il devrait y avoir des passages chouettes.

11

J E LÂCHE LE CORPS mou de mon père et me redresse. Tout va au ralenti, me semble-t-il. Les flocons de neige tombent, bien distincts les uns des autres. À chaque rafale de vent, les débris de l'avion émettent un craquement au timbre particulier. La brume emplit l'espace de tresses de vapeur à peine perceptibles.

Je me mets à quatre pattes comme un loup, comme un animal habitué à ces montagnes. Ma tête pivote à droite, à gauche. Mes yeux repèrent la topographie du couloir. Je sens l'odeur de la neige, distingue le bruit du vent s'engouffrant dans un autre toboggan, un bruit différent de celui qu'il fait ici. Je ne porte pas de lunettes de ski et pourtant, j'arrive à voir les reliefs sous la neige, parce qu'elle n'est plus une masse blanche informe dont les changements de texture et de profondeur ne seraient discernables qu'au toucher.

Mon esprit cesse de sauter d'une pensée à l'autre. Je ne me demande plus si la tempête va gagner, si je vais lâcher prise, si Sandra a raison au sujet de mon père. Mon esprit se ferme à tout ce qui n'est pas mon environnement immédiat.

Je me détourne de mon père. Mes yeux tentent de percer le voile de neige tourbillonnante. Tout là-bas, de l'autre côté du toboggan, une aile d'avion blanche, jusque-là dissimulée par la brume grise qui se confond avec la neige, me semble tout d'un coup parfaitement visible, comme si mon regard pouvait transpercer la luminosité laiteuse de l'air épais. L'aile est coincée au pied d'un gros tronc. Derrière l'arbre, la neige s'est accumulée, formant une sorte de replat.

Je m'avance dans cette direction, déplace une main, puis un pied, et traverse le couloir. En agitant les branches, le vent fait tomber des aiguilles de glace qui me lacèrent le visage comme des lames de rasoir. Quelques mètres plus haut, la neige a été balayée par le vent, laissant apparaître des traces. Je grimpe pour m'en approcher, bien planté sur mes quatre pattes comme une chèvre de montagne.

Mes mains repèrent le rebord de la piste avant que mes yeux ne la voient. Je me baisse pour identifier les empreintes et leur trajectoire. Elles traversent le toboggan et filent vers l'arbre près duquel, visible par intermittence, se trouve l'aile, dont un bout est soudé à la neige au pied du tronc. Elle est légèrement dressée. Dessous, un abri.

C'est alors que je me souviens du tapis de la carlingue. Il est coincé entre des bouts de métal déformé près de Sandra. J'en ai besoin. Peut-être que je trouverai un piolet, une pelle, ou au moins des gants parmi les débris de l'avion. Alors je rebrousse chemin jusqu'au point d'impact. Je n'ai pas le droit de glisser. Je suis là pour trouver des outils.

Je fouille parmi les fragments tordus. Rien qui puisse m'aider, à part le tapis. Les bouts de métal déchiquetés me couperaient les doigts, et ils ne sont pas assez solides pour me servir de hache. Je roule le tapis et le cale sous mon bras.

J'entends gémir Sandra. Elle est au-dessus de moi – je l'avais délibérément ignorée, comme tout ce qui aurait pu me distraire. Ses yeux sont vitreux, ses cils gelés. Je lui dis de me suivre lentement, à tout petits pas, jusqu'à l'aile.

Non, dit-elle. Je ne peux pas bouger.

12

À MON RÉVEIL, Dad est debout devant moi, tenant nos deux planches. Il me faut quelques secondes pour me souvenir que nous sommes au Mexique.

On va faire trempette ? propose-t-il. Ça nous fera du bien.

Le fait qu'il ne parle pas de vagues m'incite à la méfiance. Je descends derrière lui des escaliers métalliques rouillés et passe devant un couple de Mexicains vêtus de costumes fantaisie en lin. Ils se collent à la rampe comme si nous étions des *banditos*, des lépreux, voire pire encore.

Les ondulations de la mer se sont transformées en énormes vagues.

Vues d'en haut, elles avaient l'air moins grosses, dis-je.

Ne t'en fais pas. Tu as vu ces belles vagues au large de la pointe ?

Tu veux que je surfe celles-là ?

Tu rêves ? répond-il. Si tu ne surfes pas à la pointe, autant faire mumuse dans la mousse.

Je ravale toute velléité de protestation. Je vois bien à son regard que nous allons surfer au large, quoi que je puisse dire.

Bien que l'air soit brûlant comme une pièce de cent sous

chauffée à blanc, pour reprendre l'une des expressions favorites de mon père, l'eau est fraîche. Le sel entre en contact avec la peau à vif de ma hanche, de mes fesses, de mon bras et de ma main. Je pousse un cri.

C'est bon pour ce genre de bobo, déclare mon père.

Serrant les dents, je baisse la tête et rame. La douleur s'atténue. Après être passé sous deux ou trois vagues, je me sens le corps éveillé et l'esprit clair pour la première fois depuis plusieurs jours. Dad me pousse dans les murailles d'écume. Avec le sel, les couches de sueur collées à ma peau se détachent.

Arrivé au niveau de la pointe, je me mets à frissonner, plus de peur – sans vouloir l'avouer – que de froid. Mon père me frotte le dos et, d'une voix douce, me parle des vagues et de la manière de les surfer sans effort, telle une mouette planant à un centimètre de la surface de l'eau.

Au large de la pointe, je suis surpris par les vagues qui se dressent devant moi. Elles me dépassent. Dad m'assure que j'y arriverai, que cela ne sera pas *un problemo*. Puis il fait faire un quart de tour à ma planche et me dit d'avancer vers la *toute petite qui arrive*.

Il me pousse droit vers la vague. Tu parles d'une *toute petite* ! Elle est plus haute que moi. Je ramène les pieds sous mon corps et me penche légèrement en arrière. L'avant de la planche plonge sous l'eau quelques secondes, avant de se redresser. Je pivote le buste. Réagissant immédiatement, ma planche remonte vers le haut de la vague. Je fléchis la jambe arrière pour gagner de la vitesse.

D'après mon père, ces vagues sont parfaites parce qu'elles se brisent en une seule fois. Je prie pour qu'il ait raison parce que j'ai beau vriller mon corps, je reste à l'intérieur de la vague – pile à l'endroit où elle s'enroule sur elle-même et où la lèvre retombe. J'ai beau pomper, la vague se dresse toujours, menaçante, au-dessus de ma tête. Après avoir échappé à plusieurs reprises à l'engloutissement – autant de petites victoires pour moi –, mes jambes se fatiguent. Alors, passant par-dessus la lèvre, je me retrouve sur le dos de la vague et regagne la plage avant que mon père ait le temps de me rappeler.

Le sable est noir, brûlant. Assis sur ma planche, je regarde Dad surfer. Il remonte la vague à la verticale, saute au-dessus de la lèvre, redescend comme une flèche, décolle à nouveau.

Nous mangeons dans un restaurant en haut des escaliers rouillés. Installés avec nos caleçons trempés à une table recouverte de cuir, nous attirons les regards des deux Mexicains raffinés qui scrutent nos pieds couverts de sable et nos cheveux collés par le sel. Mon père se baisse et, me désignant le couple du regard, me dit : Ils ne savent pas ce qu'ils ratent.

Il lève les yeux au ciel. Ses joues luisent comme deux billes roses.

Ils sont persuadés de ne pas être n'importe qui, poursuit-il. Nous, on vient de surfer des vagues parfaites, avec l'océan pour nous tout seuls, et eux, ils sont là le cul sur leur chaise, à boire du café le petit doigt en l'air et à bavasser comme des commères.

Je jette un coup d'œil au couple. Ils boivent en effet leur café avec des allures d'oiseaux délicats. En voyant l'homme lisser sa chemise en lin, je songe à ces vagues sur lesquelles nous avons surfé l'océan.

Qu'est-ce que ça doit être barbant d'être comme eux ! dis-je.

Tu nous imagines à leur place ? ajoute-t-il, et nous nous esclaffons comme deux tordus.

Au matin, les vagues, aplaties par un vent de travers, font tout juste trente centimètres de haut. Nous nous mettons en route, mais impossible de trouver un spot intéressant à Baja. Après avoir traversé un désert monotone, nous nous garons sur un promontoire recouvert de sable et de poussière. En l'absence de buissons ou de plantes, la seule tache de couleur, c'est celle, émeraude, de la mer à nos pieds. Rien qu'en la regardant, je sens sa fraîcheur.

On a eu de la chance de trouver ces vagues hier, dit Dad.

C'est sûr qu'il vaut mieux ça que de passer la journée à étouffer dans une camionnette en plein désert !

Il éclate de rire.

Tu as déjà surfé un tube ? me demande-t-il.

Non.

C'est comme si tu planais sur la poudreuse.

Ah bon ?

Oui. Bien sûr, c'est différent, mais tu as la même sensation.

En me tournant, je me rends compte que mon père me fixe de ses yeux bleu saphir à l'éclat un peu fou. Ce qu'il voit en moi, je le sens dans son regard – le souvenir de cette sensation d'apesanteur, du goût de miel qui tapisse la langue, du sang écarlate qui afflue vers le cœur, de cette musique angélique qui vous porte dans l'air transparent des montagnes.

Peut-être qu'on trouvera des rouleaux pour toi, fiston.

Et qu'est-ce qui se passe quand on n'arrive pas à en sortir à temps ?

On se fait aplatir.

Il ponctue sa réponse d'un regard intense.

Cette nuit, mon père n'est pas dans son assiette. Nous mangeons dans une ville bourrée de touristes mexicains. Dad fixe les gens marchant dans les rues pavées avec un air renfrogné. J'ai l'impression que les derrières féminins attirent particulièrement les foudres de son regard. Il est mal fichu, me dit-il. Au dîner, il mange des oranges et de l'ail cru accompagné de fromage.

Tu es triste à cause de Sandra ?

Mais non. Je dois avoir attrapé une cochonnerie, c'est tout.

Elle sera là quand on rentrera ?

Je ne sais pas. J'espère que oui.

Dans la chambre d'hôtel, il branche le ventilateur qu'il a acheté à la quincaillerie du coin, un endroit humide et sale où les étagères sont pour la plupart vides, ce qui ne déparait pas dans ce monde déglingué de routes et de maisons à moitié terminées. Assis tout nu chacun sur notre lit, nous savourons les bouffées intermittentes du ventilateur. Dad accorde sa guitare, faussée à cause de la chaleur, joue *Blue Eyes Crying in the Rain*, puis éteint les lumières.

Le lendemain après-midi, nous traversons la mer de Cortez en ferry. Le seul point positif de cette traversée longue de dix-huit heures, c'est l'air frais de la mer. Mon père se lance dans une partie de poker avec un médecin scandinave et sa charmante épouse. Les piles de billets de mille ou de dix mille pesos s'entassent devant lui. Peut-être cherche-t-il à impressionner la femme qui, avec ses cheveux d'un blond presque blanc et ses yeux verts très clairs, est tout l'opposé de Sandra.

À la lumière du soleil couchant, je regarde, fasciné, les dauphins qui chevauchent les vagues dans le sillage du ferry. Il n'y a probablement pas de meilleurs surfeurs au monde.

Je suis réveillé au beau milieu de la nuit par mon père qui s'installe au bout de notre banquette pour dormir, la tête juste à côté de la mienne. Il a une odeur bizarre.

Qu'est-ce que tu sens, Dad ?

Oh, tu sais, avec toute cette sueur...

Non, c'est la même odeur que la dame.

On a dansé ensemble après que tu es allé te coucher. C'est certainement l'odeur de son parfum que tu sens.

Et son mari, il était où ?

Il dansait lui aussi.

Bien sûr, dis-je in petto.

Le lendemain matin, nous débarquons à Mazatlán. Les buissons d'armoise ont disparu, remplacés par la jungle, qui tapisse les collines en vert foncé et sent la terre humide. Ça, c'est le Mexique, le vrai.

Nous prenons la route en direction du sud et nous garons près de la première pointe que nous trouvons sur le chemin. Un surfeur blond, visiblement américain, est en train de waxer sa planche.

Garde la camionnette, me lance mon père en allant rejoindre le surfeur au petit trot.

Il revient, l'air ravi.

D'après ce type, les vagues vont commencer à être bonnes aujourd'hui parce qu'il y a eu un ouragan au large. Ça te dit, d'avancer avec la camionnette pendant deux ou trois heures et ensuite de surfer ?

Ce sera des grosses vagues ?

Peut-être. Mais on sera au large d'une pointe. Tu n'auras qu'à rester côté plage.

À la pointe où nous avons surfé juste avant, il n'y avait pas d'endroit calme avec des petites vagues. Je rappelle le fait à mon père.

C'était une exception, répond-il.

Il me tapote la cuisse, ferme ma portière et reprend le volant.

La route rentre à l'intérieur des terres. Je m'attends à ce qu'elle se rapproche de la mer plus tard. Impatient de voir les grosses vagues à l'avance pour qu'elles ne me prennent pas par surprise, je m'installe au bord de mon siège et les guette. Mon père sifflote l'un des airs qu'il joue sur sa guitare. Il m'explique que c'est de Merle Haggard. Il commence à se dandiner en rythme, élève la voix. Sa façon de chanter ne correspond pas vraiment à la mélancolie des paroles, mais peut-être essaie-t-il de cacher sa tristesse. Ou peut-être est-il heureux. Impossible de lire ses sentiments. Il s'est enfermé dans son propre monde. Je déteste ne pas savoir ce qu'il pense, ne pas pouvoir mesurer sa pression interne. Incapable d'exprimer mon sentiment de solitude, je me sens ligoté, et reste là à gratter une croûte sur mon coude.

Brusquement, Dad se penche par-dessus mes jambes et freine d'un coup sec, égratignant le plastique de la poignée en m'envoyant valser contre la portière. Sur la route, un barrage fait de sacs de sable et d'une grosse poutre, à côté duquel se tient un jeune homme portant un uniforme militaire bien trop grand pour lui. Il agite un drapeau blanc.

Merde, dit mon père.

Quoi ?

Rien. Tout va bien. C'est les *federales*.

Mon père avance la camionnette jusqu'à la poutre, qui arrive à peu près à la hauteur du capot. Pourquoi s'arrête-il aussi près ? Sous la guérite bricolée avec des branches de palmier, il y a trois autres hommes en uniforme. Ils s'approchent de nous, pointant les fusils qu'ils portent à l'épaule.

Hola, dit mon père. *Que paso ?*

Le jeune gars avec le drapeau blanc fait un pas de côté pour laisser passer un type coiffé d'une casquette et lui aussi très jeune. Il a de petits yeux tout gonflés, comme ceux de Nick le samedi matin. Il ne répond pas à mon père. Les deux autres types font le tour de la camionnette en me fixant du regard. Je m'étonne qu'ils aient des armes à leur âge.

Je me penche, jette un coup d'œil par la fenêtre côté conducteur. Le chef a posé la main sur le canon de son fusil, tranquillement pointé vers la tête de mon père.

Pasaporte, dit-il.

Mon père tend le bras vers la boîte à gants. Le jeune soldat lève son fusil, pointe le canon à quelques centimètres de mon visage. Dad s'adresse au chef en espagnol et lui désigne la boîte à gants. Le type baisse son arme. Et là, je fais pipi dans mon pantalon. Immobile, retenant mon souffle pour ne pas pleurer, je sens le liquide couler sur ma jambe.

Le chef pose à mon père des questions sur la machine à laver. Dad lui montre la facture du magasin. Le ton monte.

Alors, le chef agrippe la poignée de la portière. J'étouffe un cri de peur. Les jeunes gars se moquent de moi. Le chef ouvre la portière, regarde derrière la banquette, puis hurle un ordre au type qui est de mon côté, lequel ouvre ma portière et fouille dans la boîte à gants, éparpillant des papiers par terre et sur la route. L'un des soldats s'empare de la guitare de mon père. Celui qui tient le drapeau fait mine de m'envoyer des baisers. Dad pose la main sur la mienne. Je regarde le tapis de sol noir et les papiers éparpillés par terre.

Les soldats prennent de l'argent dans les poches de mon père. L'un d'eux jette la guitare dans le coffre. Une plainte monte de la poitrine de mon père. Le chef crie quelque chose au gars avec le drapeau, qui déplace la poutre. Celle-ci glisse par terre. Dès qu'il y a assez d'espace pour passer, Dad appuie à fond sur l'accélérateur. Les soldats sifflent et se mettent à crier.

Mon père ne dit pas un mot. Ses biceps sont gonflés à force de serrer le volant. Lorsque je lui parle, il sursaute.

Quoi ? dit-il d'un ton brusque.

Rien.

Environ dix minutes plus tard, il se gare sur le bas-côté et me dit d'enlever mon short. Ainsi, il a remarqué. Il rattache la bâche et vérifie l'état de sa guitare. Son visage s'assombrit. La ligne verticale entre ses sourcils se creuse, comme s'il avait une cicatrice à cet endroit.

Cet argent, c'était tout ce qu'on avait ?

Presque, répond-il avant de sortir quelques billets planqués dans l'ouïe de la guitare – les gains qu'il a faits au poker.

T'es un malin, Dad !

T'as été courageux, me dit-il en m'embrassant sur la joue.

Plus tard, nous tombons sur un autre barrage. Cette fois-ci, il n'y a qu'un seul jeune soldat. Grand, très brun de peau et boutonneux, il porte un uniforme, comme les autres. Il pose quelque chose sur les sacs de sable. Dans la pénombre, son dos recourbé me fait penser à la poignée d'une canne. Puis il s'avance vers la camionnette d'une démarche disloquée. Il dit quelques mots en espagnol en désignant la machine à laver. Mon père grogne, sort la facture de la boîte à gants. Le jeune soldat prononce illico le mot « taxe », dans un anglais parfait. Mon père montre la direction d'où nous venons, sans doute pour lui expliquer que nous avons déjà payé. Le soldat prend un air stupéfait. Se haussant sur la pointe des pieds, il fouille la jungle du regard. Assis sur une chaise pliante, un homme plus âgé vêtu d'un uniforme se cure les dents en lisant un magazine. Le jeune soldat siffle. L'homme lève les yeux et hausse les épaules, comme si on l'avait dérangé. Son jeune collègue lui fait signe de venir.

Mon père jette un coup d'œil furtif à droite, à gauche. Son regard s'arrête sur les sacs de sable. Tout à coup, il met les gaz. Les pneus crissent, s'accrochent à la route et la camionnette, dans une embardée, charge le barrage. Je plonge sous le tableau de bord. Quelque chose vient heurter le pare-chocs.

Te redresse pas ! hurle Dad.

Le cou rentré dans les épaules comme un pigeon, il appuie à fond sur l'accélérateur. J'entends un claquement fort.

Te redresse pas !

Je me recroqueville sous la boîte à gants. La camionnette manque se coucher dans le virage. Mon père jette un coup d'œil en arrière.

C'est bon, on est passés.

Putain, t'es dingue, Dad !

Hors de question de rejouer ce petit jeu avec eux.

Et ce bruit, c'était quoi ?

Un coup de feu.

Couché sous le tableau de bord, je fixe ses genoux en imaginant une balle lui perforant le crâne.

J'espère qu'ils ont pas de voiture.

Non, répond mon père. Les autres viennent les prendre et les déposer.

Une radio ?

Peut-être. Mais j'en doute.

Et si jamais ils en ont une ?

Je n'en ai pas vu là-bas. À mon avis, on n'a pas à s'en faire.

Je me rassois craintivement sur la banquette en haletant comme un chien.

Ollestad, calme-toi. Tout va bien. Ils sont loin.

Je lève les yeux vers lui. Il décèle ma peur et ma déception.

Je ne pensais pas qu'il arriverait à attraper son fusil aussi vite, dit-il. Il me paraissait plutôt lent, ce type.

C'est vraiment une idée stupide que t'as eue.

Il hoche la tête, passe la main dans ses cheveux bruns bouclés, puis regarde la route, les yeux perdus sur le bitume noir. Il me donne l'impression d'être penaud, de ne pas trop savoir où il en est.

Je déteste être placé dans ce genre de situation – avoir la trouille au point de faire dans mon froc. Mais à présent, c'est pire encore. Dad lui-même a l'air terrifié.

Je lui demande ce qui va se passer.

Rien, répond-il.

Et si on tombe sur un autre barrage ?

Je paierai une taxe encore plus lourde, c'est tout, dit-il en souriant.

C'est pas drôle.

C'est vrai que ça a été un peu chaud, mais c'est fini maintenant. On est tranquilles.

Impossible de chasser de mon esprit l'image de la balle lui trouant l'arrière du crâne. Je suis obsédé par l'idée que les soldats vont nous poursuivre, nous torturer. Plus mon père semble détendu, pires sont les scénarios qui se succèdent dans mon esprit.

Plus jamais je t'accompagnerai, dis-je.

Arrête ton cinéma, Ollestad.

Je secoue la tête. Nous regardons chacun droit devant nous. Et passons ainsi un long moment.

Le tonnerre se rapproche peu à peu. Il ne tarde pas à pleuvoir. La route s'incurve vers la côte. J'aperçois la surface métallique de l'océan au-delà de l'enchevêtrement vert de végétation. Puis la vue est bouchée par une canopée de branches aux feuilles si fines qu'on dirait des formes découpées dans du papier à travers lesquelles le ciel se voit à peine.

Quelques minutes plus tard, nous sommes près de la côte. Le ciel est nervuré de néons roses chargés d'électricité qui s'allument et s'éteignent en trouant l'océan. Impossible de voir le rivage à travers la jungle. Seules quelques vagues lointaines apparaissent par intermittence.

Des gouttes de pluie argentées grosses comme des pièces de un dollar s'écrasent sur le pare-brise et le toit dans un battement de tambour. Je remarque les rigoles des bas-côtés, gonflées d'eau de pluie. Brusquement, la camionnette dérape. Mon père freine. Le véhicule se déporte puis, les roues s'étant bloquées, commence à se pencher comme s'il allait se renverser. Dad donne un coup de volant et la camionnette reprend la route en bringuebalant. Il me jette un coup d'œil en souriant, comme pour dire que ce n'était rien.

Des lignes de pluie traversent le bitume huileux comme autant de pattes d'araignées géantes, puis s'enfoncent dans la forêt. L'eau plaque la bâche contre la machine à laver. Mon père s'accroche tellement au volant que ses phalanges sont blanches. Je rumine toutes les mauvaises actions que j'ai faites dans ma vie, tous les mensonges. Je regrette d'avoir mal agi, parce qu'à présent, j'ai l'impression que je vais le payer. Je promets de ne plus dire de mensonges si nous nous en sortons.

C'est alors que les essuie-glaces s'arrêtent. Mon père actionne le levier, sans succès.

Putain de merde ! s'exclame-t-il.

Le pare-brise s'opacifie, comme si le verre avait fondu en formant une multitude de petites boules. Dad jette un œil dans le rétroviseur, puis baisse sa fenêtre pour se pencher à l'extérieur. Il se gare, serre le frein à main, regarde sa montre.

Il faut absolument qu'on quitte cette route, décrète-t-il.

Pour aller où ?

On va trouver un endroit. *No problemo.*

Il retire sa chemise et, la tête penchée à l'extérieur, fait avancer la camionnette sur le côté de la route. Ses mèches trempées font comme des draperies sur son front. On dirait qu'il est en train de se noyer. Au bout d'un ou deux kilomètres, il rentre la tête dans l'habitacle et remonte la vitre. Il est torse nu. La vue de ses muscles me rassure un peu.

On va conduire comme ça toute la journée ?

Non.

Pourquoi non ?

Parce que c'est trop dangereux dans ces conditions.

Il regarde dans le rétroviseur. J'imagine les deux soldats du premier barrage attendant sous la pluie, serrés l'un contre l'autre sur le bas-côté, et un camion de l'armée qui vient les prendre.

Dad ouvre de nouveau la fenêtre et sort la tête. Avec cette pluie qui lui fouette le visage, il a l'air d'en baver vraiment. J'ai deviné que nous devons quitter cette route pour que les soldats ne nous rattrapent pas. Mais ça, je ne le dis pas à Dad.

Mobilisant toute mon énergie, je repousse cette image de mon esprit et décide d'aider mon père. Peut-être est-ce ma première décision mûrement réfléchie. J'ai compris que soutenir mon père dans cette épreuve plutôt que de rester enfermé dans ma peur me sera bénéfique à long terme.

J'essuie ma vitre, complètement embuée. Et là, par le plus pur des hasards, j'aperçois une piste en terre battue qui s'enfonce dans la jungle. J'avertis Dad d'un cri. Il pile, recule et sourit en découvrant la piste.

Super, Œil-de-faucon ! Tu vois. Il ne faut jamais laisser tomber.

Il décrit un large virage pour engager la camionnette sur la piste en contrebas. Tiens-toi bien, me dit-il en accélérant. Le véhicule s'engouffre dans le passage étroit en ruant. J'entends des grincements métalliques et le choc de la caisse contre le sol. Nous avançons en zigzag comme un serpent s'extirpant de la boue. La piste fait un virage sec. Dad donne un coup de volant. Le cul de la camionnette va cogner des arbres. Nous avançons comme ça pendant un bon moment. Impossible de ralentir, sous peine de s'embourber. Les yeux écarquillés, je m'accroche au tableau de bord. Mon père bande les muscles de ses bras à chaque coup de volant. Sa tête ballotte à l'extérieur de la camionnette comme celle d'un cow-boy sur un taureau sauvage, se baissant pour éviter les branches et reculant quand le mur de végétation passe trop près de sa tempe. Je

m'apprête à lui demander où nous allons mais me ravise –
ça va le distraire.

Un peu plus loin, la camionnette accroche une branche.
Mon père appuie sur l'accélérateur. Le véhicule se cabre,
puis part en vol plané. L'atterrissage est brutal. Les vibrations de la caisse se font sentir jusque dans les sièges. Et là,
le moteur s'arrête. La camionnette pile, nous envoyant valser contre le tableau de bord. Nous commençons à nous
enfoncer.

Mon père frappe le volant, se tourne vers moi.

Fin de l'histoire, Ollestad junior.

Le moteur est foutu ?

Je ne sais pas.

Ils vont nous trouver, alors,

Aucun risque, José. Ils vont passer devant la piste sans
s'arrêter. C'est ce qu'on a failli faire, alors qu'on allait quatre fois moins vite qu'eux.

Je hoche la tête. Ça semble logique. Et je comprends
qu'il a partagé avec moi cette crainte folle et inavouable –
la peur que les soldats se lancent à notre poursuite. Le fait
qu'il le reconnaisse me réconforte. Ça fait du bien de ne
pas être seul à se battre, pour une fois, me dis-je.

Et maintenant, on fait quoi ?

On marche jusqu'à la plage. Pour voir si on peut trouver
où s'abriter.

Il y a des maisons dans le coin ?

Allons, Ollestad, on ne se casse pas la tête à tailler une
piste comme celle-ci pour rien.

Il avance, une planche sous chaque bras et son sac
marin sur l'épaule. Je porte ma valise. Par endroits, je
m'enfonce dans la boue jusqu'aux genoux. Nous mar-

chons aussi près que possible du bord, près des arbres, là où le sol est plus ferme. Des bananiers nous permettent de caler nos pieds entre leurs racines. Les grappes de fruits familiers poussant entre les lianes épaisses me rappellent la végétation autour de la maison de mes grands-parents.

À chaque pas, nos pieds sont comme ventousés par la boue. Je me souviens de ces longues marches avec Dad pour aller chercher la poudreuse. Je le lui dis.

Tu te rappelles ton chasse-neige d'enfer ? me demande-t-il.

Ouais. Je descendais n'importe quoi avec.

Tu as descendu le Saint Anton en pleine tempête de neige, alors qu'il y avait de la glace sous la poudreuse, tout ça en chasse-neige.

Quand est-ce que j'ai commencé à skier en parallèle ?

Voyons voir… En 73, je pense, quand on est allés en train à Taos pour Noël.

Ah oui ! m'exclamé-je en me souvenant de l'Indien en plastique qu'il m'a acheté, et que souvent, je regarde en me disant que si jamais mon père mourait, je voudrais mourir aussi.

Tu penses que je pourrai gagner une compétition cet hiver ?

Ne t'inquiète pas de ça, Ollestad. Fais ton possible. Le reste suivra.

Et qu'un jour je participerai aux jeux Olympiques ?

Bien sûr. Mais ça serait mieux encore si tu obtenais une bourse pour Harvard ou Yale.

Une bourse ?

C'est quand ils te proposent d'entrer dans leur université en faisant partie d'une de leurs équipes sportives.

Le fait que Dad planifie ma vie aussi longtemps à l'avance ajoute une pression supplémentaire, comme si la boue et la jungle s'étaient épaissies.

Tu penses qu'on va arriver quelque part ? demandé-je en geignant.

Mon père s'arrête. Avec ces taches de boue sur son visage, sa moustache et ses jambes, il ressemble à une sorte de caméléon humain sorti de la jungle.

C'est plus facile si tu...

... marches tout droit sans m'arrêter. Je sais.

Il éclate de rire.

En plus, il n'y a aucun endroit où s'asseoir, poursuit-il, hilare.

Qu'il n'y ait, au beau milieu de la jungle, avec toute cette boue sous nos pieds, et au-dessus de nos têtes ces nuages lourds prêts à éclater, aucun endroit où s'asseoir ne me paraît pas franchement drôle.

Je regrette d'être venu, dis-je en accélérant le pas pour le dépasser.

Eh ben, Ollestad, moi je suis content que tu sois là.

Plus jamais je ferai de compétitions de ski ! J'préfère le karaté.

Le karaté, c'est ta mère qui en aurait bien besoin.

Je m'arrête, interloqué. C'est la première fois que mon père m'en dit autant sur Mom et Nick. Je tiens l'occasion rêvée de lui raconter que Nick me traite de menteur et me répète que je vais devenir un minable. De lui demander de faire quelque chose pour me protéger de sa cruauté. Mais je me contente de grogner tout en avançant péniblement.

La piste escalade une crête menant à des collines encore plus hautes, avant de plonger brusquement pour reparaître tout en bas, au milieu de terres marécageuses où la jungle s'effiloche. Je repère quelques vaches et des grands cocotiers, puis une autre colline. Pourvu que de l'autre côté, nous trouvions enfin la plage et un abri où nous reposer !

Je bois de l'eau au goulot. Enveloppé dans cette chaleur comme dans un manteau épais, je sue à grosses gouttes. Ma tête est toute fiévreuse.

J'ai l'impression de brûler, Dad.

Quand on plongera dans l'océan, ça va te rafraîchir.

Sa réponse paraît logique, mais ce n'est pas celle que j'attends.

Je sens son regard peser sur moi. Je voudrais qu'il dise quelque chose à propos de Mom ou de Nick. Alors, je pourrais lui raconter que Nick m'insulte, me dit que je suis nul, que ça chauffera pour moi si je le dénonce. Comme ça, une fois rentrés à la maison, Dad lui réglera son compte.

Dad marche derrière moi. J'attends. Il s'arrête sans rien dire.

Alors je balance ma valise par-dessus la crête. Elle réapparaît quelques secondes plus tard dans la boue, tout en bas. Mes yeux s'emplissent de larmes. La voix entrecoupée par des spasmes de colère, je m'affale en criant putain ! merde ! et en jetant des poignées de boue à mon père. Enfin, ayant épuisé toute mon énergie, j'éclate en sanglots. Le contact de la boue sur ma plaie à la hanche est agréable. Il se remet à pleuvoir.

Ça y est ? Ta petite crise est passée ? demande Dad.

Non.

Il tend la main vers moi et m'extirpe de la boue.

Laisse-toi glisser sur les fesses, dit-il.

Nous arrivons ainsi dans les marécages. La boue nous arrive à la taille. Je prends ma planche et m'installe dessus pour flotter.

Bonne idée, Ollestad.

Et ton sac, il est où ?

Je l'ai laissé là-haut. Maintenant, je n'ai plus qu'un short pour toute garde-robe.

Nous arrivons de l'autre côté de la zone marécageuse. La boue, en séchant sur notre peau – la pluie a cessé – nous donne l'aspect de créatures des marais. Le bruit des vagues parvient à nos oreilles. Dad me donne des petites tapes dans le dos.

Allez, courage ! dit-il.

Il trouve un chemin pour sortir de la jungle. Tout d'un coup, nos pieds foulent des coquillages blancs qui crissent sous nos pas. En regardant devant moi, je vois que cette couche de coquillages rejoint le sable humide avant de s'éparpiller et de se disperser dans l'océan.

L'eau est violette, comme le ciel à présent. Des traînées turquoise signalent les endroits où les récifs coralliens disparaissent et où le sable blanc renvoie la lumière jusqu'à la surface. Plus au large, un grand récif soulève des vagues qui bondissent par dix comme des cobras grouillant dans la mer. Couverts de boue, nous admirons le spectacle.

Pour une fois, mon père, muet, s'abstient de souligner la beauté du spectacle. Il ne parle même pas de surf. Il traverse la plage sur les pointes de pied et plonge dans l'eau, laissant un sillage de boue. Sur ses conseils, je garde mes vêtements sur moi pour les nettoyer. J'ouvre les yeux sous l'eau. Des poissons jaunes rapides comme des flèches se réfugient sous un bouquet de coraux.

Après notre baignade, nous nous déshabillons et étendons nos vêtements sur les branches d'un papayer. Les fruits vert-jaune dégagent une odeur sucrée qui, mêlée à l'air humide, tapisse mes narines. Ils pendent, lourds comme des seins. J'emplis mes poumons de leur bouquet. Le paysage resplendit de couleurs vives, avec en même temps une douceur de velours.

Nous restons là, éblouis, épuisés à présent par notre longue et pénible marche. Le temps passe. La douceur de l'air, les nuances violettes de la mer et du ciel se mêlent aux chocs des vagues sur le récif.

Brisant l'enchantement, mon père s'enquiert de ma hanche.

Ça va mieux.

Ça m'a tout l'air de quelque chose que tu t'es fait au skate.

Je réfléchis un instant. Ici, au Mexique, mon mensonge me paraît bien négligeable.

Oui, dis-je.

T'en fais pas, ton secret est bien gardé.

Ma bouche se tord en un sourire. Fou de soulagement, je cours me jeter à l'eau en criant, comme si j'attaquais un monstre imaginaire. Les coquillages m'entaillent les pieds. Je plonge tête la première.

Lorsque je remonte à la surface, Dad, amusé, me jette un regard de côté, puis se met à danser, ses couilles se balançant en rythme. Puis il saute dans l'eau, se met sur le dos et contemple le ciel. Aussi à l'aise dans la mer qu'un phoque, il regarde les nuages en savourant la pluie tiède qui l'asperge.

Après avoir regagné le rivage, j'explore la plage et déniche des coquillages blancs à la coquille épaisse et trouée. Je les montre à Dad puis en ramasse une bonne centaine, que je rassemble dans une énorme coquille d'haliotide.

Mon père ouvre une papaye avec les pouces. Nous retirons les graines noires poisseuses en utilisant un coquillage et mangeons la chair.

Exactement comme les Indiens, dit Dad.

Il m'explique qu'autrefois les Indiens pêchaient avec des lances qu'ils fabriquaient eux-mêmes, qu'ils creusaient les troncs d'arbres pour en faire des pirogues et qu'ils n'avaient ni télé, ni voiture, ni restaurants.

Ils vivaient à la dure, Ollestad.

Vraiment ?

Vraiment.

Il lave les planches à l'eau de mer tandis que je nettoie ma valise. Puis nous prenons la direction du nord.

Dad, qu'est-ce qui se passe quand on crève de chaud ?

On se déshydrate et on meurt.

Et quand il gèle ?

On a froid, puis on se sent tout chaud et on a envie de dormir. Ensuite, on s'assoupit et on ne se réveille plus.

Je préférerais mourir de froid.

Moi aussi.

Nous longeons la dune de coquillages qui meurt dans la mer. Mon père se retourne pour jeter un coup d'œil au récif. Il s'arrête, étudie la houle. Je fais semblant de ne pas remarquer.

Ça peut donner de belles vagues une fois que le vent se sera stabilisé, dit-il.

Je ne réponds pas. Il se remet en marche et passe de l'autre côté de la dune. Le sable rejoint les gros rochers noirs qui bordent la baie. En m'approchant, je vois deux bateaux de pêcheurs qui se balancent sur le sable comme des berceaux. Ce ne sont pas des pirogues taillées dans des troncs d'arbres, mais des petites barques remplies à ras bord de filets, de seaux et de lances – en métal, pas en bambou.

Regarde ! dit mon père.

À peine visibles derrière une haie de palétuviers apparaissent des toits pointus en palmes.

Il secoue la tête comme s'il ne parvenait pas à y croire. Je me rends compte alors que nous avons eu de la chance. L'idée que notre sort dépend du hasard m'inquiète.

Dad suit un sentier creusé dans la couche de coquillages.

On va entrer dans le village comme ça ?

Je ne vois pas d'autre solution, dit-il en ouvrant les mains.

Et si les habitants n'aiment pas les étrangers ?

Alors on s'en ira. Ne t'inquiète pas.

Il me prend la main. Nous avançons en direction des toits.

13

JE TIENS LE TAPIS de sol sous le bras. Sandra refuse de bouger. Je me dis que pour lui ordonner d'aller sous l'aile de l'avion, il faudrait un adulte, pas un gamin de onze ans qu'elle considère comme un sale gosse. Je pose le tapis près d'elle et décide de retourner voir mon père.

J'ai besoin de le sentir, de sentir sa peau sur la mienne. Je ne peux pas faire grand-chose sans lui. Je ne peux pas le déplacer ou porter Sandra tout seul. Pourquoi ne s'est-il pas réveillé ? J'ai dû faire une bêtise. Mais laquelle ?

Je retraverse le couloir de glace en me concentrant sur mes mouvements, ce qui m'aide à chasser toute autre pensée de mon esprit. Les nappes de brume, le vent et la neige effacent le paysage, m'obligeant à ne compter que sur le souvenir que j'ai de l'endroit où Dad se trouve – descendre d'un petit mètre, puis avancer tout droit de vingt-cinq mètres. Mon extrême concentration maintient toute pensée parasite à l'écart. Enfin je le trouve.

Je fourre mon nez dans son oreille. Elle est fraîche, mais pas froide. J'appuie mon front contre son corps, à la manière d'un animal. Il ne réagit pas. Impossible d'accepter l'idée que je suis trop faible pour le porter jusqu'à l'abri.

Tu es trop lourd, dis-je – façon de lui reprocher ma faiblesse.

La frustration étreint mon cœur. Je pose les mains sur mon visage. Je me détourne, baisse les mains. Enfin, j'ouvre les yeux et reviens vers Sandra. Je m'accroche à la montagne, la maudis, ainsi que tout ce qui se dresse contre moi – même Nick qui souligne ma faiblesse de caractère et ma nullité. Tout en prenant la main de Sandra, je me dis que Nick est un gros tas de merde. Sandra recule. Je défais sa ceinture de sécurité et la tire de son siège.

Allons-y, lui dis-je ne me souvenant de Dad, de cette façon qu'il a de toujours s'occuper d'elle. Maintenant, c'est à mon tour.

Mais qu'est-ce que tu fais ? demande-t-elle.

L'espace d'un instant, je la revois, assise sur un tabouret de bar, quelque part dans l'Utah je crois, en train de me traiter de gosse gâté pourri parce que j'exige de mon père qu'on quitte ce bar minable pour aller à la salle de jeux vidéo.

Je m'aperçois alors que sa peau a perdu sa teinte caramel et qu'elle est devenue grise à cause du froid glacial. Je me persuade qu'elle a peur, tout simplement.

Je pose le tapis derrière son siège en espérant qu'il ne va pas s'envoler avec le vent. Je m'installe en contrebas et place mes mains sous ses bottes fantaisie en cuir.

Viens avec moi, lui dis-je. On va jusqu'à l'aile là-bas. On pourra s'abriter dessous.

Je lui parle tout au long du chemin. Elle suit mes instructions. Je me sers de tout mon corps – de mes genoux, de mon bassin, de mon menton – pour nous faire passer le rebord du toboggan.

Avec mon genou, je touche le replat formé par la piste. Guidant les pieds de Sandra, je lui explique où elle peut les poser. Soulagé, je souffle quelques instants.

Super, dis-je à Sandra. Maintenant, tourne-toi et essaie d'avancer en te penchant du côté de la montagne.

La hanche et l'épaule de Sandra raclent la paroi de glace. Ses talons s'enfoncent dans la piste. Je la tire par son bras valide. Grâce à la piste, nous gagnons du temps et économisons notre énergie. Dix minutes plus tard, nous nous laissons glisser sur la plaque de neige plate derrière le gros tronc.

Il faut que j'aille chercher le tapis, dis-je à Sandra.

Non. Reste ici.

Je reviens tout de suite.

Et si tu tombes ?

Je lui réponds par un grognement et m'éloigne. Des millions de petits points blancs virevoltent au-dessus de la piste comme des mouches, donnant l'impression que le terrain se soulève. Je retrouve enfin le tapis derrière le siège. Alors je pense à Dad. Je veux le sentir à nouveau. J'essaie de voir où il est au milieu des nappes grises qui me donnent le tournis. Des flocons zèbrent le ciel. J'ai l'impression que le vent tourbillonnant secoue la montagne.

Il faut que je me réchauffe.

Je m'éloigne de Dad à quatre pattes. Je sens les muscles de mes épaules se gonfler. Mon corps semble déjà avoir accepté ce que mon esprit ne veut pas admettre – que je suis seul.

14

*E*N *SÉCHANT*, les cheveux de Dad ont formé comme une grosse boule. Je le suis de près jusqu'aux toits en palmes. J'aurais aimé qu'il porte au moins une chemise ou des chaussures, pas simplement un short de surf.

Le chemin se faufile entre les palétuviers avant de s'élargir en une piste boueuse qui traverse le minuscule village. À part les palétuviers poussant juste au bord du sable, les arbres de la jungle ont été arrachés et remplacés par des hibiscus et des *Aloe vera*. Les huttes, construites avec des palmes et dépourvues de fenêtres, ressemblent à des écoles de brousse, sauf celle qui se situe à l'extrémité du village et est en forme de cône et ouverte à la base, si bien qu'on peut, en se penchant, y entrer par n'importe quel côté.

Autour de deux huttes centrales s'agglutinent des femmes et des personnes âgées. En nous voyant, tous s'immobilisent et nous observent.

Mon père les appelle. Personne ne bouge, à l'exception d'une petite fille qui agite le bras dans notre direction. Elle porte une jupe toute déchirée. Les vêtements des villageois, en loques, sont de styles disparates et de couleurs variées. Seuls les hommes âgés donnent une impression d'uniformité avec leurs ponchos en tissu fin, leurs pantalons amples en coton et leurs visages aux rides profondes. Personne n'a de chaussures. Les robes des femmes sont ornées de rayures dorées et de volants, comme celles des danseuses de music-hall, sauf que le tissu est usé jusqu'à la corde et décoloré.

Donde esta los hermanos ? Los padres ? demande Dad.

Une femme lui montre une direction en donnant quelques explications dans un espagnol confus.

Gracias, répond mon père.

Nous traversons la piste boueuse grâce à une grosse branche posée à cet effet et sur laquelle nous marchons en posant les pieds l'un devant l'autre comme des funambules. Les enfants me regardent comme si j'étais un martien.

Mon père m'entraîne jusqu'à la hutte la plus éloignée. À notre passage, nous faisons fuir des poulets qui picoraient du grain. Ils se réfugient derrière un enclos qui abrite de gros cochons, bien gras, bien noirs. Derrière la hutte se trouve un bosquet de tamaris espacés les uns des autres. La jungle épaisse et lourde pousse jusqu'aux limites de la clairière. À la lisière, sous les branches, il y a une écurie. Quatre hommes sont en train de bouchonner, ferrer et nourrir quatre chevaux. Ils portent tous un chapeau et des bottes de cow-boy. Jusque-là, je n'ai vu au Mexique que des ânes – jamais des chevaux aussi grands. Mon père fait un signe de la main en direction des hommes, qui se tournent et nous regardent approcher, sans pour autant interrompre leur travail.

Le plus petit et le plus brun de peau vient nous rejoindre. Il porte une moustache comme celle de mon père, sauf qu'elle est noire. Il semble avoir le même âge, mais c'est difficile à dire à cause de sa peau brune et huileuse.

Mon père s'excuse de se présenter ainsi sans chemise. Il désigne la jungle tout en parlant. Je reconnais le mot *auto*.

L'homme appelle l'un des cow-boys qui est en train de panser un cheval, sans cesser d'écouter mon père. Puis il fait un signe en direction des huttes. Mon père le remercie, et nous voilà repartis.

Qu'est-ce qu'il a dit ?

On a de la chance. Ils ont de la place pour nous cette nuit.

Je ne veux pas dormir ici.

On n'a pas le choix, Ollestad.

Je préfère dormir sur la plage.

Sous la pluie ?

Peut-être qu'il ne pleuvra pas.

Peut-être, répond-il. De quoi tu as peur ?

Je ne sais pas. On pourrait pas trouver un hôtel ou un truc du genre ?

Il éclate de rire. Nous repassons devant l'enclos à cochons et retrouvons la piste principale. De nouveau, les gosses me regardent avec des yeux ébahis.

C'est à cause de tes cheveux, m'explique mon père. Je parie qu'ils n'ont jamais vu de cheveux blonds.

Jamais ?

Probablement jamais.

Eh ben !

Il y a des choses que je n'ai jamais vues, par exemple, la planète Mars. Mais jamais je n'aurais imaginé devenir moi-même l'objet de tant de curiosité.

Nous retrouvons le chemin menant à la plage. En me retournant, je remarque que tout le village est là, debout, à nous regarder.

Sur la plage, mon père me dit de ramasser mes coquillages, ce que je fais. Lui aussi en prend quelques-uns. Puis nous retournons vers le village. Dad me conseille de donner l'une des coquilles d'haliotide remplie de coquillages à la première fille que je verrai, pour remercier les villageois de leur gentillesse.

En traversant la haie de palétuviers, nous voyons une jeune femme en train de cueillir les fruits d'un immense papayer, debout sur son cheval.

Buenas tardes, lui dit mon père.

Elle chancelle quelques secondes, puis retrouve son équilibre. Elle lance à Dad un regard méprisant, hoche la tête et détourne les yeux, les mains toujours posées sur les papayes. C'est une vraie beauté. Des cheveux noirs, épais, brillants, qui lui tombent jusqu'aux reins. De longs bras à la peau douce et brune. Des yeux noirs, langoureux. Un nez légèrement aquilin. Une petite moue méprisante. Une cicatrice sous l'œil. Jamais je n'ai vu une fille comme elle.

Donne-lui les coquillages, me chuchote mon père.

Je lui décoche un regard furieux et fais non de la tête.

Allez, pose-les.

Ne sachant pas quoi faire, je lui obéis. Nous nous éloignons. En jetant un coup d'œil en arrière, je vois que la fille a disparu.

Mon père donne les autres coquillages à la première femme que nous croisons – une vieille assise devant la hutte centrale à surveiller ce qui se passe. Elle nous dit *gracias* et, contrairement à la jeune beauté, ne refuse pas de regarder mon père dans les yeux. Quelqu'un m'attrape les cheveux, me tirant de ma stupeur. Je me retourne et aperçois une petite fille qui déguerpit en piaillant. Mon père me conseille de laisser les gens toucher mes cheveux. Je m'immobilise, raide comme un manche à balai, pendant que les enfants s'approchent craintivement de moi comme si j'étais un chien enragé. L'une des mères les fait fuir d'un geste de la main et s'adresse à mon père, qui n'est visiblement pas gêné par tous ces regards fixés sur nous, alors que moi, je n'ose pas lever les yeux.

Quelqu'un donne deux couvertures à mon père et nous nous dirigeons vers la hutte en forme de cône au bout du village, suivis par tous les habitants. Nous entrons par l'ouverture étroite. Les villageois restent plantés à l'extérieur. Mon père étend les couvertures en riant. Son hilarité me gagne. Difficile de ne pas rigoler avec tous ces yeux curieux qui nous observent par la fente.

Ah, la vie de star ! fait mon père.

Nous restons coincés là un bon bout de temps. Enfin, les *vaqueros* arrivent et dispersent la foule. Passant la tête par l'ouverture, le petit moustachu nous dit quelque chose qui fait rire mon père. Ils paraissent maintenant grands copains. Après le départ du *vaquero*, une vieille femme qui semble n'avoir pas de cou nous apporte des haricots, des tortillas et un pilon de poulet.

C'est un des poulets qu'on a vus dehors ?

Mmm.

Ils mangent aussi les cochons ?

Bien sûr. *Carnitas.*

Dégoûté, je pose le pilon. Mon père me force à en manger quelques bouchées. Quand lui-même a fini son repas, la nuit est déjà tombée. Nous posons les assiettes près de la porte et cherchons à tâtons les couvertures.

Et maintenant, on fait quoi ?

On dort.

Je veux absolument m'installer suffisamment près de lui pour pouvoir le toucher. La nuit est emplie de bourdonnements d'insectes. Il y a aussi les bruits du village. Il fait si noir que je ne peux plus distinguer le chemin qui passe juste devant la hutte. Nous sommes perdus dans l'obscurité la plus totale, en lisière d'une jungle profonde. Tout d'un coup, Topanga Beach ne me semble plus aussi isolée ou sauvage.

Au moment où le coq me réveille, je rêve que la superbe cueilleuse de papayes tue un cochon. Mon père n'est plus là. Je me relève d'un coup en me demandant où je me trouve. Par la petite ouverture, je vois des nuages en suspension devant la hutte. Cuite par la lumière brute du soleil tropical, la piste commence déjà à se craqueler. Mon corps tout entier est collant de sueur. J'appelle Dad. Passant la tête par la fente, je constate que le village est désert. Il doit être huit ou neuf heures. Un rayon de soleil commence à me brûler la joue. Qu'est-ce que ça doit être à midi !

Suivant les dalles de boue craquelée, je cherche le chemin menant à la plage. Les nuages qui surplombent l'océan ont les mêmes contours déchirés que les dalles de boue séchée. Il n'y a personne alentour. Pris d'une bouffée de panique, je me mets à courir sur les coquillages et me coupe les pieds.

Mon père est en train d'aider à sortir un filet empli de poissons. Deux vieux villageois tirent un côté tandis que Dad s'occupe de l'autre, tout en agrippant le milieu du filet d'une main. Les vieux suent sous leur poncho et leur chapeau en palmes tressées, formant un contraste avec la tenue minimaliste de mon père – un simple short de surf.

Prends l'autre côté, me dit-il.

Je passe les doigts dans les trous du filet visqueux. Un poisson mourant me regarde de ses yeux écarquillés. Nous posons le filet devant l'une des huttes centrales, dans laquelle je compte cinq paillasses en palmes alignées bord à bord par terre. Combien de personnes dorment là-dedans ?

Allez, on va faire trempette ! dit Dad.

Dad est déjà loin quand je sors de la hutte. Une bande de gamins surgit. Leur tournant le dos, ma planche fermement tenue contre moi, je me dirige d'un pas vif vers la plage. Les gosses m'escortent sur le sentier en coquillages en m'observant d'un air curieux. Deux ou trois garçons passent leur doigt sur la planche, puis me bombardent de questions.

C'est pour surfer, expliqué-je en imitant avec la main une planche de surf sur une vague.

Mon père est tout là-bas, sur le sable, à contempler l'océan. Impossible de distinguer les vagues à cause de la dune, mais en le voyant immobile, les bras ballants, je crois comprendre. C'est des grosses. Merde.

Certains des gamins, qui commencent à se désintéresser de moi, traînent derrière tandis que d'autres lancent des galets et des coquillages dans l'eau. Je ralentis l'allure, espérant que mon père disparaîtra derrière la dune. Je voudrais bien m'asseoir. Mais s'il se retourne et me surprend en train de glander, cela risque de le foutre en rogne.

Les gamins, qui ont trouvé une tortue, l'entourent et la bombardent de pierres. Puis ils s'amusent à la piquer avec des bâtons. Elle court se réfugier dans l'océan. J'aimerais bien les gronder, mais ils sont chez eux, et chaque plage a ses propres règles. Je passe mon chemin.

Un cheval est attaché près d'un papayer à l'endroit où la jungle tutoie la plage, signalant la présence d'un *vaquero*.

Mais lequel ? En arrivant juste derrière mon père, je le fais sursauter. Il se trouble l'espace de quelques secondes, ouvre la bouche comme s'il allait dire quelque chose, puis la referme, avant de descendre la dune et de s'approcher de l'eau.

Posant les pieds dans ses empreintes, je fouille l'horizon du regard. C'est alors que je la vois, elle, dans l'eau, à quelques mètres du rivage, avec cette moue méprisante et cette cicatrice si particulière sous l'œil. Elle flotte sur le dos. Ses seins se dressent comme deux gros glands fermes et bruns. L'odeur de papaye envahit l'air. Papaye ! Voilà comment je vais l'appeler. Je l'observe, immobile, les bras pendants, version miniature de celui qui se trouvait à ce même endroit quelques instants auparavant. Était-ce elle que mon père observait ? S'en est-elle rendu compte ? Ses paupières s'ouvrent. Tournant ses prunelles vers la plage, elle me repère du coin de l'œil.

Elle se retourne, plonge sous l'eau. Son corps bronzé frôle le fond blanc de la mer, laissant comme une traînée de sucre brun. Elle émerge suffisamment loin pour que je ne puisse pas voir ses formes à travers l'eau transparente. Elle regarde le grand récif, le temps de reprendre son souffle, puis se remet à nager vers le large.

Mon père est tout là-bas, sur la plage. Ses traces de pas passent juste à côté du tee-shirt jaune et de la jupe blanche de la jeune fille. Je comprends que c'était elle qu'il observait. En revanche, j'ignore si elle l'a laissé faire et s'est échappée en me voyant arriver, ou bien si elle croyait la plage complètement déserte.

Je la cherche du regard. Elle est à mi-chemin du récif. Mais elle va s'épuiser, se noyer ! Alors j'arriverai, je la sortirai des eaux profondes et je l'installerai sur ma planche.

Elle me remerciera et je lui dirai : Tu es en sécurité maintenant, Papaye.

Je sens monter en moi une bouffée d'adrénaline. Les gamins encerclent la dune de sable. Visiblement lassés de tourmenter la tortue, ils se cherchent une nouvelle activité. Je descends vers la plage au petit trot, parcouru par des ondes d'énergie erratique.

Quand je le rejoins, mon père est en train de waxer sa planche avec un mélange de sable et de wax. Il étudie mon visage. C'est comme si, éblouis et muets de stupeur, nous flottions dans un espace étrange.

Ça s'est bien dégagé, dit-il en jetant un coup d'œil vers le récif.

Oui, dis-je.

Les petits Mexicains nous trouvent certainement un peu bizarres de rester là à ne rien faire. La chaleur, le parfum des fruits, la beauté de la jeune fille libèrent en nous une gerbe de sensations. Nous nous esclaffons comme des idiots.

Je ne suis plus loin du récif, et pour une raison que j'ai oubliée, mon père se trouve derrière moi. Sortant de mon envoûtement, je me rends compte que les vagues font deux fois ma taille. Je m'assieds sur ma planche. Le récif bloque l'élan des vagues vers la plage, si bien qu'elles se dressent en l'air avant de se jeter vers l'avant en s'enroulant. Quand elles se cassent, leurs lèvres, pointues comme des flèches, perforent la surface de l'océan. Mon père vient me rejoindre en ramant sur sa planche.

Regarde ces tubes. Ils sont parfaits ! Jamais vu ça !

Un afflux de sang gonfle la veine qui court de son épaule à son biceps. Ses sourcils forment une fourche au-dessus de l'arête de son nez. Il ressemble à un sauvage prêt à l'attaque.

Je me sens ridicule – ces vagues sont trop grandes, trop puissantes pour moi.

Après un tube comme ça, ta vie ne sera plus la même, déclare mon père.

Je ne veux pas que ma vie change, rétorqué-je.

Une autre vague retrousse sa lèvre méprisante.

Tu veux rester là à regarder un peu ? me propose Dad.

Je réfléchis. Si je dis oui, cela veut dire qu'après avoir regardé, j'essaierai de surfer ces vagues. Et si je dis non, que je veux surfer maintenant.

Je hausse les épaules.

Je vais essayer, dit Dad.

Nous avons affaire à une vague de récif, un concentré d'énergie pure de six secondes, presque face au point break de Baja, qui déferle sans relâche. Les vagues se cassent à l'endroit où l'eau redevient profonde, c'est-à-dire là où le récif s'ouvre. Dad emprunte ce chenal et rame en direction du large, avant d'obliquer vers l'endroit où il va prendre les vagues, le take-off. Au cas, peu probable, où je décide de le rejoindre, ce chenal me protégera, et je pourrai m'y réfugier si jamais des vagues monstres arrivent.

Mon père rame vers la vague suivante. Il arrive pile dessous. La lèvre se dresse, alimentée par la masse d'eau qui s'arc-boute. Dad se retrouve coincé tout en haut. Il agrippe les côtés de sa planche, les rails, se redresse et se penche en arrière. Juste au moment où la vague se casse sur le récif, le nez de sa planche perce la muraille d'eau et il s'échappe vers le large en vrillant. Manquant se faire aplatir contre le récif.

J'entends des voix lointaines. Je me retourne. La plage grouille d'enfants qui acclament Dad. Derrière eux, la jungle sombre avance, prête à les dévorer. Les *vaqueros* arrivent à cheval en contournant la dune, guidés par l'un des garçons du village.

Je cherche des yeux la tache jaune du tee-shirt de Papaye sur le blanc des coquillages. Il a visiblement disparu. Les *vaqueros* avancent sur le sable humide, leurs montures faisant des écarts pour éviter les vagues clapotantes.

Les chevaux s'arrêtent en formant une ligne parfaite sur le sable humide où leurs ombres se dessinent. Les *vaqueros* tournent les yeux vers nous. Je comprends brusquement qu'ils ont délaissé leurs activités parce qu'ils s'attendent à assister à quelque chose d'extraordinaire.

Je me mets illico à ramer vers le chenal, vers la sécurité. Un endroit trompeur parce qu'il paraît totalement exposé, alors qu'il est hors de portée de la hargne des vagues.

En me rapprochant, j'entends un rugissement monter du récif. Ne comprenant pas d'où ce bruit provient, je m'assieds sur ma planche pour regarder la vague suivante. Au moment où la houle recule en s'arrachant au récif, le rugissement monte. Alors, la vague s'enroule et se transforme en tube. En me penchant, je vois le gros œil ovale qui zoome sur moi. L'intérieur du tube a quelque chose de paisible. Puis l'œil se ferme d'un coup et la vague s'abat en explosant sur le récif.

Les *vaqueros* m'observent. Ils ont compris, j'en suis certain, que je me cache dans le chenal et que je suis un trouillard. Lorsque Papaye apparaît de l'autre côté de la dune, le sentiment de honte devient insupportable.

Pour ne rien arranger, mon père me fait signe d'avancer vers le take-off. Je m'essuie les yeux pour faire croire que j'ai du sel dedans. Puis décide d'ignorer Dad et de me laisser flotter un moment. Mais chaque seconde pèse deux fois plus que la précédente. Je sens sur moi le regard des *vaqueros*, celui de Papaye, et la pression qui monte. Je finis par craquer et rame vers le take-off.

Tout de suite, le doute s'immisce en moi, comme du poison sous ma peau. Ma tête se met à résonner. J'imagine Nick se moquant de moi, Nick alimentant le poison du doute.

Je lève la tête pour vérifier où je suis, pour m'assurer que je suis le chenal assez loin vers le large pour dépasser l'endroit où la houle vient battre le récif. À ce moment-là, une énorme vague déferle le long du récif, déchaînant une peur puissante comme un vent debout. Je tente de ramer. Mais la peur fond sur moi. Son étreinte consume tout. Je me mets à trembler, à tousser. Brusquement, je sens quelque chose de brûlant se détacher et percer ma poitrine. Je cesse de ramer.

Fouillant du regard l'eau transparente, je m'efforce de reprendre courage. La brûlure de la peur coule dans mes veines. Je serre les mâchoires, imagine une boule empoisonnée qui bat dans ma poitrine comme un cœur. La boule crache un venin qui se répand dans tout mon corps, ronge ma volonté – la peur, ce que je déteste le plus au monde. Je concentre ma haine sur sa source, dans l'espoir de la surmonter.

Dopés par cette haine, mes bras se remettent à ramer. Le courant qui s'enroule autour du récif et s'introduit dans le chenal me pousse en arrière. Je redouble d'efforts. En approchant des vagues, je vois mon père avalé par un puits d'eau sombre. Il est le dos face à la vague. Sa planche vacille au pied du mur d'eau, et il manque être désarçonné. En prenant son virage, il se penche tellement vers l'intérieur de la vague que sa main gauche frôle l'eau. Il ne parvient pas à se redresser. La puissance invincible de l'océan entraîne sa planche vers la lèvre, vers le haut de la vague. L'espace d'une seconde, il se redresse de toute sa hauteur, comme s'il allait monter sur la vague et descendre de l'autre côté. Mais la vague le projette au-dessus du récif. Il se retrouve le corps à l'horizontale, sa planche se dérobe sous ses pieds et il tombe à plat ventre, puis glisse sur l'eau. La lèvre s'abat sur lui dans une explosion d'écume. Je ne le vois plus.

Je parviens à passer par-dessus la vague avant qu'elle ne s'empare de moi et rame de toutes mes forces pour ne pas me faire avoir par la suivante. Au-delà, l'océan s'étend, tout plat. Je retiens mon souffle.

Je suis engourdi, en état de choc. Convaincu que mon père s'en est tiré mais que moi, je ne pourrais jamais supporter une telle violence. Pourtant, en même temps, je préférerais mourir que de me laisser dominer par ma lâcheté.

Je m'aperçois que les petites vagues se glissent entre les avancées du récif. Moins grandes, elles sont aussi moins puissantes. Je rame vers elles, repoussant l'idée que si jamais elles arrivent en nombre, je me retrouverai aplati sous leurs coups répétés.

L'adrénaline me fait trembler. Pas peur de ces putains de vagues, marmonné-je.

Je scrute l'océan comme un félin prêt à bondir sur sa proie. Très vite, une vague d'un mètre cinquante déferle le long du récif. Je passe en canard sous elle. Ma planche se penche vers l'avant. Je me retrouve nez à nez avec les coraux blancs et violets. D'un bond, je me redresse et, tout en restant bien centré, m'efforce de ne pas me laisser entraîner vers l'avant.

Mets ton pied arrière en position.

À la base de la vague s'est creusée une tranchée. Je me laisse glisser jusqu'au fond, puis déplace le poids de mon corps vers l'arrière de la planche. En sortant de la tranchée, le nez de ma planche soulève des paquets d'eau. Je décolle brusquement, traînant derrière moi des tresses d'eau. L'onde de choc me désarçonne presque. Je me penche au plus près de la vague dressée au-dessus de ma tête. Sa lèvre occulte le soleil. Le mur d'eau devient bleu foncé.

Mon esprit proteste. Ce mur est sur le point de s'écrouler sur toi. Tire-toi.

Puis une voix, une sorte de force pleine de sagesse, me souffle : Elle s'ouvre, elle s'enroule. Tu as la place de passer.

Impossible. Une montagne est en train de s'écrouler sur toi. Plonge ! Sauve-toi !

Mais non. Elle s'enroule. Tu as de la place.

Automatiquement, mes genoux se plient jusqu'à ce que mes cuisses touchent mon torse. La planche remonte vers le haut de la vague. J'entre dans le tube les yeux fermés.

Le grondement fait vibrer l'air. J'ouvre les yeux. Une fenêtre ovale encadre la dune, les cimes rocheuses, les palmiers. Le grondement s'évanouit, comme aspiré. La caverne tournoyante devient silencieuse. Le mur menaçant s'est arrondi. Il m'enveloppe dans son ventre paisible. Je suis enseveli. Ce mur d'eau qui pourrait me briser les os, ou pire encore, me tuer, me caresse pour l'instant – je suis écartelé entre peur et bonheur. Tout ce qui compte vraiment, tout ce qui jusque-là était invisible, jaillit à la surface et bat dans mes veines. Je suis là, dans cet espace indéfinissable – un monde de rêve, celui du pur bonheur.

La fenêtre change de forme. Pfuit ! je sors du tube et le monde me tombe dessus, bruyant, lumineux, chaotique.

J'aperçois mon père près du rivage. Il arbore un sourire éclatant. Ses yeux rayonnent d'amour. J'ai l'impression d'être un chevalier qui rapporte le saint Graal. Surfant sur le dos de la vague, je me laisse porter jusqu'à lui.

Nom de Dieu, champion ! Fantastique, ce tube !

Je hoche la tête. Mes lèvres sont brûlées par le sel. Je remarque alors le sang qui coule le long de son torse. Et l'énorme entaille sur son dos.

Ça va ?

Ça va, Ollestad, répond-il.

Ça saigne beaucoup, dis donc.

C'est moins grave que ça en a l'air.

Je me souviens que ma mère m'a dit la même chose à propos de son œil au beurre noir.

Alors, c'était comment ? demande-t-il.

C'était… Mais les mots, les images ne me viennent pas. Tout ce que je peux saisir, c'est la sensation – jamais je ne me suis senti aussi bien de toute ma vie.

Je ne sais pas. C'était radical, dis-je.

Il plonge ses yeux dans les miens, comme s'il captait parfaitement l'extase qui résonne dans toutes les fibres de mon corps.

Tu es allé dans un endroit que très peu de gens ont vu, dit-il. Un endroit au-delà de toute cette merde.

Nous laissant porter par la mer, nous songeons à cet endroit parfait. L'océan s'est calmé. Le sang de mon père coule dans l'eau, mais la menace des requins est en quelque sorte effacée par mon exploit, comme si nous étions invincibles parce que nous faisons partie du tout. Je regarde autour de moi, et brusquement ce monde étrange devient tout à fait logique.

15

*S*ANDRA EST ROULÉE en boule près de l'aile. Tout d'un coup, je sursaute. Elle vient de m'attraper le bras et me serre méchamment.

Mort ? Comment est-ce possible ? me demande-t-elle. Comment ton père peut-il être mort ?

Je grogne comme le loup que j'imagine être devenu. Sa question se retrouve éjectée, vomie avant même que mon cerveau puisse vraiment l'absorber. J'ai l'impression qu'une couche de cuir épais est en train de recouvrir ma peau glaciale, me protégeant de la neige, du vent, des mauvaises pensées. Je me blottis dedans comme dans un manteau. Puis me glisse sous l'aile, pose le tapis sur la neige et le coince.

Viens te mettre sous l'aile, dis-je à Sandra.

Elle s'approche en rampant, met les bras autour de mes épaules. Deux animaux dans leur tanière.

Pourvu qu'ils viennent nous chercher, dit-elle.

Essaie de dormir. Repose-toi.

Tu penses qu'on va mourir ?

Je réponds que non, tout en me demandant si en attendant ici que quelqu'un vienne nous secourir nous ne risquons pas, justement, de mourir de froid.

Enveloppé par les bras de Sandra, je commence à avoir un peu plus chaud sous l'aile. Peu à peu, je m'endors.

Dans mon sommeil, je me rends compte que le rêve que je suis en train de faire est le même que celui que j'ai fait avant de me réveiller pour la première fois après l'accident. C'était il y a combien d'heures ? Peut-être même pas une heure. Dans mon rêve, je flotte à l'envers. Mes Vans bleues se promènent au-dessus de ma tête. Je suis à l'intérieur d'un œil ovale blanc et lumineux. L'extérieur est noir. Une lumière granuleuse s'infiltre par une fissure en haut et m'attire vers elle. Je me demande ce qui se passe. Une voix calme et claire me répond : Tu es en train de mourir. Ah bon, je suis en train de mourir, me dis-je, étonné. Puis quelque chose me tire vers le bas. Je n'arrive pas à atteindre la lumière granuleuse, la fissure. Deux mains, deux courants, ou plus exactement une force arc-boutée telle une vague se referme sur moi, m'empêche de monter jusqu'à la lumière.

Il m'a sauté dessus ! dis-je, et ma voix me tire du rêve.

Sandra est enroulée autour de moi. Elle a les mains glacées. Je me tourne et frotte mon visage contre son cou. Je visualise mon père en train de sauter sur moi au moment où l'avion se disloque. Il m'a sauvé la vie. Je trouverai un moyen de sauver la sienne. Mon esprit s'accroche à cet espoir alors que quelque part, je sais que c'est trop tard. Je me fonds dans le corps de Sandra et m'assoupis à nouveau.

Je suis réveillé par un bruit, comme celui d'une claque amortie. Il revient. Je n'arrive pas à l'identifier. Il va et vient comme les nappes successives de brume.

Mon regard tombe sur la montre de Sandra. Elle fait encore tic tac. Je pense au slogan publicitaire *Donnez-lui une grande claque, elle fera toujours tic tac.* Je regarde de plus près. C'est une Timex. Il est près de midi. La grande et la petite aiguille sont proches de douze. J'éclate de rire.

Qu'est-ce qu'il y a ? demande Sandra.

Ta montre. Elle fait tic tac.

Qu'est-ce qu'on va devenir, Norman ?

Je ne sais pas quoi répondre. Je me demande depuis quand nous sommes là. Nous avons décollé à sept heures à peu près, il y a donc cinq heures. Qu'est-ce qu'on a bien pu foutre pendant tout ce temps ? C'est alors que le bruit revient. Je le reconnais enfin. Glissant sur le ventre, je sors de l'abri et me mets à quatre pattes.

Tu vas où ? demande Sandra.

J'ai entendu un hélicoptère.

La brume se fend. Entre les nuages ourlés de noir, le bleu du ciel paraît lointain. Je sors de sous les branches des arbres. La lumière est plus vive. La piste est aplatie à cause de mes allers-retours. Je traverse le toboggan au petit trot. Le bruit des pales de l'hélicoptère a de nouveau disparu. Peut-être l'ai-je imaginé ?

Pour la première fois, j'arrive à distinguer le relief du toboggan. Comme je l'ai deviné, il a la forme d'un demi-tube vertical sculpté dans la montagne, long d'au moins vingt mètres et peut-être même davantage. Il est bordé de rochers tellement gros qu'ils nous enferment. Entre les rochers poussent des arbres, et là où il n'y a pas d'arbres, la neige comble les trous, comme du mortier. Un sillon lisse et gelé court tout le long du toboggan – le couloir. Mon instinct me souffle que c'est l'endroit vers lequel un skieur serait immanquablement attiré, celui qui lui permettrait de faire la descente la plus directe et la plus excitante. Mais aujourd'hui, je ne veux surtout pas m'en approcher.

Tout d'un coup, les rotors vrombissent à nouveau dans le ciel. Leur bruit ricoche contre les montagnes. Je hurle en direction du ciel quadrillé de nuages. Des patins d'atterrissage apparaissent entre deux nappes de brume. J'agite les mains et crie en direction du ventre de l'appareil, juste au-dessus de ma tête. Je fais des signes. Je hurle.

Hé ! Ho ! Par ici !

Je lance les bras dans tous les sens et hurle jusqu'à m'en brûler la gorge.

Par ici ! Je suis là !

L'hélicoptère plane au-dessus des arbres. Ses patins me font penser à ceux d'une luge, si près que je pourrais presque m'y accrocher.

Il était temps, me dis-je. Dad ne tiendra pas très long-temps.

Je hurle en direction de l'hélicoptère tout en fouettant l'air de mes bras.

Dad ! On est sauvés !

L'hélicoptère se penche d'un côté. J'aperçois un type coiffé d'un casque. Sans doute va-t-il me répondre par haut-parleur. Alors, je le guiderai jusqu'à mon père, il se posera, le prendra et l'emmènera à l'hôpital.

Dopé par l'adrénaline, je fonce en direction de Dad, de l'autre côté du toboggan, en faisant signe au pilote de me suivre. Le moteur de l'hélico accélère dans un gémisse-ment.

J'avance, les pieds prudemment collés à la piste pour ne pas glisser, sans cesser d'indiquer au pilote le point d'impact. Plus je me rapproche de Dad, et donc du couloir, plus je dois ralentir. Dans quelques secondes, je vais devoir me mettre sur le ventre et m'aplatir contre la montagne, si bien que je ne pourrai plus faire de signes. Alors je m'arrête là où je suis. Les bras en l'air comme un arbitre en cas d'essai, j'indique au pilote l'endroit où se trouve mon père. Monsieur le pilote, vous êtes un as. Merci, merci !

C'est alors que l'hélico se penche et s'éloigne lentement de moi en décrivant une courbe.

Hé ! C'est pas par là ! Revenez !

Un nuage avale les pales de l'appareil, son ventre, puis ses patins. Le bruit s'évanouit peu à peu. Puis disparaît.

Qu'est-ce qu'ils foutent ?

Je me tourne vers Dad, qui se trouve à cinq mètres de moi. T'as vu ça ? Incroyable, non ?

Il est recouvert de neige comme un bloc de glace sculpté.

Mon sang chargé d'adrénaline se gèle, reflue, me laissant comme vide.

Je ferme les yeux. Repousse ce qui vient de se passer. Tenir le coup. Se concentrer sur la suite. Ne pas s'inquiéter de ce qui est arrivé.

Ils t'ont vu ? demande Sandra.

Non.

Pendant qu'elle me pose d'autres questions, je fixe des yeux quelque chose que j'ai aperçu tout en bas, à peine visible au-dessus des nuages accumulés dans le toboggan. Un pré. Insolite et improbable dans ce paysage déchiqueté. Un rond de neige lumineuse sans un seul arbre. Si j'arrive à l'atteindre, je suis tiré d'affaire. Mes yeux clignent, avalent les obstacles qui m'en séparent. Comment y parvenir ?

À l'aplomb de mes pieds, le toboggan se fond dans une nappe de brume étirée. Quelques dizaines de mètres plus bas, la brume s'incurve, laissant apparaître un groupe d'arbres clairsemés. Mon regard suit la pente. Les arbres cèdent la place à un tablier de neige raide et dénudé qui s'étale, si bien que je ne peux pas voir jusqu'où il va. À cause de la brume, j'ai du mal à repérer le terrain, mais j'essaie de deviner ce que je ne vois pas. Avec la fluidité de l'eau, mon regard dévale plusieurs centaines de mètres en suivant les ravines et les rigoles jusqu'à l'endroit où les plis et les bosses de la montagne se resserrent en un ravin coincé entre deux parois rocheuses raclées par les glaciers. Une énorme barre s'élève au bout du ravin. Pour la grimper, il faudrait des heures, et elle a l'air trop raide et trop lisse. Mais peut-être le ravin se faufile-t-il de l'autre côté. Si Dad et moi descendions ça en ski, on s'y engouffrerait sans hésiter et on trouverait bien le moyen d'en sortir, c'est sûr.

C'est alors que j'aperçois un toit. Non loin du pré. Il se trouve à trois mille mètres en contrebas. J'ai du mal à y croire. Mes yeux s'épuisent à distinguer sa surface lisse et artificielle derrière les dents de scie des arbres. C'est bien un toit.

Les bois qui l'entourent sont denses, à part un sillon qui les traverse en direction du pré. Une sorte de route, un passage menant du toit au pré à travers l'épaisseur de la forêt.

Je trace mon chemin jusqu'au pré. Le toboggan, la partie boisée, le long tablier de neige qui s'incurve vers le ravin, l'énorme barre rocheuse, puis le pré où nous pourrons nous reposer avant de traverser en titubant les bois pour nous réfugier sous le toit, ponctuent dans mon cerveau la carte de notre trajet. Mon pôle magnétique – le pré.

Je regarde de nouveau le toit pour m'assurer qu'il est bien là. Ça m'a tout l'air d'une maison abandonnée. On pourra s'y réchauffer.

La tempête se soulève comme deux vagues qui se refermeraient sur moi. Le sursis est terminé. La brume escalade par paquets les parois du toboggan et s'accumule au milieu. Je fixe le toit du regard. Alors, comme par magie, il s'évapore. Difficile de croire qu'il était là il y a une seconde.

Tu crois qu'ils vont revenir ? demande Sandra.

Le bruit de l'hélicoptère a disparu depuis longtemps.

Je lui réponds que je ne sais pas.

Je l'entends gémir sous l'aile. L'aile et le tronc d'arbre s'enfoncent dans la brume. La voix de Sandra se perd dans le vent. Je me mets à quatre pattes, contemple mes mains. L'air humide est comme collé dessus. Je le sens aussi sur mon visage. Il se glisse sous mon pull et mes chaussettes. C'est comme s'il me mordait la peau. La tempête devient sombre, violente. Je ne me trouve qu'à un mètre cinquante de l'aile lorsqu'elle émerge enfin de la brume.

J'ai vu une maison, dis-je à Sandra.

Alors, ils vont venir nous chercher, répond-elle.

Je me blottis contre elle. La neige s'accumule autour de l'aile. J'imagine la piste bien marquée qui mène à Dad et va s'évanouir, effacée par le vent et la neige. Je coince les mains sous mes bras en les regardant pour m'assurer qu'elles n'ont pas disparu parce que je ne les sens plus. Le bout de mon nez me pique, et j'ai mal au front comme quand je plonge sous une vague gelée en plein hiver à Topanga.

Je me mets dos au vent et enfouis mon visage dans le cou de Sandra. Que faire ? Attendre ici au cas où ils reviendraient nous chercher ? Ou bien partir ?

16

DE RETOUR AU VILLAGE, on nous sert des bananes et du poulet – cette fois-ci je ne laisse que l'os – accompagnés d'eau et de lait de coco que nous buvons directement dans le fruit. Une vieille femme frotte la blessure de mon père avec du jus d'*Aloe vera*. Il la remercie. Nous mangeons tout ce que les villageois nous donnent, les remercions, puis rentrons dans notre hutte pour nous abriter du soleil.

Je ne dirais pas non à une petite sieste, déclare mon père.

Moi non plus.

Nous nous allongeons sur nos couvertures. Le sel crisse sous mon dos, fait des paquets sur mes cils.

Je demande à Dad ce qui provoque les vagues.

Il contemple le cône obscur au-dessus de nos têtes.

Les tempêtes. Le vent.

Mais comment ?

Le vent exerce une pression sur l'océan. Comme s'il y plongeait. Il est très puissant. Très violent. Il s'enfonce dans la mer, repousse les vagues.

Et alors elles traversent l'océan ?

C'est ça.

Tu veux dire qu'une vague, c'est comme un morceau de tempête ?

Exactement, Ollestad.

Il se retourne. La lumière qui passe à travers la fente inonde son visage. Nous nous regardons, retenons cette belle image – ce morceau de tempête.

Le village nous a invités à une soirée. À présent, les gosses ne me regardent plus de la même manière. Lorsqu'ils s'assoient près de moi, ils ne m'attrapent pas le bras, ne me bombardent pas de questions. Nous nous installons sur des nattes disposées en cercle autour du feu où cuisent des pots que les villageois déplacent avec des bâtons. Maintenant, tous les *vaqueros* adressent la parole à mon père, et pas seulement le moustachu. Je comprends que Dad décrit l'entrée dans le tube et l'intérieur de la vague. Ils lui posent plusieurs fois la même question, qu'il paraît tout d'abord ne pas comprendre. Enfin, il fait : Ah ! et, contemplant le feu, réfléchit à la manière de dire ce qu'il veut expliquer. Puis il secoue la tête et se tourne vers les *vaqueros*. Tout le monde s'immobilise, se tait. Papaye apparaît, vêtue de son tee-shirt et de sa jupe blanche, toute propre et pimpante. Elle s'assied entre deux vieux villageois et fixe son regard noir sur mon père.

Puis elle s'adresse à lui, me faisant sursauter.

Il lui répond, *Possible*.

L'un des *vaqueros* manifeste sa gêne. Mon père et Papaye se tournent et se mettent à discuter avec leurs voisins respectifs.

Plus tard, pendant le repas, je demande à mon père dans le creux de l'oreille : Qu'est-ce qu'ils voulaient savoir ?

145

Comment c'était à l'intérieur de la vague.

Et tu leur as dit quoi ?

Je leur ai simplement décrit à quoi ça ressemblait. Mais ce n'était pas ça qu'ils voulaient savoir.

Qu'est-ce qu'ils voulaient savoir, alors ?

Si j'avais vu un autre monde. Des esprits, des fantômes.

À ce moment-là, je me dis que vus de l'extérieur, nous devions ressembler à des comètes qui traverseraient la voûte bleue de la vague.

C'est la fille qui a le mieux résumé la chose.

Qu'est-ce qu'elle a dit ?

Que c'était comme si on entrait au Paradis.

Oui, c'est tout à fait ça ! Tu ne trouves pas ?

Je suppose qu'on peut dire les choses ainsi.

En un éclair, je revois le récif aux formes effilées comme des lames de rasoir.

Pourtant, tu aurais pu te faire aplatir, déchiqueter, tuer même.

C'est la vie, Ollestad.

Je tourne la tête et observe les flammes, songeur. Les beautés de ce monde se trouvent parfois mêlées à des dangers cachés, quelquefois dans le même moment, quelquefois parce qu'elles y mènent.

On nous sert du poisson. Papaye n'arrête pas de me regarder. Impossible de déchiffrer son regard noir, de savoir si elle est contente ou furieuse. Elle dit quelque chose à l'un des aînés, qui se met également à me regarder. Mon ventre commence à se nouer sous l'effet de l'excitation. Pourvu qu'elle m'adresse la parole ! Peut-être pas ce soir, mais demain au moins, et alors, comme elle est plus âgée, elle m'embrassera et je n'aurai pas à faire le premier pas.

À ce moment-là, l'un des plus jeunes des *vaqueros* lui dit quelque chose et ils commencent à discuter ensemble.

Allez, on va se pieuter, Ollestad, dit mon père.

Nous remercions les villageois et retournons dans notre hutte.

Je me demande comment elle s'appelle, dis-je à moitié endormi.

Qui ça ?

La jolie fille.

Malgré l'obscurité, je sens son regard narquois. Merde, j'aurais dû tenir ma langue.

Esperanza, répond Dad.

Comment tu le sais ?

L'une des vieilles femmes me l'a dit.

Et ses parents, ils sont où ?

Morts tous les deux.

Comment ?

De maladie, je crois.

À l'aube, nous surfons sous un ciel empli de nuages aux ventres rebondis. Les vagues sont moins grosses, si bien que je peux faire plusieurs petits tubes. Et chaque fois, cette sensation de purification se grave plus profondément en moi.

Plus tard, Dad va vérifier l'état du camion en compagnie de deux *vaqueros*, le plus âgé et le plus jeune. J'enfile des sandales et suis un groupe de gamins. Ils capturent un iguane géant auquel nous passons une liane autour du cou pour pouvoir le tirer. Parfois, il tente de s'échapper, mais le collier le retient. Les gamins m'emmènent dans une caverne pour me faire voir les chauves-souris qui dorment tête en bas. Ils me montrent comment elles font quand elles fondent sur les vaches pour leur sucer le sang.

Puis ils rentrent faire la sieste. Je m'allonge sur ma couverture et m'endors moi aussi.

Mon père me réveille et me fait boire de l'eau. C'est alors que je remarque un trou dans l'étui de la guitare. Surprenant mon regard, Dad sort la guitare. Le chevillier est abîmé. Le coup de feu.

Dad caresse les cordes, déclare que la guitare joue encore, la range et annonce qu'il va dans l'eau. Comme je suis fatigué et que le soleil est encore haut, je reste dans la hutte.

Je n'arrête pas de penser à Esperanza, de m'imaginer lui tenant la main, l'embrassant même. Mais mon plaisir est gâché par le désir de partir d'ici au plus vite, d'arriver chez mes grands-parents ou sinon, de rentrer à la maison. Paralysé par ces envies contradictoires, je suis d'une humeur de chien.

Lorsque mon père revient, il arbore un sourire rayonnant.

Ce bon vieux Ernesto est allé en ville chercher un mécanicien, m'annonce-t-il. Il devrait rentrer bientôt. Et si ça se trouve, demain, la camionnette sera réparée.

Et pourquoi toi tu ne sais pas réparer les voitures ?

Parce que ce genre de choses ne m'a jamais intéressé.

Eh ben, tu as tort.

Il éclate de rire.

Tu as tort, je te dis.

Pense à toutes ces bonnes choses qui t'arrivent, Ollestad. Tu te sentiras mieux.

Quand nous arrivons pour le dîner, Ernesto est assis près du feu avec sa femme et ses trois enfants. Il semble préoccupé, bouleversé même. Mon père lui dit quelque chose, à quoi il répond par des phrases courtes et brusques. Dad va chercher quelque chose dans notre hutte. Des pesos. Devant le refus d'Ernesto, il laisse tomber les billets dans un bol d'argile vide. Ernesto dit quelques mots à sa femme, qui prend l'argent et se dirige vers notre hutte. Elle revient les mains vides. Mon père ouvre les bras dans un geste fataliste.

Lo siento, dit-il.

Autour du feu, tout le monde est muet. Les aînés font passer les bols. Mon père m'en tend un, dont le contenu sent le porc. Je me souviens des cochons dans l'enclos derrière. Mais j'ai tellement faim que je mange tout.

Esperanza sort de la hutte centrale et s'installe entre deux vieux villageois. Elle s'est fait une tresse. Sans la crinière épaisse qui lui encadrait le visage, ses yeux paraissent gros comme des noix. Sa beauté est encore plus éclatante ce soir-là. Elle jure avec la pauvreté des villageois, leurs difficultés, leur silence. Esperanza semble destinée à d'autres lieux. Dans la lumière du feu, sa beauté a quelque chose de dangereux. En inspirant son doux parfum, je me dis que pour moi, elle sera toujours Papaye.

Ernesto et les autres *vaqueros*, qui ont fini leur repas avant nous, regagnent discrètement la hutte principale en emportant une lanterne. Je vois bien que le regard de mon père est souvent attiré par la hutte illuminée de l'intérieur. Ernesto en sort peu de temps après et adresse un regard à

149

mon père. Dad se lève, s'approche de lui. Ils échangent quelques paroles rapides. Mon père hoche la tête. Ernesto fait de même, puis regagne la hutte.

Lorsque Dad vient se rasseoir près de moi, son visage est sombre.

Qu'est-ce qui ne va pas, Dad ?

Ils ont peur que les *federales* découvrent qu'ils nous ont aidés.

Comment ils ont su pour les *federales* ?

Ils ont appris ça en ville, je suppose.

Pourtant, tu m'avais dit que les *federales* ne nous trouveraient pas.

Ils ne nous trouveront jamais. Pas tant que nous restons ici. En revanche, plus tard, ils vont peut-être comprendre ce qui s'est passé et harceler le village.

Alors les villageois sont en colère contre nous ?

Oui.

C'est pour ça que tu as voulu donner de l'argent ?

Dad hoche la tête.

Je croyais qu'ils voulaient juste du fric.

C'est pas leur genre.

Dad frotte ses paumes l'une contre l'autre, geste qu'il ne fait que quand il veut vraiment réfléchir. Je prends peur.

Il lit mon inquiétude sur mon visage. Alors, passant le bras autour de mon épaule, il me sourit.

Ollestad, ne t'en fais pas. *No problemo.*

On va faire quoi ?

Surprenant le regard de Papaye sur moi, je me rends compte que mon visage est tout crispé et que je suis sur le point de fondre en larmes. Je cache mes yeux dans le creux de mon coude.

On part demain, déclare Dad. On arrivera à Vallarta chez Grand-Père et Grand-Mère avant même que tu aies le temps de dire ouf. Et on surfera à Sayulita. Tranquille.

Le visage enfoui dans mon coude, je secoue la tête dans tous les sens. Il me frotte le dos. Ma peur se transforme en colère. Non seulement nous risquons de nous faire chasser du village, voire pire – mourir de faim dans une prison mexicaine –, mais en plus, en craquant sous ses yeux, j'ai réduit à néant tous mes efforts pour plaire à Papaye.

Comme tout le monde nous regarde, je me calme, me redresse et reprends une respiration régulière. Dad me tend une noix de coco. J'en bois le lait, comme si, en me montrant aimable, j'allais adoucir notre situation. Mon père se lève et annonce qu'il revient tout de suite.

Papaye débarrasse les gamins de leurs bols. J'évite de la regarder. Autour du feu, l'ambiance est lourde, sombre. Les *vaqueros* sortent de la hutte et boivent du lait de coco. Une sorte de rite, visiblement.

Mon père revient avec sa guitare. L'agacement me prend. Il est donc bête au point de penser que les villageois ont envie de l'entendre chanter ? Lui, le gringo menteur ? Il s'assied, cale la caisse arrondie de l'instrument entre ses cuisses et, penché sur l'instrument, se met à jouer des airs de flamenco. J'avance le bras pour l'arrêter mais, sentant que ce serait une trahison de ma part, renonce. Dad se met à chanter en espagnol. Le regard d'Ernesto, fixé sur la main de mon père, se durcit. Les yeux baissés vers la poussière rosie par le feu, je prie pour que Dad en finisse au plus vite.

La chanson se termine dans des envolées d'arpèges, accueillies par un silence de plomb. En surprenant l'éclat dans les yeux de Dad, ma gêne est décuplée. Les *vaqueros* semblent en avoir assez. Pour ma part, je suis prêt à déguerpir et n'attends pour cela qu'un signe de mon père.

Inébranlable, il s'enroule autour de la guitare et commence un nouvel air.

Dad, lui dis-je d'un ton implorant.

M'ignorant, il se met à chanter.

Je me penche vers lui.

Dad…

Il ferme les yeux et continue à chanter en espagnol. Je surprends le regard de Papaye sur son épaule et son cou, sur les gouttes de sueur qui perlent sur sa peau et luisent dans la lumière des flammes. Puis les yeux mi-clos de la jeune fille glissent doucement vers le feu, comme si elle n'avait jamais regardé ailleurs. Visiblement inconscient de cela, mon père chante d'une voix de stentor. Je vérifie que les *vaqueros* restent à bonne distance de lui. L'un des vieux villageois reprend la chanson en chœur. Le plus jeune des *vaqueros* a l'air ébahi.

À la fin de la chanson, tout le monde applaudit, sauf les *vaqueros*. Éberlué, je me rends compte que je viens d'assister à une chose incroyable – armé d'une simple guitare, mon père a vaincu l'adversité. Je ne peux que m'émerveiller de sa spontanéité, de sa grâce au milieu de toute cette tension, de la façon dont il a transformé une situation lugubre et sans appel en moment de poésie.

Il chante deux ou trois autres airs. Vers la fin de la dernière chanson, il se lève et se dirige vers notre hutte, la musique s'évanouissant dans son sillage. En l'entendant crier *Buenas noches*, je me lève et le rattrape.

Nous sommes allongés sur nos couvertures.

Alors, tout est arrangé, maintenant ? lui demandé-je.

Ouais.

Une flambée de jalousie me saisit, sans que je m'y attende. J'ai beau être impressionné par Dad, l'envie me prend de lui dire que Papaye s'est ennuyée, que pas une seule fois elle n'a regardé ses doigts pincer les cordes, écouté ses chansons en espagnol d'opérette, observé les gouttes de sueur sur sa peau.

Comment ? fait Dad.

Rien, réponds-je avec une telle amertume que mon père me demande si je vais bien.

Je m'éloigne de lui en roulant sur moi-même, sans lui répondre. Je suis incapable d'agir comme lui. Jamais je n'aurai Papaye. L'espace d'un instant, je me demande si la véritable raison de la colère des villageois, ce n'est pas quelque chose qu'il a fait avec Papaye. Avoir autant de talents, de charisme – impossible d'être surpassé. Je m'écarte tellement que je finis par dormir dans la poussière.

À l'aube, nous allons tâter les vagues. Elles sont belles, trop petites pour mon père, ce qui ne l'empêche pas de pousser des cris de joie chaque fois qu'il en prend une. Dad ne râle jamais. Alors que moi... me dis-je pendant que nous attendons, allongés sur nos planches, une vague bien formée. Il trouve toujours une raison de se réjouir, une pépite de bonheur. C'est pourquoi tout le monde l'aime – y compris les filles.

Je suis installé sur le même cheval que mon père, derrière lui. Il porte sa guitare dans une main. Moi, j'ai ma valise. Nous suivons Ernesto sur la piste. La boue a séché

en formant des dalles, recouvrant les petites plantes ici ou
là. Je me dis que, plus que de la chance, c'est du courage
qu'il nous a fallu pour nous en sortir le jour où nous sommes arrivés en pleine tempête. Au bout de cinq minutes à
rebondir sur la selle, j'ai l'impression que le poids de la
valise va me déboîter l'épaule. Pensant à cette façon qu'a
Dad de toujours voir la beauté des choses, je réfrène mes
plaintes et m'exclame : Waouh ! Toutes ces nuances de
vert dans la jungle !

Le regard que Dad me lance est plus intrigué qu'impressionné.

En séchant, la bâche est devenue un tas tout fripé. Les
quatre roues de la camionnette et le châssis, enfoncés dans
la boue, se retrouvent au même niveau que la piste. La
bosse que fait la machine à laver sous la bâche me rappelle
la véritable raison de notre voyage au Mexique.

Ernesto attache les chevaux au pare-chocs tandis que
mon père enclenche le point mort. Le *vaquero* encourage
les chevaux, qui tirent leur long cou vers l'avant. En se
libérant de leur gangue de boue, les roues envoient des
galettes de terre séchée de l'autre côté de la piste. Holà !
crie Ernesto. Les chevaux se cabrent en martelant le sol de
leurs sabots.

Le mécanicien arrive avec sa boîte à outils et un levier.

Ça sert à quoi, ce truc ?

Je ne sais pas, me répond Dad.

Le mécanicien porte une chemise, des jeans et des sandales. Il s'adresse à Ernesto, s'allonge sous la camionnette
et se met au travail. S'aidant du levier, il racle le dessous de
caisse. Des morceaux de boue séchée jaillissent de sous la
camionnette. Mon père tend les outils au mécanicien. Les

reprend. Lui en tend d'autres. De temps en temps, Ernesto remonte la piste à cheval jusqu'à la route principale, pour vérifier sans doute que les *federales* n'arrivent pas. Quant à moi, j'écrase les moustiques en prenant soin de ne pas me plaindre.

Une heure plus tard, Dad parvient à démarrer la camionnette et à la faire avancer d'un ou deux mètres. Il coupe le moteur, descend du véhicule, tire de sa poche quelques billets que le mécanicien prend sans dire un mot avant de s'en aller. Dad pose la guitare et ma valise à l'arrière et verrouille la portière. Il m'aide à remonter sur le cheval et, précédés d'Ernesto, nous retournons au village.

En fin d'après-midi, il se met à pleuvoir. Mon père va voir Ernesto pour lui dire qu'il veut partir plus tôt que prévu. Je parcours le village en disant *Adios* aux enfants et à leurs mères. Où est Papaye ?

Mon père revient sur un cheval que le plus jeune des *vaqueros* tient par la bride. Je lui tends les planches de surf, qu'il installe sur ses cuisses. Je mets le pied dans l'étrier et il m'aide à monter. Agitant la main, il remercie les villageois qui, silencieux, lui rendent son salut. Je dis au revoir moi aussi, tout en essayant de voir Papaye. *Nada.* Nous nous enfonçons au trot dans la jungle. Mon cœur se serre. Dad a-t-il fait ses adieux à Papaye en secret ?

Une pluie fine tombe sans relâche. Lorsque nous arrivons à la camionnette, le sol commence à s'amollir. Mon père dit quelques mots au *vaquero*, qui attend pendant qu'il démarre le véhicule. Les roues s'enfoncent très légèrement dans la boue. La traction marche bien. Dad remercie le *vaquero*, qui va jusqu'à sourire et lui serrer la main, avant de disparaître avec le cheval au détour de la piste.

On attend le soir pour repartir, hein ? dis-je.

Ouais.

Nous restons là à patienter. Il me tend la gourde d'eau. Je bois à grandes gorgées. Dad enfonce un orteil dans le sol de plus en plus mou. Une crainte s'immisce dans nos esprits – que la pluie tombe plus fort, que nous nous retrouvions de nouveau coincés, et que même si nous atteignons la route principale la visibilité soit très mauvaise. Puis Dad secoue la tête comme s'il venait de se rappeler quelque chose. Il fouille dans sa poche.

Tiens, elle a fait ça pour toi.

Il me tend un collier en coquillages. Je l'enfile. Les coquillages sont frais sur ma nuque.

Debout sous la pluie fine, nous offrons nos visages à la brume.

Nous sortons de la jungle à reculons et retrouvons la route principale. Au-delà de la lumière des phares, l'obscurité est totale, la pluie drue. Mon père descend la vitre et sort la tête. Au premier virage un peu sec, croyant distinguer un barrage sous la pluie battante, je pousse un cri. Dad freine d'un coup sec.

Putain de merde, Ollestad !

Désolé.

Nous traversons une petite ville sombre tout en tôle ondulée. Une heure passe. Il n'y a rien d'autre que la lisière de la jungle et la pluie giclant sur la route. Je finis par me détendre.

Nous passons la nuit à Sayulita dans la camionnette. Au moment où le soleil se lève, nous entrons dans Vallarta.

Dad devient quelque peu tendu. Il se renfonce dans son siège en jetant des coups d'œil à droite et à gauche. Je fais semblant de ne pas remarquer. La camionnette bringueba-lante fait un boucan d'enfer sur les pavés. La vue des bâti-ments en ciment, du stade de foot, des églises et des magasins me paraît étrange. Nous traversons le pont. Nous ne sommes plus loin.

Mon père appuie à fond sur l'accélérateur pour monter la route escarpée menant à la maison de mes grands-parents, accrochée à flanc de colline avec une vue plon-geante sur toute la baie de Vallarta. Nous nous arrêtons devant le garage ouvert. Sur le mur de pierres est inscrit CASA NORMAN. Dad me jette un coup d'œil en faisant la moue.

Eh ben, quel voyage, n'est-ce pas ?

Je hoche la tête.

Inutile d'effrayer Grand-Père et Grand-Mère avec ces histoires, d'accord ? ajoute-t-il.

Il me donne une petite tape sur la cuisse, se regarde dans le rétroviseur et arrange sa moustache avec les doigts. Il ne s'est pas rasé depuis plusieurs jours, si bien que sa barbe, dont certains poils sont gris, ressort.

T'as des poils de surfeur tout blonds, lui dis-je, tout fier de lui renvoyer l'une de ses plaisanteries.

Il sourit. À ce moment-là, Grand-Mère sort de la maison.

Elle nous couvre de baisers, nous prend dans les bras et s'extasie sur la nouvelle machine à laver. Mon père répond que c'est *no problemo* et lui raconte les beaux tubes que j'ai faits. Grand-Mère prend une longue inspiration, pose la main sur la poitrine et se dresse sur la pointe des pieds.

Félicitations ! dit-elle.

Grand-Père arrive, nous embrasse, puis aide Dad à porter la machine à laver. Ahanant et grognant, ils la hissent jusqu'à l'étage au-dessus du garage, où Grand-Père la branche. Grand-Père sait bricoler parce qu'il a été réparateur de lignes de téléphone. Il grimpait sur les poteaux plus vite que ses collègues et, en trente ans, n'a manqué qu'un seul jour de travail. En l'imaginant escalader gracieusement ses poteaux, je me souviens qu'il était excellent danseur, comme Dad. C'est ainsi qu'il a conquis Grand-Mère, en l'éblouissant avec ses pas de valse et son swing. Il l'a épousée après que son premier mari l'a quittée, elle et ses deux enfants – Oncle Joe et Tante Charlotte. Grand-Père a ainsi accepté une famille déjà formée, chose rare à l'époque, d'après Grand-Mère. Ensuite, mon père est né, puis sa sœur, Tante Kristina.

Nous allons tous nager, puis jouons aux cartes après le dîner. Grand-Mère me demande d'où vient mon collier. Ce qui nous est arrivé me paraît alors très loin, comme un rêve datant d'une autre époque.

J'ai trouvé les coquillages là où j'ai fait mes tubes, lui dis-je. Et quelqu'un m'en a fait un collier.

Vous avez rencontré des gens formidables, on dirait. C'est ça, le Mexique, commente-t-elle.

Pour le dessert, il y a des pommes rapportées de Californie par l'un des nombreux visiteurs que mes grands-parents prennent comme pensionnaires tous les mois. En croquant dans la sienne, Dad tombe sur un ver.

Super, Norie ! s'exclame Grand-Mère, toute réjouie. Comme ça, on sait qu'elles ne sont pas traitées !

Après la partie de cartes, Grand-Mère va écrire la *Lettre du Mexique*, un courrier qu'elle envoie chaque mois à toute la famille. Mais à en croire Bob Barrow et ma mère, les rares contributions de Grand-Père laissent penser que c'est lui qui devrait écrire la *Lettre*. Et Al affirme que les lettres de Grand-Père lui rappellent Hemingway.

Quel luxe de s'allonger sur un matelas bien mou cette nuit-là ! Je dors dans une chambre tout seul au milieu des bourdonnements d'insectes et des bruits de bêtes se bagarrant. Pourtant, je n'éprouve pas la moindre crainte.

Mon père m'a préparé une petite surprise. Le lendemain, nous allons à l'aéroport. Et là, qui vois-je débarquer de l'avion ? Chris Rohloff, le copain avec lequel je surfe à Topanga.

C'est toi qui lui as payé le billet, Dad ?

Tu m'avais dit que tes copains te manquaient.

Grand-Père et Dad nous emmènent surfer tous les jours dans la jeep orange. À Sayulita, Grand-Père commande des *ostras* au seul restaurant du village pendant que nous waxons nos planches. La commande prise, le serveur ôte sa chemise, saute dans son bateau et va jusqu'à la pointe rocheuse. Et quand nous sortons des vagues, les huîtres nous attendent sur la terrasse.

Le fait d'avoir enfin un copain avec qui surfer et m'amuser au lieu de me retrouver seul avec Dad me fait entrevoir ce que c'est que de vraiment s'éclater. Personne ne me pousse au-delà de mes limites. Rohloff et moi passons des moments géniaux à nous laisser ballotter par les vagues et à inventer notre propre jargon de surfeur, comme *waïkaïkaï* et *Malibulicool*.

Un jour, nous allons à dos d'âne jusqu'à une cascade et faisons un concours pour savoir lequel de nous quatre sera capable de nager sous la cascade le plus vite. La chose n'est pas si facile parce que le courant peut nous entraîner vers les rochers et les rapides.

Bien sûr, Dad et Grand-Père nous laissent gagner. Puis Dad plonge du haut de la cascade. Grand-Père a repéré un endroit assez profond où il ne risque rien. Je vois bien qu'aux yeux de Rohloff, mon père est le type le plus cool du monde, et j'en conçois une grande fierté. Dommage qu'il ne soit resté qu'une semaine, me dis-je lorsqu'il reprend l'avion pour la Californie.

17

PLANANT AU-DESSUS du lieu de l'accident, je nous vois, Sandra et moi, blottis sous l'aile de l'avion. Soudés l'un à l'autre. Un tas recouvert de glace. Les cheveux blanchis par le givre. Les lèvres bleues. Il me faut un certain temps pour comprendre que je suis en train de rêver. J'ai l'impression de nager, nager, nager. Sans jamais atteindre la surface. Je manque d'oxygène. Une dernière bulle d'air se coince dans ma gorge.

Je me laisse emporter par l'eau tiède. Comme un galet se posant doucement sur du sable mou. Tranquillement, confortablement, au chaud, enfin.

Je vois tout cela depuis l'extérieur de mon corps et finis par me rendre compte que je dois m'arracher au sommeil. Allez ! remue le bras ! lève la tête ! Je mobilise toute ma force, en vain. Je suis comme englué. Saoul, incapable de coordonner mes mouvements. Le fond duveteux est irrésistible, douillet, accueillant.

Non. Lève-toi !

Je me secoue. Mes lèvres se craquellent, se referment involontairement tant elles sont gonflées.

Mes doigts gigotent. Oui, ils gigotent. Ou peut-être que je l'imagine – que c'est un rêve dans un rêve. Mais non, ils gigotent, en effet. C'est alors qu'un sentiment de bien-être m'aspire dans une caverne toute chaude. Je résiste à ce sommeil séduisant en essayant de bouger encore les doigts.

L'un de mes yeux s'entrouvre. Je vois de la lumière. Du blanc. Du frais. Mais la pénombre tiède m'enveloppe à nouveau. Mmm. Dodo.

J'ordonne à mes doigts de s'ouvrir. À ma main de faire le râteau. À mon coude de se tendre. Coude, tends-toi ! Tends-toi !

Mon bras s'étire vers le haut, se cogne à l'aile. D'en haut, je vois que je suis en train de rêver tout cela. Touche l'aile. Allez, frappe-la !

Mes doigts grattent le métal.

Ouvre les paupières. Par n'importe quel moyen. Je mobilise les muscles de mon ventre. Les muscles de mon front.

Mes paupières s'ouvrent. Ma main cogne l'aile. Tout est flou. Je plonge vers la lumière. Putain ! Ne ferme pas les yeux, Ollestad !

Mon corps vrille comme pour se libérer d'une gangue. Je me retrouve dans la neige. Mes paupières tombent lourdement, puis s'arrachent aux derniers fils collants du sommeil. Je vois la neige, l'arbre, l'aile. Il fait plus sombre à présent. Je panique. Nous sommes l'après-midi. Ensuite viendra la nuit, et alors il sera trop tard.

Horrifié de m'être vu partir, je retrouve mes esprits. Les images du corps ratatiné de mon père, de la cervelle liquide du pilote, de la blessure au front de Sandra m'assaillent. J'ai envie de retourner me blottir sous l'aile et de dire bonne nuit à cet enfer impitoyable.

Débats-toi, Ollestad ! me crie une voix de stentor. Ne reste pas immobile !

Je me mets à crier en direction de Sandra.

Debout !

Elle ne réagit pas.

Tendant le bras, je la secoue violemment.

Lève-toi ! Tu ne dois pas dormir !

C'est toi, Norman ?

Lève-toi !

Je suis fatiguée. Très fatiguée.

Je sais, mais il ne faut pas que tu dormes. Mon père m'a dit que quand on est en train de mourir de froid, on a chaud, on s'endort et on ne se réveille jamais.

Sa tête se tourne vers moi. Elle a les yeux grands ouverts. Elle me regarde, mais c'est quelque chose d'autre qu'elle voit.

Big Norman est mort, dit-elle.

Les pensées négatives tentent de s'emparer de moi. Je laisse pendre ma tête en avant et fais le gros dos.

Il faut qu'on parte maintenant, dis-je.

Mais ils vont venir nous chercher.

Non.

Elle braque ses yeux sur moi. Je regarde la blessure qui fait une rigole sur sa tempe, près de ses cheveux, son épaule démise et son bras qui pend comme une branche à moitié sciée. Elle recule sous l'aile comme pour m'empêcher de voir son état. Ses yeux s'éteignent et son visage prend l'apparence d'un crâne.

Sandra, il faut qu'on parte d'ici.

Non.

En tout cas, moi, j'y vais.

Tu ne peux pas me laisser ici.

Alors viens !

J'attends. J'examine la situation. La neige tombe dru. Elle va recouvrir la glace. Alors, on aura vraiment du mal à savoir où poser les pieds sans déraper. Merde. On va tenir comment ? Surtout Sandra.

163

Je lève le bras, touche les branches sous lesquelles je suis abrité. Certaines sont plus rigides que d'autres. J'en casse deux, et retire les brindilles et les aiguilles. Mes mains sont de nouveau gelées, mes gestes maladroits.

Il faut partir, maintenant, dis-je à Sandra.

Je m'accroupis pour jeter un coup d'œil sous l'aile. Le visage tordu de douleur, elle avance en s'appuyant sur son bras valide comme un oiseau traînant derrière lui son aile brisée.

Elle émerge de l'abri. Son regard est flou, ses paupières tirées comme si elle scrutait le paysage.

Tout est complètement gelé, dis-je. Sers-toi de ce bâton comme d'un piolet, Ok ?

Je lui montre comment faire en plantant le bâton dans la neige et en m'y accrochant.

Je ne peux pas utiliser mes bras, dit-elle.

Celui-ci, tu peux.

Je lui tends le bâton. Elle l'agrippe et le tient en l'air devant son visage comme un bébé qui se demande quoi faire d'un jouet inconnu.

Je passe devant. Pose bien les pieds sur moi, surtout. Comme ça, je pourrai t'arrêter si tu glisses. Ok ?

Fais chier.

Ok ?

T'as une coupure au visage, dit-elle.

Je vérifie avec ma main. Je tâte mon visage, détecte du sang gelé. Une entaille sur mon menton. Et une autre sur ma joue.

Ça ne saigne pas, dis-je.

Et moi, je suis dans quel état ? me demande-t-elle.

Ça va. Allons-y.

18

DAD ET MOI PRENONS le ferry directement de Puerto Vallarta à La Paz, évitant ainsi tout risque de tomber de nouveau sur les *federales*. Arrivés à La Paz, nous empruntons la grande route vers le nord. À Tijuana, nous allons voir une corrida. Moi, je suis pour que le taureau gagne.

Nous passons la nuit dans un hôtel à San Diego. Le lendemain matin, lorsque mon père me réveille, nous sommes devant la maison de ma mère à Topanga Beach. Il ouvre la porte. Je tends l'oreille, craignant d'entendre les pas de Nick dans le couloir. Dad frappe sur la vitre de la porte coulissante.

Tiens, tiens, dit Mom en ouvrant. Voilà notre duo d'enfer.

Je jette un coup d'œil à l'intérieur. Elle se penche et m'embrasse.

Salut, Mom.

Regarde-moi ça comme t'es bronzé !

Mon père entre et va se servir dans le frigo. Ma mère me caresse les cheveux.

Tu es tout blond, Norman, dit-elle. Alors, le voyage ?

Ça s'est bien passé.

Mon père croque dans une pêche, ferme le frigo et me jette un coup d'œil par-dessus l'épaule de maman. Dans son regard, pas une seule trace de ces fusils, de ces coups de feu ou de ces journées de dérive – seulement le bonheur de ces tubes et du soleil.

Alors c'était moins catastrophique que ce que tu craignais ? demande ma mère.

Je réponds d'un signe de la tête.

J'attends le dîner pour lui demander des nouvelles de Nick.

Il est parti pour quelques semaines, répond-elle.

J'allume la télé. C'est l'heure de mon émission préférée, *All in the Family*. Nous la regardons en mangeant. Pendant la pause publicité, je me tourne vers ma mère. Elle n'a plus de bleus, plus de marques, et son œil est exactement comme l'autre.

La fin de l'été est tranquille. Ma mère dispose de quelques semaines de congé. Quant à moi, je passe mes journées à traîner à Topanga, à faire du skate ou du surf et à jouer avec Charley et Sunny. Sur la plage, tout le monde parle d'expropriation. D'après ce que je comprends, l'État ou le comté veut nous obliger à quitter la plage. Ils en ont visiblement le droit parce que nous ne sommes pas propriétaires du terrain, mais seulement des maisons. Pourtant, je n'arrive pas à y croire.

Le week-end, le stage de hockey m'occupe toute la matinée et, en semaine, les entraînements de foot me prennent les après-midi. Je passe la nuit chez ma mère, chez mon père ou chez Eleanor – la seule personne à laquelle je parle des relations entre Nick et Mom. En général, c'est elle qui me pose des questions, et j'apprécie l'attention avec laquelle elle m'écoute.

Un soir qu'Eleanor et moi sommes dans sa cuisine à préparer le dîner, elle me demande ce que je ressens lorsque Nick me traite de minable ou de menteur, ou quand mon père m'oblige à me réveiller à quatre heures du matin pour aller au stage de hockey. Je lui réponds que, bien sûr, je n'aime pas. Lee, son mari, débarque, pose un balai contre la commode et se dirige vers la chambre.

Et le reste, chéri ? lui demande Eleanor.

Comment ça, le reste ?

Le poulet et la vinaigrette.

Tu ne m'as pas dit d'acheter un poulet.

Parce que tu croyais que je t'envoyais faire les courses à neuf heures du soir pour acheter un balai ?

En effet, je me suis dit que c'était un peu bizarre.

Debout, ils se regardent. Ils sont tous les deux très petits, très doux, très sensibles. Ils s'étudient l'un l'autre pour sonder leurs sentiments respectifs.

Dis-moi, Lee, il t'a fallu quarante-cinq minutes pour acheter un balai ?

Je voulais en prendre un qui soit parfait pour toi, répond-il.

Comme un ballon qui fuit, je laisse échapper un gloussement. Je penche la tête en arrière, incapable de réprimer mon envie de rire. Mon hilarité gagne Eleanor, puis Lee. Nous finissons tous trois par nous rouler par terre dans la cuisine.

Lee se déclare épuisé par cette crise de fou rire et va s'allonger. Pendant que les spaghettis cuisent, Eleanor me parle de ce qu'elle appelle les vraies et les fausses excuses.

167

Tu as le choix, Norman. Tu n'es pas obligé de croire ce que dit Nick. Ce sont des fausses excuses qu'il se donne. Toi, tu peux t'en inventer d'autres. Des vraies.

Mais ça ne sera jamais que des mensonges, dis-je.

Les fausses excuses, c'est aussi des mensonges. Mais elles en disent plus sur Nick que sur toi.

C'est pas juste.

En effet.

Sentant que je suis quelque peu submergé par les émotions, Eleanor annonce que le dîner est enfin prêt.

Nous regardons tous les trois un film au lit en mangeant des spaghettis. Je ne saisis pas toutes les nuances de ce que m'a dit Eleanor, mais ses paroles me rappellent une photo de Nick en uniforme de soldat, prise sans doute dans l'une de ces écoles militaires qu'il a fréquentées. Il est extrêmement beau et semble le savoir. Peut-être que lui-même s'est réveillé un jour en se rendant compte qu'il n'était pas le centre du monde, alors il se donne des fausses excuses pour me faire croire que la même chose va m'arriver.

Le dimanche, je vais chercher un longboard chez Barrow. Je vois quelques planches dépassant de la barrière en bois pourri près de la douche extérieure, à côté de la terrasse où pratiquement chaque week-end, qu'il pleuve ou qu'il vente, se joue une partie de poker. J'espère trouver la planche rouge déjà abîmée, comme ça, ça ne sera pas grave si elle accroche les rochers à marée basse. Alors que j'approche de la dune, Sandra et mon père sortent sur la terrasse en se tenant par la main. Ainsi, elle est revenue. Inutile de compter sur mon père pour expliquer la chose.

Dad s'installe à la table de poker. Sandra lui masse le cou tandis qu'il sort ses jetons. Renonçant à mes projets, je décide d'emmener Sunny dans mon fort au bord du ruisseau.

Une semaine plus tard, alors que je reviens d'un entraînement de foot, je vois ma mère en train de faire des cartons.

Et voilà, dit-elle. On a perdu.

Tu veux dire qu'on doit déménager ?

Ouais. L'État a gagné. On est expulsés.

Le week-end suivant est organisée une grande fête. Nick revient à la maison. Les habitants de la plage se retrouvent tous au Yellow Submarine, chez Trafton, Woody, Shane et Clyde. Trafton et le Blue Juice, le groupe de Clyde, jouent. Tout le monde danse. Sandra porte un bandana en soie vert, une minijupe blanche et pas de haut. En la regardant gigoter, le regard dur, je songe aux paupières en amande et à la lenteur des mouvements de Papaye. Même leurs seins n'ont rien à voir. Ceux de Papaye sont ronds et pleins, alors que Sandra les a tout pointus.

Plus tard, je vais chercher un hot-dog. Torse nu, Nick s'occupe du barbecue. Son visage et son cou sont rouges et son corps tout pâle.

Dans la vie, il faut savoir s'adapter, déclare-t-il. Tu te souviens quand je t'ai expliqué qu'il fallait toujours être prêt ?

Je hoche la tête.

Eh ben, c'était ça que je voulais dire. Et ça n'est pas fini. Tu comprends ?

Ouais. C'est comme quand tu commences à skier et qu'il fait super-beau et que l'après-midi il se met à neiger et à geler. Faut s'adapter.

Les sourcils de Nick se lèvent. Il ouvre les mains vers le ciel et tend les bras. Exactement ! dit-il.

Je m'éclipse avant qu'il ne puisse aborder la question de mon mensonge au sujet du skate. Ma mère danse avec Wheeler et Maggie, nos voisins, ce qui me paraît étrange étant donné qu'à cause de Nick, Wheeler a eu les côtes fracturées quelques mois auparavant. À côté d'eux, Sandra et Dad se trémoussent. Je m'installe sur un rocher pour observer la scène.

Plus tard, dans l'après-midi, le vent tombe et l'océan se met à luire comme une plaque de verre. Dad et moi gagnons le large sur nos planches. Les vagues sont petites. Nous sommes les seuls surfeurs dans l'eau.

Eh ben voilà, Ollestad, ton vœu est exaucé.

Comment ça ?

J'ai acheté une maison à Pacific Palisades pour ta mère et toi. J'ai fait une bonne affaire, Ollestad.

Super. Il y a une piscine ?

Non.

Ça fait rien. J'irai chez les copains.

Ouais. Mais un jour, cette bonne vieille plage de Topanga te manquera. C'est ici que tu es né.

Regardant par-dessus les vagues, je suis la courbe de la plage, incurvée comme une piste de patins à roulettes. Des chiens courent en bandes. Sunny a attrapé un bâton, Carol promène son lama en laisse près de la pointe, Jerry fait des roues arrière sur sa bicyclette, et les corps des danseurs s'entrelacent comme les plis d'un parachute ondulant en rythme.

Dad pose la main sur ma nuque, comme pour lier nos deux corps. Nous contemplons Topanga Beach pour la dernière fois. Une série de vagues arrive. Il me dit de me préparer. Et jusqu'à la nuit, nous surfons les vagues illuminées comme des vitraux par la boule orangée du soleil couchant.

19

LE TERRAIN EN CONTREBAS de l'arbre paraît le plus praticable pour la descente. Il est moins lisse que le couloir de l'autre côté du toboggan, près de là où se trouve mon père. Je m'accroupis sous Sandra et lui dis de faire pareil que moi.

Plante ton bâton dans la neige. Enfonce-le chaque fois que tu glisses.

Je maintiens ma paume sous sa semelle en cuir. Avec le bâton dans l'autre main, je vérifie l'état des quelques centimètres de neige devant nous. Sandra s'agrippe à la pente comme une salamandre.

Ok. Descends vers moi tout doucement, lui dis-je.

Elle lâche tout et se lance vers ma main tendue. Mon bâton se décroche et nous commençons tous les deux à glisser. En plantant le bout de mes pieds et les mains dans la neige, je ralentis notre glissade. Avec une épaule et ma tête, je coince la botte de Sandra. Heureusement, la neige est suffisamment molle pour que je parvienne à nous immobiliser. En regardant ma main, je me rends compte que je tiens toujours le bâton.

Bon sang ! Utilise le bâton pour descendre ! Ne le sors pas entièrement. Ok ?

C'est difficile. Je me sens toute bizarre, Norman. J'ai quelque chose à la tête, non ?

Non. Reste là où tu es. On est presque arrivés.

Combien de fois mon père a-t-il utilisé cette même phrase avec moi ?

Je jette un coup d'œil en bas. Le toboggan plonge vingt, deux cents, deux mille mètres plus bas, je ne sais pas. Mon mensonge va bientôt être révélé. Et alors, qu'est-ce que je vais bien pouvoir dire à Sandra pour l'encourager ?

Je me rends compte que nous nous sommes rapprochés de ce couloir tant redouté. Le toboggan s'incline vers lui, comme s'il était penché. Alors je place mon épaule droite sous Sandra de façon à ne pas me laisser entraîner vers la gauche, vers le couloir.

Ok, dis-je.

Nous descendons tout doucement. Je me sers de mon pied comme d'un gouvernail pour lutter contre la pente, afin que nous restions sur la partie la plus molle et la moins lisse de la neige. À un moment, je regarde vers le bas pour me repérer et sens que Sandra ne pèse plus sur moi. En levant les yeux, je la vois en train de s'approcher du couloir. Son bâton est à peine enfoncé dans la neige.

Plante ton bâton ! Baisse la main ! lui crié-je.

Elle commence à glisser, de plus en plus vite. Elle va traverser tout le toboggan comme ça, je le sais. Alors j'avance aussi vite que possible pour la retenir un peu plus bas. Trois mètres plus loin, nous nous retrouverions dans le couloir – et ça, nous ne pouvons pas nous le permettre. Je vois le corps de Sandra tressauter comme si elle passait à la vitesse supérieure. Alors je prends le risque de me laisser glisser de côté comme un astronaute en apesanteur jusqu'à ce que je me retrouve sous elle.

172

Elle vient atterrir sur mon épaule et ma tête – la seule manière pour moi d'absorber son poids tout en ne lâchant pas prise. Je me dresse sur la pointe des pieds et tape contre la neige. Bizarrement, elle est plus épaisse ici. Je finis par trouver des points d'appui. Nous cessons de glisser juste avant que le toboggan ne verse dans le couloir. Nous n'avons plus le droit à l'erreur.

Il faut que tu te laisses glisser tout droit, Sandra. Compris ?

Mon bras fatigue, Norman.

En entendant sa voix toute faible, j'ai honte de moi.

Juste un petit effort, dis-je d'une voix adoucie. Tu vas y arriver.

C'est encore loin ?

Non. Tu es prête ?

On aurait dû rester là-bas.

On y est presque. Tu es prête ?

Dieu, protège-nous ! dit-elle.

Jusque-là, je n'ai pas pensé à Dieu. Si nous arrivons en bas, je croirai en Lui.

Je me rends compte que mes doigts et mes pieds sont complètement engourdis maintenant, et que je ne vais pas pouvoir supporter le poids de Sandra très longtemps.

Je ramène le bâton à hauteur de ma hanche, puis le plante dans la neige. Je fléchis les genoux. Je ne sens plus les pieds de Sandra sur moi.

Reste avec moi, lui dis-je.

J'enfonce ma main libre dans la neige jusqu'au poignet. Mes doigts cherchent une prise. J'avance une jambe. Le bout de ma chaussure tâte la couche neigeuse, tape dedans pour voir si elle est solide. Mon autre pied procède de même. Nous descendons avec méthode. J'ai l'impression de maîtriser parfaitement la technique.

On est vernis, dis-je, utilisant ainsi l'une des expressions préférées de Dad. Allez, on continue.

Je regarde vers le haut – les mots m'ont ramené vers lui. Je vois le petit arbre qui s'est complètement tordu sous mon poids tout à l'heure. Je me rends compte que nous n'avons parcouru que dix mètres. À ce rythme-là, jamais nous n'y arriverons. Jamais. En distinguant la silhouette esquissée de mon père tout là-bas, derrière l'arbre, je sens instinctivement que je dois écraser ce doute qui me fige le sang.

Cet interminable rideau de glace est entièrement dans la façon dont tu le regardes. C'est comme le *jus de roche*.

Descendre, c'est du gâteau, dis-je à Sandra. Mais faut quand même se grouiller.

J'avance de quelques centimètres. Au début, je la sens sur moi. Mais mon épaule est en train de s'engourdir et je suis tellement concentré sur mes propres mouvements que je me retrouve vite à presque deux mètres d'elle.

Allez, descends droit sur moi, lui dis-je. T'en fais pas, *no problemo*.

Mais au lieu de descendre en ligne droite, elle glisse vers la gauche. Impossible de remonter pour l'arrêter. Sa main se pose au-delà du rebord du couloir. Et tout d'un coup, son bras, son épaule et sa hanche sont avalées. En une seconde, tous mes plans sont foutus.

20

J E ME RETROUVE en sixième sans même m'en rendre compte. Le collège est suffisamment près de ma nouvelle maison pour que j'y aille à pied. Mon père a fait une bonne affaire en achetant cette petite villa construite dans les années 40 sur un promontoire dominant la baie de Santa Monica. En effet, quelques années auparavant, pendant une grosse tempête, la maison d'à côté a glissé dans le canyon. En résistant à cette tempête, la nôtre a prouvé, Dad en est persuadé, qu'elle ne craignait rien.

Je suis tout de suite désarçonné par ma nouvelle vie de banlieusard. Les références de la plupart de mes nouveaux copains, ce sont les jeux vidéo, les cartes de base-ball et les derniers épisodes de *Starsky et Hutch*. Alors je décide d'apprendre à jouer à Pac-Man et de regarder plus souvent les aventures des deux compères.

Au bout de quelques jours, je comprends à mon grand regret que les gros mots ne sont guère appréciés dans le coin, et que le récit de mes aventures au Mexique ou à Topanga Beach ne m'attire pas vraiment la sympathie des autres gamins, qui se contentent de me dévisager comme si j'étais fou et m'excluent de leurs conversations. De plus, moi qui m'étais imaginé que j'irais tranquillement à l'école à pied avec mes copains, je dois brutalement renoncer à mes rêves à cause de la nouvelle loi de déségrégation scolaire. Certes, je vais à l'école à pied avec mes voisins, mais ensuite, nous montons dans un bus qui nous emmène dans un collège de South Central à quarante minutes de là.

Certaines choses, elles, ne changent pas. Nick s'installe toujours dans le même rocking-chair pour regarder le journal télévisé. Ma mère s'engueule avec lui de temps en temps et Sunny dort dans ma chambre. Je passe le week-end à Topanga sur les vagues avec les grands du surf, qui se sont pour la plupart installés dans le canyon ou de l'autre côté de la route, à Snake Pit. Nous nous retrouvons près de l'ancienne maison de mes voisins, transformée en poste de secours. C'est là, à l'ombre et dans des coins discrets, que nous entreposons nos planches et cachons nos précieuses boîtes de wax. À présent, la plage nous semble étrange – une simple étendue de sable sale avec de vieux escaliers qui ne mènent nulle part.

Cet automne-là, Nick filme mes matchs de foot le samedi matin. Dans la semaine, il apporte ses bobines de Super 8 chez l'entraîneur. Parfois, l'équipe s'y retrouve et notre entraîneur commente notre jeu. Les jours de match, Nick me prête ses plombs à pêcher pour que je les cache sous mes jambières et dans mon slip au moment où les arbitres nous pèsent. Je suis le seul gamin du championnat à vouloir faire plus que mon vrai poids. Quasiment tous les gars de mon équipe passent la matinée au sauna pour perdre un ou deux kilos afin d'être autorisés à jouer. Nick, le plus enthousiaste de mes fans, m'acclame depuis les gradins d'où il filme le match. Il raconte à ses amis comment je rentre dans le lard des joueurs les plus costauds sans jamais reculer. Je suis fier de l'impressionner. J'aimerais que les choses se passent toujours aussi bien entre nous.

Mais Nick peut exploser à tout moment et une partie de moi-même se tient toujours prête à l'affronter, si bien que je peux difficilement me fier à ces quelques bons moments.

Dad vient aussi à tous les matchs, mais ne les commente jamais vraiment. Il s'est blessé à un genou en jouant au foot au lycée et estime qu'il vaut mieux que je me consacre au hockey, au ski ou au surf, des sports dans lesquels je peux vraiment exceller.

L'hiver est précoce. Dès novembre, je commence à m'entraîner avec les quatre membres de l'équipe de ski de Mount Waterman. Un jour, alors que j'ai déjà passé des heures à slalomer entre des piquets, Dad me force à descendre la piste complètement gelée jusqu'à la voiture. Et à recommencer deux fois pour que je sache parfaitement skier sur la glace.

Le jour de Thanksgiving, à la station de Mammoth, je descends la Corniche, une piste redoutée avec un surplomb de trois à quatre mètres qui vous prend en traître et vous envoie planer en l'air en vous livrant aux vents qui balayent la pente. De l'avis de mon père, c'est bon pour moi. Nous y passons donc la journée entière.

Sur le chemin du retour, Dad commence à avoir une crise de paludisme. Il a contracté la maladie dans les années 50, alors qu'il travaillait en Inde pour un programme d'aide humanitaire. Se sentant tout engourdi, il m'annonce qu'il va dormir d'un œil. Je prends le volant, comme je l'ai déjà fait plusieurs fois, pendant qu'il garde le pied sur la pédale de l'accélérateur. Si une voiture se rapproche, je dois le réveiller – il est censé ne dormir que d'un œil. Il ne me vient jamais à l'idée de juger cela dangereux.

En fait, pour moi, c'est plutôt une bonne affaire parce que Dad se réveille immanquablement de super bonne humeur et je suis toujours fier de faire quelque chose pour lui.

J'ai fini mes devoirs juste à temps pour regarder *All in the Family*. Ma mère sert du steak accompagné de riz complet et de salade avec des noisettes et des avocats. Nick arrive et change de chaîne parce qu'il veut voir une émission spéciale. Il mange son steak avec les doigts et engouffre son riz avec la grande cuillère pour servir.

Vers la fin de l'émission, il se tourne vers moi.

Arrête de faire du bruit quand tu mâches, me lance-t-il.

Je me mets à manger plus lentement en prenant garde de garder la bouche fermée pour qu'aucun son n'en sorte. Pendant la pause pub, Nick récite un article qu'il a lu sur les bonnes manières, où il est dit que si on ne les apprend pas enfant, on en paye le prix adulte.

À partir d'aujourd'hui, décrète-t-il, tu ne manges plus avec les doigts, tu ne fais plus de bruit quand tu mâches.

Tu ferais bien de te regarder, Nick, dit ma mère.

C'est de Norman que je parle. Alors n'essaie pas de l'excuser.

Et d'après toi, c'est où qu'il a appris ces mauvaises manières ?

T'as raison. Mais maintenant, il est temps de réagir.

Je suis frappé de voir à quel point la chose semble urgente. Comment Nick réagirait-il si je me retrouvais tête en bas dans un tronc d'arbre creux, si je dévalais une pente verglacée ou me noyais sous des vagues de plus de trois mètres ? Bref, vraiment dans une situation d'urgence.

Ma mère me prépare une coupe de glace avec de la sauce au chocolat. Je commence à la manger. Nous sommes en train de regarder une sitcom. Nick vient de s'enfiler son premier verre de vodka.

Putain, Norman ! rugit-il au bout de quelques minutes.

Ma main s'arrête à mi-trajet. Ma bouche est ouverte. J'ai fait du bruit en léchant ma cuillère.

Désolé, dis-je.

Allez zou ! dans le bureau !

Pardon, je ne recommencerai pas. J'aimerais regarder la fin du feuilleton.

Il m'attrape par le bras, prend ma coupe et m'entraîne jusqu'au bureau. Il pose la coupe et me jette sur la chaise.

Si t'es incapable de manger sans faire de bruit, bouffe dans ton coin. Jusqu'à ce que tu aies appris.

Tout cela m'a coupé l'appétit. Alors, tremblant de la tête aux pieds, je monte dans ma chambre, allume le poêle et me glisse sous ma couverture.

Le lendemain, alors que nous allons prendre le bus, l'un des gamins de la bande du quartier montre du doigt un garçon de notre classe qui s'appelle Timothy. Timothy, c'est le genre qui regarde toujours ses pieds, qui marmonne, passe son temps tout seul à lire des BD à la récréation et sursaute sans arrêt. Il me fait penser à un chien battu – il me renvoie aux sentiments que j'ai éprouvés la veille. Un garçon l'interpelle depuis le trottoir d'en face.

Hé ! Timoré ! hurle-t-il, déclenchant un fou rire général.

Timothy ne lève pas les yeux. Il tourne la tête et s'arrête pour que nous le distancions. Fasciné, je ne peux m'empêcher de le regarder. Il est nerveux, comme moi, sauf que lui n'arrive pas à le cacher. Je me dis qu'il a certainement un père ou un beau-père vachard. J'ai brusquement envie de traverser la rue pour l'accompagner. Puis l'idée même me dégoûte. Je suis le premier à presser le pas.

Plus tard dans la semaine, Nick me punit de nouveau parce que j'ai fait du bruit en mangeant. Je finis mon repas seul dans le bureau. Puis il me tend une feuille.

C'est un contrat, annonce-t-il.

Je regarde la feuille, imperturbable.

Lis-le, dit-il.

Je promets par la présente de me maîtriser et d'assumer la responsabilité de mes actes. Je promets de ne plus faire de bruit en mâchant et de ne plus manger la bouche ouverte. Sinon, je mangerai seul.

Alors, c'est compris ?

Je fais oui de la tête.

Signe.

Je signe.

Quelques jours plus tard, j'aperçois Timothy assis sur un banc dans un coin de la cour en train de se curer le nez. Quelqu'un le vise avec le ballon de foot. Il essaie de l'éviter. Le ballon rebondit sur son visage. Il détale à l'autre bout de la cour. M'aurait-on fait la même chose si je n'avais pas été bon au foot ? Ce jour-là, je me donne à fond pendant le match.

21

*S*ANDRA *EST PEU À PEU* entraînée par la pente. La seule façon pour moi de la sauver, c'est de m'accrocher au rebord du couloir, que je devine aussi lisse qu'une patinoire. Je n'ai pas de prises, pas de bâtons de ski, pas de gants, juste mes doigts nus et mes tennis. Sandra glisse au ralenti pour l'instant, mais d'ici deux à trois secondes, elle dévalera jusqu'au pied du toboggan.

Je tire sur mon bout de bois, soulève les pieds et me glisse dans le couloir en m'appuyant sur ma main droite.

Sandra est au-dessus de moi, en train de dégringoler. Je plonge vers la gauche. Son talon érafle mon front. Je sors le bâton de la neige. Du bout des chaussures, je creuse la neige. Ma main libre s'agrippe à ce qu'elle peut. Sous la couche de neige, épaisse de quelques centimètres, il y a de la glace. La glace, je connais. Je skie dessus mieux que n'importe quel gamin. Mais pour l'instant, je ne peux rien faire. Nous sommes emportés comme si nous étions en chute libre.

Le couloir est incliné, comme le toboggan, si bien que nous sommes entraînés vers l'autre côté, et non vers le centre. Encore un coup de bol. Plus bas, je repère un talus orienté d'une telle façon que la neige est plus molle à cet endroit. Il est ponctué de rochers et d'arbres.

En enfonçant l'une de mes tennis dans la neige, mon pied se heurte à quelque chose de dur. Le choc me fait rebondir. Mon bras claque contre un rocher. Par chance, notre chute est ralentie.

Sandra se trouve juste au-dessus de moi. J'attrape sa cheville tout en creusant la neige avec mon bâton et en cherchant du pied un point d'appui. Le bâton, cassé, ne me sert plus à grand-chose. Je le tiens tout au bout. Ma chaussure touche un autre rocher. Je fais porter mon poids de ce côté-là. Mon pied tombe sur une série de pierres grâce auxquelles nous ralentissons. Enfin, j'atterris sur un gros rocher et nous nous arrêtons, ratatinés comme une canette de bière écrasée.

Sandra pleure et gémit. En levant les yeux, je constate que je tiens sa cheville. Pourtant, je ne la sens pas. La peau de mes phalanges a été arrachée. Un liquide rose perle sur mes doigts.

J'étudie les gros rochers qui nous séparent du toboggan. Il faudrait les escalader pour sortir du couloir. Et ensuite, descendre de rocher en rocher, sauter un à deux mètres entre chaque replat, et prendre le risque d'atterrir sur des surfaces lisses n'offrant aucune prise. Je nous imagine en train de dégringoler jusqu'en bas de cette cascade minérale. Mieux vaut abandonner l'idée.

Il faut rester près de ces rochers, Sandra. On va les utiliser pour freiner notre descente. Tu vois ? Ici, la glace est un peu moins dure. Ok ?

Sandra marmonne quelque chose sur la colère divine. Qu'est-ce qui lui prend d'être aussi religieuse ?

Allons-y, dis-je.

En prenant appui sur la neige molle et sur les petits rochers qui bordent le talus, nous descendons bien soudés. Les bottes de Sandra m'écrasent l'épaule gauche et ma tête la coince. Par miracle, elle a toujours son bâton dans sa main valide.

Au cours des minutes qui suivent, nous ne dérapons qu'une fois. Et encore, je parviens immédiatement à coincer le bout de ma chaussure contre un rocher.

Tes pieds sont bien posés sur mes épaules, c'est super, dis-je à Sandra.

Pourquoi tu nous fais faire tout ça, Norman ?

Demande à Dieu.

Je cale ses semelles tout contre mon épaule gauche.

On y va.

Nous descendons, le ventre collé à la glace. Il fait plus sombre à cause de la brume grisâtre qui escalade nos dos. Cinq mètres plus bas, le talus devient plus raide et nous devons lutter contre la pente qui nous entraîne vers le milieu du couloir.

Puis le talus cède la place à une véritable paroi rocheuse. Je m'arrête. Au pied de cette paroi, une bande de neige de sept ou huit centimètres de large. Mes mains engourdies collent à cette ligne de vie. Je prie pour qu'elle aille jusqu'en bas. Avec la tête, je coince la cheville de Sandra et nous reprenons notre descente.

Garde le haut du corps bien droit, lui dis-je.

Garde le haut du corps bien droit, répète-t-elle. Une fois, deux fois, comme pour bien s'en souvenir.

Nous descendons à la vitesse d'un escargot. J'espère que le couloir se termine bientôt, ou que nous allons trouver un arbre poussant dans une fissure entre les rochers à une hauteur qui nous permettra de nous y accrocher. Mais le paysage reste le même. Le brouillard nous cloue à la bande de neige, notre ligne de vie. Quelques mètres plus bas, nous sommes toujours dans la même situation. Aucun

183

signe de cette partie boisée. Rien que ce satané couloir dans notre dos. Ne te presse pas, me dis-je. Avance centimètre après centimètre. Si jamais tu te sens partir, tu ne pourras plus t'arrêter.

NOTRE PETITE PORSCHE passe devant le panneau indiquant Mammoth et suit la 395 en direction du nord. Assis derrière mon père, je lui masse le crâne. Plus tard, je m'installe sur le siège passager et nous jouons à Bonga-bonga, ce qui consiste à parler comme Cro-Magnon. Ensuite, nous allumons la CB et discutons avec des routiers qui nous donnent les prévisions météo et nous signalent où se trouvent les flics. Puis nous jouons à celui qui trouvera la plaque numérologique avec le plus petit chiffre. Passé Bridgeport, mon père bifurque et s'engage sur une petite route.

On va où ?

Surprise !

Dans une ville fantôme ?

Il fait signe que oui.

Super !

La ville de Bodie s'étale sur une pente au milieu des buissons d'armoise qui forment des taches vert pâle dans la lumière froide et sèche de l'hiver. Nous nous promenons dans les rues désertes. Une façade de briques isolée semble vaciller sous le vent. Quant aux autres bâtiments, ce sont de simples cabanes avec des toits pointus. D'après mon père, la ville a compté jusqu'à dix mille habitants. Je lui pose les questions que je pose systématiquement quand nous visitons une ville fantôme.

Les filons d'or se sont épuisés, Ollestad. Alors les gens sont partis.

Pourquoi est-ce qu'on aime tant les villes fantômes, Dad ?

Parce qu'il n'y a pas de circulation, répond-il en haussant les épaules.

Le lendemain matin, mon père farte mes skis avec le fer à repasser de l'hôtel.

Tout le monde en parle, de ce gamin, dit-il, de ce Lance McCloud. Il paraît que c'est le meilleur.

Il a quel âge ?

Je ne sais pas. Il est junior 4, comme toi. Quelquefois, il skie dans la catégorie supérieure pour voir ce qu'il vaut par rapport aux plus grands.

Moi aussi je fais pareil, non ?

Ouais. En espérant que ça te permettra de te qualifier pour le championnat de Californie du Sud.

C'est quand ?

Dans un peu plus de deux mois. Le troisième lundi de février, Presidents' Day, la fête en l'honneur de Lincoln et Washington.

Cet hôtel, il appartient toujours à Oncle Joe ?

Ouais, répond Dad en passant le fer sur la semelle de mes skis.

Aujourd'hui, il faut que tu ailles très vite, ajoute-t-il.

Ok, dis-je tout en me demandant pourquoi il veut que je batte le meilleur alors que je n'ai jamais battu le deuxième, ni même le troisième.

Je ne suis pas assez lourd, dis-je.

Il s'arrête, le fer en l'air.

Utilise ta technique.

Quelle différence ça fait sur le plat ?

Dis donc, c'est pas une excuse, ça.

Mais je ne peux pas aller vite. Je suis trop léger.

Va au plus court. Fais ton possible.

Tu veux que je coupe mes virages ?

Ne pense pas à ta vitesse.

Mais c'est toi qui m'as dit d'aller vite.

Je sais, mais ça, c'est le fartage qui va te le permettre, Ollestad.

Il pose le fer à repasser sur le deuxième ski.

Pourquoi est-ce que je fais toujours pipi dans mon pantalon ?

Parce que tu t'excites. N'y pense pas.

Mais les autres ne font pas pipi dans leur pantalon.

Qu'est-ce que tu en sais ? répond Dad en posant le fer et en installant les skis contre le mur.

Tu veux vraiment que je le batte, ce Lance McCloud ?

Il me regarde, la bouche entrouverte.

Pas du tout, dit-il. Ne pense pas à lui.

Alors pourquoi tu m'en parles ?

Je ne sais pas. Sans doute parce que j'en ai assez qu'on m'en rebatte les oreilles.

Alors pourquoi en parler ?

Pour... pour me défouler, Norman.

Il prend le racloir et enlève la première couche de cire sur mes skis.

Arriver quatrième, dixième, premier, ce n'est pas ça qui compte, dit-il.

Pourtant, tout le monde veut gagner.

Je sais. Mais pas nous. Nous, ce qu'on veut, c'est faire un beau slalom. Et progresser. On est là pour le fun.

Les poils de sa moustache en désordre pointent dans toutes les directions. Le regard groggy, il m'examine, étudie mon visage. Je fixe les yeux quelque part au-delà de lui, cherchant un endroit où ses explications deviendraient claires. Je ne comprends pas vraiment ce qu'il entend par *pour le fun*.

Tu t'en fiches, que je gagne ?

Tout ce qui m'importe, c'est que tu n'abandonnes pas, champion. Ne te bloque pas en pensant à ta dernière descente ou au virage que tu viens de passer. Fonce vers les piquets suivants en donnant le maximum.

Nous nous inscrivons auprès de la fédération de ski de Heavenly Valley. L'organisateur de la compétition nous demande où se trouve Mount Waterman.

À Los Angeles, répond Dad.

Ça fait loin de Lake Tahoe, répond le type. Il me tend un dossard et me souhaite bonne chance en souriant.

Comme je suis le seul représentant de mon équipe, Dad et moi reconnaissons le parcours ensemble, Dad faisant office d'entraîneur. La pente est faible, les piquets rapprochés et la neige toute fraîche.

Avec cette poudreuse, t'es sûr de les battre, dit mon père.

Je sens de nouveau la pression peser sur moi. Tout cela est déstabilisant. Dad a beau dire le contraire, il est évident qu'il veut ma victoire. Il me le fait comprendre de manière sournoise, en me taquinant pour que j'aie envie de gagner sans pour autant être stressé. Mais j'ai percé son petit jeu.

Je parie qu'il va s'arrêter de neiger, dis-je avec hargne. Et alors, plus de poudreuse !

Ce qui veut dire que la piste va se creuser encore plus aux endroits où les autres concurrents passent. Et là, tu les bats.

Qu'est-ce que t'en sais ? rétorqué-je d'un ton railleur.

Il m'adresse un regard pénétrant. Mais j'ai dit ce que j'avais à dire. Il ne me reste plus qu'à la fermer.

Nous avons descendu le quart de la piste quand Dad se met en tête de s'approcher de l'équipe de Heavenly Valley et de me répéter ce que leur entraîneur leur dit. L'entraîneur finit par se tourner vers lui.

Excusez-moi, monsieur, mais vous êtes de quelle équipe ?

Mount Waterman, répond Dad. Notre entraîneur n'a pas pu venir, alors on espérait pouvoir récolter quelques renseignements.

Les familles de ces gamins payent cher pour que leurs enfants fassent partie de cette équipe. Moi, je ne trouverais pas cela juste que vous obteniez des conseils gratis. Et vous ?

La mâchoire de mon père se contracte.

Je suis prêt à payer, répond-il en souriant.

Alors, il faut vous arranger avec le président.

C'est vous, l'entraîneur. C'est à vous de décider qui peut s'entraîner avec l'équipe.

Non.

Dad, on y va, dis-je.

Mon père regarde sa montre.

La course commence bientôt, dit-il à l'entraîneur.

Ce dernier lève la tête comme s'il voulait voir à qui il a affaire. Penché sur ses bâtons, Dad se plante là. L'équipe arrive. L'entraîneur secoue la tête et se détourne pour s'adresser à ses skieurs.

Dad me chuchote d'écouter attentivement les tuyaux qu'il donne. La tête penchée en avant, je fais signe que j'ai compris.

Le vent se renforce. La neige se met à tomber si dru qu'en arrivant en bas de la piste nous ne pouvons plus voir grand-chose. Une voix sortant des haut-parleurs montés sur les lampadaires qui éclairent la piste la nuit annonce qu'en raison de la mauvaise visibilité, la course est retardée jusqu'à nouvel ordre.

Putain de merde ! s'exclame mon père.

Je vois bien qu'il enrage parce qu'il s'est persuadé que les mauvaises conditions météo me favorisent.

Bon, on va se faire une bonne poudreuse, décide-t-il.

Je baisse la tête pour protéger mon visage du vent. Nous prenons plusieurs télésièges. Arrivés en haut, mon père m'emmène skier sous les arbres. Il se met à siffler et à chanter un air tyrolien que j'ai entendu lors de nos séjours à Saint Anton. Nous descendons une longue crête où la neige est épaisse et lourde. On appelle cet endroit la Sierra Ciment parce que les tempêtes qui la cinglent apportent une neige lourde et collante. Tous les deux ou trois virages, mon père pousse un cri de joie comme s'il skiait dans la poudreuse légère et parfaite d'Alta.

Je le suis dans un ravin. La neige est tellement difficile à skier que j'arrive au bout de la descente épuisé.

Encore une, dit mon père alors que nous descendons tout schuss jusqu'au télésiège.

Hors de question, dis-je.

Comment ça ?

Les autres ne s'amusent pas à faire du hors-piste. En plus, on risque de rater le départ de la course.

Ollestad – on a tout le temps qu'on veut.

Il ouvre les bras comme s'il m'offrait la vallée tout entière, la forêt, et peut-être même le monde.

Il neige fort. Les lampadaires ont enfin atteint leur pleine puissance quand le speaker annonce que les piquets seront légèrement écartés à cause des conditions météo. Mon père se met à râler. Il est le seul parmi les parents ou entraîneurs assemblés autour de l'organisateur de la compétition à ne pas être satisfait de cette décision. Mes chances s'amenuisent.

Au moment où j'arrive au point de départ de la course, j'entends le nom de Lance McCloud. Contournant la foule, je finis par le voir. Il est petit, comme moi, porte une combinaison de ski super-cool et parle à ses coéquipiers, qui l'écoutent attentivement tandis que son entraîneur affûte ses skis et les farte. Tranquille, détendu, il fait des étirements, plaisante avec ses copains. Dad vient s'agenouiller à côté de moi pour détailler le tracé. Ensuite, il examine mes skis comme si c'étaient des instruments à accorder. Hélas, nous n'avons pas apporté de limes ou de cire.

Lance, parti en deuxième position, fait un temps bien inférieur à celui des autres concurrents. Enfin, on appelle mon numéro de dossard. Je m'installe nerveusement devant le portillon de départ. Le compte à rebours commence – cinq... quatre... trois... deux... un... partez ! D'un bond, je franchis la ligne. Je prends le premier virage en appuyant sur mes deux skis, instinctivement, comme dans la poudreuse. La neige fraîche s'entasse dans les creux de la piste. Je me sens catapulté vers le virage suivant. Mes skis glissent sur le terrain irrégulier comme sur les bosses d'une piste de poudreuse. N'ayant pas prévu que les choses se déroulent de cette manière, je me demande ce que je suis en train de fabriquer. Toujours est-il que, sans même enfoncer mes carres dans la neige, mes skis tournent sans problème.

La première chose que je vois après avoir traversé la ligne d'arrivée teintée en rouge dans la neige, c'est le visage de Lance McCloud, tordu par l'envie. Je comprends que je l'ai battu. Je consulte le panneau d'affichage – je suis premier, avec une avance d'une demi-seconde sur le deuxième. Dad s'approche en me faisant signe de le rejoindre.

Pas mal du tout, Ollestad, me dit-il devant la foule ricanante.

Nous attendons la deuxième manche dans la tente près de la ligne de départ. Lance et son équipe nous tournent le dos et chuchotent entre eux. Quelques garçons de Squaw Valley et d'Incline Village viennent me féliciter. Je les remercie. Dad, lui, reste muet. Le concurrent arrivé en vingtième position part en premier. Je serai donc le dernier à prendre le départ. Dad descend jusqu'aux premiers piquets, puis revient l'air furieux.

Qu'est-ce qu'il y a ?

Ils ont toute une équipe qui est en train de racler la piste pour enlever la poudreuse.

Pourquoi ?

À ton avis ?

Soudain, je comprends. Lance n'aime pas la poudreuse.

Quand vient le tour de Lance, le silence se fait. Placé juste derrière lui, je vois une véritable armée entasser sur

192

les côtés de la piste la neige fraîche accumulée dans les ornières, rendant ainsi le parcours plus rapide.

Lance se jette en avant, puis disparaît derrière le nuage de vapeur qu'il soulève.

Attends-toi à être un peu secoué cette fois-ci, m'avertit Dad. Puis il m'embrasse et me dit de profiter de la descente.

Accroupis devant le portillon de départ, je remarque que les personnes raclant la piste ont disparu. La neige s'accumule à nouveau dans les creux. Je vais donc être ralenti. Or tous les concurrents sont censés skier dans les mêmes conditions. Le parcours étant plus rapide une fois la poudreuse enlevée, Lance a donc bénéficié d'un net avantage. Quelques piquets plus bas, mon père agite les bras et hurle après l'un des responsables de la compétition. Mon tour arrive.

Le premier creux me prend au dépourvu. Mes skis, trop inclinés, s'enfoncent dans la neige. Je fléchis les jambes brusquement et m'envole. J'ai perdu un dixième de seconde. Au troisième virage, j'ai heureusement retrouvé ma technique pour skier dans la poudreuse. Sur les passages plats, la couche de neige semble plus épaisse. Surtout, glisser dessus, ne pas m'y enfoncer. En entendant la foule rugir au moment où je franchis la ligne d'arrivée, je sais que j'ai perdu.

Je m'arrête, cherche Lance du regard. Il est pris dans un tourbillon. Je lève les yeux vers le panneau d'affichage. Son temps sur les deux manches est inférieur au mien de deux dixièmes de seconde, ce qui veut dire qu'il m'a confortablement battu de sept dixièmes à la seconde manche. Dad arrive à skis, le visage fendu d'un large sourire.

Du bon boulot, champion, dit-il en sifflant.

Quand on m'appelle pour monter sur le podium, à droite de Lance, des frissons me parcourent. On me passe la médaille d'argent autour du cou. Ensuite, de parfaits étrangers viennent me serrer la main, et mon père discute avec l'un des entraîneurs venus d'Incline Village, un grand Suédois qui porte des sabots.

Il veut que tu entres dans son équipe, Ollestad.

Ah bon ?

Oui. Et devine avec qui il est pote ?

Je hausse les épaules.

Avec Ingmar Stenmark.

Depuis le coin de la pièce où nous nous trouvons, je vois la tête du Suédois qui dépasse toutes les autres. Ingmar Stenmark est le plus grand skieur de tous les temps. Mon corps tout entier se gonfle de fierté.

Demain, tu vas t'entraîner avec eux, annonce mon père.

Je ne sais quoi répondre.

C'est comme ça qu'on avance, Ollestad.

Notre conversation est interrompue par l'entraîneur d'Heavenly Valley.

Félicitations pour ta deuxième place, me dit-il.

Je le remercie d'un signe de la tête. Mon père fait de même.

Tu as bien failli gagner. Il a fallu que Lance mette les bouchées doubles dans la seconde manche.

En effet, répond Dad.

L'entraîneur se tait, comme s'il s'attendait à ce que Dad en dise plus.

Je lance un coup d'œil à mon père. Allez, vas-y, dis-le : Pourquoi est-ce qu'ils n'ont pas lissé la piste pour Norman ?

On se verra le mois prochain, se contente de répondre Dad.

L'entraîneur me donne une petite tape sur l'épaule et s'éloigne. Dad ne mentionnera jamais leurs manigances. Le lendemain, je m'entraîne avec l'équipe d'Incline. Yan, l'entraîneur, s'occupe beaucoup de moi et me fait travailler ce mouvement de hanche grâce auquel Stenmark a dominé le monde du ski. Les autres garçons me traitent avec un respect auquel je ne suis pas habitué. Je prends soin de rester humble et de ne pas me comporter comme si j'avais la grosse tête.

Le dimanche après-midi, Dad et moi quittons Lake Tahoe. Je suis équipé d'une toute nouvelle combinaison de ski, d'un pull rembourré, que sais-je encore. En passant le panneau indiquant Heavenly Valley, mon père déclare :

Maintenant, Ollestad, ils ne peuvent pas dire qu'ils ne connaissent pas l'équipe de Mount Waterman.

23

ES ÉPAULES ÉCRASÉES sous le poids de Sandra, je suis le mince ruban de neige qui court au pied de la muraille. Mon corps tremble d'épuisement. Je repère une branche qui sort de la roche. Je tends le bras, l'attrape. Sandra pose le pied sur mon autre main, tout juste assez grande pour que sa botte y tienne. Quel soulagement de ne plus avoir à nous agripper par les ongles ou les orteils. Nous nous reposons, sans échanger une seule parole.

Il est temps de repartir. Je lui dis que nous sommes presque arrivés, même si le toboggan semble se prolonger à l'infini. Le ruban de neige ne cesse de s'amincir, ce qui fait de chaque centimètre parcouru sans glisser une véritable victoire. Entièrement absorbé par mes mouvements, je ne me rends pas compte que nous avançons trop lentement, qu'il ne nous reste plus que deux ou trois heures avant la tombée de la nuit – que nous sommes toujours, malgré nos efforts, près du sommet de la montagne, et que le pré est encore distant de plusieurs kilomètres.

Enfermé dans le rythme d'une progression où je me force à considérer chaque centimètre parcouru comme un miracle, je ne vois pas le temps passer. Je me rends compte alors que je ne sens plus la botte de Sandra sur mon épaule engourdie. Levant la tête, j'espère voir sa cheville. Rien. Je regarde plus haut.

Elle se trouve à environ un mètre au-dessus de moi. Ses bras sont levés, comme si elle était en train de s'étirer dans son lit, ce qui rend sa position encore plus insolite vu qu'elle se tient presque à la verticale.

Sandra, baisse ton bâton ! Appuie sur ta gauche.

Elle plie les genoux comme si elle voulait se dresser.

Non ! Ne te redresse pas !

Alors, son buste bascule vers l'avant et plonge dans le couloir tandis que ses bras fouettent l'air comme si elle voulait se raccrocher quelque part.

De la main gauche, je plante ce qui reste de mon bâton dans la neige et tente de rattraper Sandra avec la main droite. Au même instant, son corps se met à tomber à la verticale. Sa main vient frapper mon épaule. Je vois mes doigts tenter d'attraper ses bottes – tout d'un coup trop loin de moi pour que je puisse les saisir. Tête la première, elle s'engouffre dans le couloir.

Norman ! hurle-t-elle.

Je suis moi aussi en train de glisser. Tendant le bras, j'attrape une branche qui pousse entre les rochers.

Je ne quitte pas des yeux les bottes de Sandra. Elles soulèvent de minces nuages de glace. Le brouillard avale sa tête, son buste et finit par engloutir ses pieds. Je l'entends qui m'appelle. Son cri rebondit dans le brouillard.

Tu t'es trop penché. Qu'est-ce qui t'a pris ? Je me parle à moi-même avec une sévérité qui est celle de Nick. Tu n'as pas été foutu de la rattraper, alors qu'elle était juste au-dessus de toi. Pourquoi t'es-tu penché comme ça ?

Accroché d'une main à la branche, je me ratatine, assommé par le constat qui cogne contre mes tempes. Dérouté, je contemple mon autre bras qui pend au-dessus du couloir – un arbrisseau, une branche chétive. Je reste là suspendu à la branche, écrasé par l'échec.

Je dois réparer mon erreur. Aller à son secours, et vite ! En essayant de bouger, je glisse et me rattrape de justesse à la branche. Pas moyen de faire vite, d'ignorer la glace. Je ralentis mes mouvements.

Je suis la piste ensanglantée qui colore le milieu du couloir. Le ruban de neige finit par disparaître. En restant bien à gauche, là où la glace est un tout petit peu moins dure, j'arrive à me déplacer assez vite par rapport à avant.

C'est tellement plus facile sans ce poids. Maintenant, j'ai une chance d'arriver en bas avant la nuit.

Non, me dis-je d'un ton de reproche en tentant d'étouffer le souvenir du poids de Sandra sur mes épaules et de mes efforts pour prévenir sa chute interminable.

J'enterre cette pensée insupportable avant qu'elle ne s'anime à nouveau.

La surface gelée du couloir exige la mobilisation de toutes mes ressources. Je me concentre entièrement sur les décisions que je dois prendre en une fraction de seconde, noyant ainsi le souvenir de mon erreur monumentale et du soulagement coupable qui lui a succédé. À un moment, le brouillard s'épaissit au point que je me retrouve sans le vouloir au beau milieu de la pente. L'idée que la glace y est un tout petit peu plus dure me fait hésiter. Mais je décide qu'il serait plus dangereux de tenter de m'éloigner du centre. Du moins plus dangereux que de me laisser emporter par le mouvement.

Je suis la piste de sang un bon bout de temps. Je me suis résigné au fait qu'en l'absence de piolet ou de gants, je vais bien finir par lâcher prise à un moment ou un autre – et cette fois-ci, il n'y aura pas d'arbre ou de rocher pour me sauver. Mon seul espoir, c'est qu'il n'y ait pas d'à-pic ou d'arbre contre lequel je viendrais m'écraser. Je me trouve maintenant à une centaine de mètres, peut-être plus, du lieu de l'accident et suis encore vivant, encore conscient. C'est comme le *jus de roche*, ça dépend de la façon dont on considère les choses, me dis-je.

Peu à peu, le couloir s'aplanit, si bien que je parviens à en sortir et à grimper sur la couche de neige. Je me retrouve sur le côté où nous étions avant. Je me repose quelques instants et mange de la neige pour calmer ma soif. Je remarque qu'on voit les os de mes phalanges, la peau ayant été arrachée. Mais je n'ai pas mal. Il fait trop froid pour que je sente la douleur. Je mange de la neige jusqu'à ce que ma soif soit étanchée. Puis je recommence à descendre.

Je ne m'éloigne pas du couloir. Je suis la piste de sang, qui se termine au pied d'un tronc – le premier gros arbre que je vois depuis que nous avons commencé à descendre. Il n'y a pas de trace de sang en contrebas. Je cherche Sandra du regard. Je l'appelle. Pas de réponse. Une poussée d'adrénaline me dicte de la trouver au plus vite, pour réparer mon erreur. Pris de nausée, je tente de percer du regard les nappes de brouillard et m'agite maladroitement pour me débarrasser du poison de la honte.

Je reprends ma descente, millimètre après millimètre, en essayant de penser à la glace au lieu de me laisser tourmenter par mon erreur. Je m'attends à ce que la pente s'adoucisse – mais au contraire elle s'accentue, comme si elle ne devait jamais finir. Mon problème, maintenant, c'est ça.

C'est alors que des traînées rouges réapparaissent dans la neige. Sandra est bien rentrée dans l'arbre, mais elle a poursuivi sa chute. La honte s'imprime une fois encore dans mon esprit, avant de s'effacer devant l'urgence de ma situation.

Une traînée de neige malléable m'entraîne de l'autre côté du toboggan, vers l'autre talus rocheux. Pour une fois que mes pieds et mes mains tombent sur des prises stables, je ne peux résister. Je suis la neige qui remonte en direction d'un groupe d'arbres poussant au milieu de la barre rocheuse. Escaladant un talus, je me retrouve sur un rocher plat. J'enroule les bras autour d'un tronc et me hisse sur les pieds, engourdis jusqu'à l'os. Les arbres réfléchissent la lumière. Quel bonheur de sortir de cette brume grise, de sentir autre chose que la glace contre moi – de serrer cet arbre, de reprendre des forces à son contact.

La barre rocheuse s'arque et plonge dans la brume. Je me mets sur la pointe des pieds. Entre deux couches grises – entre la nappe de brouillard et la couverture nuageuse –, j'aperçois le toit. Il s'est rapproché, mais je suis toujours loin au-dessus. À présent, je vois que l'immense barre rocheuse est de toute évidence trop haute pour que je l'escalade. Je vais devoir trouver un autre moyen de sortir du ravin. Et si je n'y arrive pas ? Mes jambes flageolent. En tentant d'inspirer, je me sens étouffer.

Je m'imagine coincé dans le ravin obscur, grattant les parois rocheuses dans l'espoir de m'échapper.

Je lève les yeux vers le ciel, comme si j'espérais revoir l'hélicoptère. Si le pilote n'a pas pu me repérer alors qu'il se trouvait pile au-dessus de moi et que le brouillard n'était pas trop épais, quelle chance a-t-il de me voir sous ce plafond plombé ? Pics et vallées, ravins et forêts se succèdent sur des kilomètres à la ronde. Je ne suis qu'un point minuscule perdu dans ce paysage.

Je me mets à califourchon sur l'arbre, puis plonge le buste du côté de la barre rocheuse et reste ainsi suspendu au-dessus du toboggan. Je sais que la couche de neige est moelleuse à cet endroit-là. Alors je lâche l'arbre et me laisse dégringoler.

Plus vite. Le temps presse. Je ne veux pas me retrouver coincé ici dans le noir. Brusquement, mon pied bute contre une plaque de neige et vlan ! je dévale la pente à plat ventre, le pull remonté jusqu'à la poitrine, la peau râpée par la glace. Je me retourne, tente de planter les talons quelque part mais ne rencontre que la glace. Rugissant, je me remets sur le ventre. Mes doigts éraflent la glace.

Il faut que je trouve de la neige ! Et vite !

Je roule en tous sens. Mon genou heurte un monticule de neige. Le choc m'envoie valdinguer en l'air. J'atterris tête la première. Je pense à Sandra, à l'arbre qu'elle a percuté. Je roule sur le flanc, cherchant désespérément une plaque de neige fraîche.

Je roule plusieurs fois sur moi-même. Pris de vertige, je perds connaissance par intermittence. Sous mon corps, j'ai l'impression que la glace est en train de fondre. Instinctivement, j'enfonce les paumes de mains, m'aplatis contre le sol. Mes hanches et mes jambes rencontrent la résistance de la neige. Ma chute est lentement, progressivement freinée. Comme un pneu crevé qui termine sa course folle. Je reste allongé sur place, le corps brisé, déchiré.

24

L E VENDREDI, nous prenons la voiture et débarquons chez Big Al, l'associé de Dad en même temps que son grand copain. Il est censé se tenir prêt pour nous accompagner à Tahoe, où je dois participer à une descente. Selon Dad, si je me place dans les trois premiers, cela augmente mes chances de me qualifier pour le championnat de Californie du Sud, qui doit avoir lieu un mois et demi plus tard. Mon père entre sans frapper. Al est en train de faire du yoga en slip dans son salon. Il est grand comme un joueur de basket et a des pieds gigantesques. Ses cheveux sont blonds tirant sur le roux, ainsi que sa barbe fournie et ses épais sourcils. Mon père déclare pour plaisanter qu'Al est en transe.

Al, ton aura m'aveugle ! dit-il en faisant semblant de se protéger contre une lumière forte.

Al l'ignore, et continue à fermer les yeux et à respirer méthodiquement par le nez.

Dad ouvre le frigo et s'empare d'une branche de céleri bio sur laquelle il reste de la terre. Il la plonge dans un pot de beurre de cacahouète et m'en fait manger deux gros morceaux.

On n'a pas le temps de s'arrêter pour dîner, Ollestad.

Le lendemain matin, peu après six heures, nous nous garons dans le parking de l'hôtel d'Oncle Joe, un immeuble orange. Nous montons nos bagages dans la chambre, enfilons nos tenues de ski et repartons immédiatement.

Al fait des exercices de respiration jusqu'à Tucker. Peu à peu, ses expirations deviennent plus bruyantes et forcées. Mon père lui conseille de ne pas trop en faire parce qu'à ce rythme-là, il sera épuisé avant même notre première descente.

Au carrefour, nous prenons la route 40. Big Al nous montre le panneau indiquant Donner Pass.

Moi qui pourtant avais faim, brusquement, je n'ai plus d'appétit, déclare-t-il. Dad s'esclaffe.

Qu'est-ce qu'il y a de drôle ? demandé-je.

En fait, répond Al, c'est pas vraiment drôle. C'est dans ce coin qu'au XIXe siècle, des pionniers se sont retrouvés pris dans une tempête. La moitié sont morts.

Qu'est-ce qu'ils foutaient là ?

Ils étaient à la recherche de terres, je suppose. Seulement, c'étaient des gens ordinaires, pas des montagnards. Ils ont été pris dans une tempête monstre. Bref, pour survivre, certains ont dû manger leurs camarades morts.

C'est gai, dis-je.

Nous poursuivons notre route en contemplant par la fenêtre ces montagnes où des gens ont lutté désespérément pour leur survie.

Je prends le télésiège avec Yan, l'entraîneur. Nous retrouvons le reste de l'équipe en haut du parcours, que nous descendons en passant pas mal de temps à étudier le double virage, qui déroule ses lacets sur une pente telle qu'on ne voit pas la piste en contrebas. Des filets ont été disposés pour que, si jamais nous perdons le contrôle, nous ne tombions pas dans les ravins longeant le parcours.

La neige est particulièrement dure dans ce double virage, presque de la glace. Je sais que c'est là que je peux gagner la course. Toutes ces journées passées à skier la Corniche de Mammoth au milieu des bourrasques et à descendre les pentes verglacées de Mount Waterman m'ont bien préparé. Yan insiste sur le fait que nous devons prendre la première partie du virage le plus haut possible de manière à pouvoir foncer directement vers les deux portes suivantes et finir tout droit dans la descente précédant la ligne d'arrivée.

Vu ton petit poids, c'est aux endroits très raides que tu dois les battre, Norman, me dit Yan.

Il a raison, bien sûr. Combien de fois ne me suis-je pas retrouvé en tête en sortant des passages les plus pentus, pour finalement perdre la course parce que des garçons plus lourds prenaient l'avantage dans les plats ?

En entendant le numéro de mon dossard dans les haut-parleurs, Dad et Al poussent un cri de joie. Yan me masse les cuisses en me conseillant de bien peser sur mes skis après le double virage et de ne pas perdre de temps dans les plats. Je me sens libéré de toute pression, et surtout entre de bonnes mains.

J'attaque la première partie du parcours en filant droit sur les piquets. Après avoir pris le double virage en décrivant une belle courbe, je m'envole au-dessus de la partie la plus raide de la piste. Je peste contre moi-même tout en me réjouissant de la vitesse à laquelle je file. J'atterris sur le plat. Mes genoux absorbent les bosses et les rides de la piste qui font vibrer mes skis. Pesant de tout mon poids, je les colle à la neige.

Je passe la ligne d'arrivée comme un éclair et m'arrête en soulevant une gerbe de neige. Je suis arrivé troisième, et Lance n'est pas encore parti. Mes jurons m'attirent quelques regards désapprobateurs. Peu m'importe. Comment se fait-il que, malgré ma vitesse, je ne sois pas le plus rapide ? J'ai fait mon maximum.

Yan, qui m'a rejoint, m'explique que j'étais en tête de trois secondes à la sortie du double virage, mais que j'ai perdu toute mon avance sur le plat.

Putain ! Pourquoi est-ce qu'ils font pas un parcours sans plats, ces cons !

Yan me regarde, interloqué par ma vulgarité. Mon père m'éloigne discrètement.

Nous remontons par le télésiège. Muet, Dad contemple la neige qui file sous nos pieds comme une autoroute. Honteux de m'être ainsi laissé aller, je ne lâche plus un mot jusqu'à la fin de ma deuxième manche.

Lance arrive troisième, juste devant moi. Dans les deux manches, j'ai fait un temps inférieur à celui du premier en sortant du double virage, avant le plat. Yan déclare que je suis celui qui a le mieux skié et qu'un jour ou l'autre, j'arriverai premier. Nous restons pour la remise des médailles. Il se met à neiger. Al allume le poste de radio miniature qu'il trimbale dans son sac à dos pour écouter le bulletin météo du coin. On prévoit des chutes de neige pendant deux jours, parfois jusqu'à un mètre. Dad appelle son cabinet, puis examine la situation avec Al. À cinq heures de l'après-midi, leur décision est prise : nous restons à Tahoe quelques jours de plus pour profiter de la neige fraîche.

Nous faisons de bonnes descentes dans la poudreuse. Comme il continue à neiger, Dad et Al décident de prolonger de nouveau notre séjour, arguant du fait que j'ai une compétition à Yosemite le week-end suivant et qu'il serait idiot que Dad fasse neuf heures de route pour me ramener à Los Angeles, puis revienne cinq jours plus tard.

Pour une raison que je ne m'explique pas, je ne suis pas vraiment concentré à Yosemite. Je manque accrocher deux ou trois piquets lors de la première manche. Là encore, je finis deuxième (à un ou deux dixièmes du premier je crois). Mais le coup porté à mon ego est adouci par le fait que j'ai enfin battu Lance.

Le lendemain, il arrive premier, juste devant moi, dans le slalom géant. Frustré, j'en viens à me dire que jamais je ne gagnerai. L'idée que je ne suis tout simplement pas assez bon me tourmente. Y a-t-il en moi quelque défaut, quelque faiblesse de caractère qui m'empêche de réussir ?

Ne pense pas à gagner, me conseille mon père. Ça viendra.

Pourquoi je suis si petit ?

Tu dois jouer avec les cartes qu'on t'a données, répond-il. Ne t'inquiète pas de ton poids ou de ta taille. Ce sont des détails. Baisse la tête et fonce, c'est tout.

Al nous observe en silence. Je passe devant lui en évitant son regard.

Arrête de bouder, Ollestad, me dit Dad. Concentre-toi plutôt sur ta prochaine course.

Sur le chemin du retour, nous nous arrêtons à une source d'eau chaude connue d'Al seul. Mon père s'amuse à plonger dans l'étang en faisant des flipflaps arrière. Pour ma part, je préfère les bombes. Al, lui se contente de barboter dans l'eau qui dégage une odeur d'œufs pourris. Nous parlons de notre séjour à Saint Anton quand j'avais cinq ans. Al et Dad ont beau utiliser un langage codé, je comprends qu'ils revivent leurs aventures avec des femmes.

À partir de là, mon père et moi allons pratiquement tous les week-ends à des compétitions de ski. Les montagnes de San Bernardino ne se trouvent qu'à deux heures à l'est de Los Angeles, Mammoth à six heures et Lake Tahoe à neuf heures. Nous rentrons à la maison tard dans la nuit de dimanche et Dad m'emmène à l'école le lendemain matin. Il se brosse les dents dans la voiture devant les autres parents, à ma grande honte. Je passe la semaine avec ma mère et joue avec les gamins du quartier. J'ai fini par me résigner à mon statut un peu à part – exclu de leurs conversations tout en étant trop sportif pour qu'ils m'ignorent totalement.

Un jour, après l'école, Nick m'emmène dans son break au campus de l'université de Californie du Sud pour voir s'entraîner l'équipe de football, les Trojans. Sur le chemin, il me montre les bâtiments où des gamins guère plus âgés que moi étudient d'arrache-pied pour obtenir plus tard un bon boulot, gagner plein de fric et vivre comme ils l'entendent. En plus, il y a des fêtes superchouettes et des jolies pépées, ajoute-t-il.

Nick parle de cette université avec un tel enthousiasme que je lui demande s'il y est allé.

Il me répond que non mais que ses amis y ont étudié, et lui-même a tellement traîné ses guêtres dans les parages que tout le monde pensait qu'il était étudiant.

Le fait d'apprendre que Nick n'est pas allé à l'université donne à son message un écho particulier. Il n'essaye pas de me modeler à son image. En fait, c'est même plutôt le contraire. Pourquoi fait-il tout ce chemin avec moi pour me montrer cet endroit ? Au vrai, il est plutôt sympa quand il n'a pas picolé.

Les études constituent décidément le grand thème de cette semaine. Le vendredi soir, après mon match de hockey, mon père m'explique que si je continue à faire du hockey, je pourrai peut-être obtenir une bourse pour aller à Harvard ou Yale. Je lui demande pourquoi lui-même n'a pas étudié là-bas.

Parce que c'était trop cher, répond-il. En plus, je ne jouais pas au hockey, je ne skiais pas. Et puis, il y avait l'UCLA juste à côté, et c'était une bonne université.

Alors pourquoi moi je n'y vais pas ?

Tu peux, si tu veux. Mais Harvard, c'est mieux.

Nous sommes de retour dans la région de Lake Tahoe, plus précisément à Squaw Valley. Il s'agit cette fois-ci d'une compétition majeure – les trois premiers, toutes catégories confondues, se qualifieront pour les éliminatoires des jeux Olympiques juniors et participeront au championnat de Californie du Sud.

Le premier jour, à l'heure du petit déjeuner, je me mets à discuter librement avec mes nouveaux coéquipiers. Lorsque je leur décris mes descentes dans la poudreuse avec mon père, mes victoires au hockey, mes journées de surf au Mexique, mes plongeons dans une source d'eau chaude secrète, ils me regardent avec des yeux grands ouverts et m'assaillent de questions, ce qui me change des visages inexpressifs auxquels je suis confronté dans mon quartier. Le fait de me sentir apprécié m'emplit d'une telle joie que je passe le repas entier à parler et attends impatiemment midi pour pouvoir continuer.

La neige est dure. Yan explique que les piquets seront disposés très près les uns des autres, comme cela se fait en Europe. En 1960, le slalom olympique s'est déroulé au même endroit, ce que Dad s'empresse de dire à Al. Nous reconnaissons le parcours deux fois, et constatons qu'il ne nous laisse absolument aucun répit, avec deux lignes droites en terrain très pentu.

Lors de la première manche, je prends les virages tranquillement et arrive cinquième, ce qui me donne confiance. À la seconde manche, je laisse mes skis filer dans les traces des concurrents précédents et zigzague au plus près des piquets en balançant les hanches pour prendre de la vitesse. Pendant toute la durée de la descente, je suis à la limite de la perte de contrôle.

J'arrive premier de ma catégorie et troisième toutes catégories confondues. Dad passe le reste du week-end à m'appeler Ingmar Ollestad.

Sur le trajet du retour, j'évoque mes espoirs et mes rêves.

Je me sens capable de gagner le championnat de Californie du Sud le week-end prochain et de me qualifier pour les jeux Olympiques juniors, dis-je.

Moi, j'en suis sûr, déclare Dad.

25

E RESPIRE FORT. Je suis vivant, je crois. J'ai de la chance de ne pas m'être écrasé contre un arbre.

Mon estomac me brûle, j'ai des picotements dans la tête. Des diamants transparents valsent au milieu des flocons de neige. Tout se met à tourner. Et si je m'endormais ? Tout ceci n'est qu'un cauchemar. Quand je me réveillerai, nous serons en train d'atterrir à Big Bear. Et mon père me prendra dans ses bras pour descendre de l'avion.

Peu à peu, je commence à voir clair. Le toboggan s'est élargi. Les parties rocheuses qui le bordent se sont aplaties. Je ne dois plus être loin de la petite forêt.

Je me redresse. La pente n'est plus aussi raide. Mon corps tout entier se détend. Mais en même temps, un flot d'images m'assaillent – les cheveux bouclés de Dad, sa tête penchée sur ses genoux, ses bras pendants, le tout pris peu à peu dans une gangue de glace que la brume vient envelopper, tel un linceul.

Je dois chasser cette image. Mon esprit torturé tente désespérément d'échapper au fait que mon père est bien mort. J'ai besoin de voir le bleu du ciel, de sentir que tout là-haut, il y a un endroit autre que cet univers gris de mort, de douleur et de froid. Mais je ne vois que des nuages couleur de cendres saturant le ciel. Malgré tout, j'essaie d'imaginer une vie épanouie loin de toute cette boue. En vain. Je suis une flamme luttant contre le vent, seule dans un monde nu. La voix embrouillée de Sandra me manque.

Je reste là, assis, à contempler l'entrée de ce qui, je le devine, est la forêt qui s'étend au-delà du brouillard. Mon esprit, paralysé par le tragique de ma situation, se refuse à prendre la moindre initiative. Je ne peux pas. Je ne peux plus. Ces phrases tournent dans ma tête.

Pourtant, mon corps bouge. Comme si la mémoire de mes muscles entendait la voix de mon père. *Allez ! Vas-y, champion. Tu vas y arriver.* Alors je me lève.

J'avance jusqu'à un arbre dont je casse quelques branches. Lorsque j'en retire les aiguilles, l'odeur familière qui se dégage me dope, met mon esprit en mouvement. Soudain inspiré, je me laisse tomber sur les fesses et commence à glisser, un bâton dans chaque main pour contrôler ma vitesse et éviter les arbres et les rochers.

À ma gauche, la barre rocheuse se dresse, comme une muraille infranchissable. Sur les derniers mètres, le toboggan verse dans une rigole qui court tel un ruisseau au pied de la muraille. Je me laisse emporter. J'aperçois dans la rigole quelques taches de sang. Mon accélération et la perspective d'arriver en bas avant la nuit m'électrisent. Si je continue à descendre à cette vitesse, j'ai une chance de m'en sortir.

La muraille rocheuse s'émousse. Je longe une petite falaise. Devant moi gît le corps de Sandra. Elle est allongée sur le dos. Ses bottes pointent vers le ciel. Ses cheveux épars forment une tache sombre sur la neige blanche. Je redoute de l'appeler, de crainte qu'elle ne bouge pas.

Elle gît au cœur d'un cercle de grands sapins. Juste au-dessus d'elle, perché sur un arbre, se trouve mon siège. Je me redresse. Mes pieds se dérobent sous moi. Je ne peux pas bouger. La neige adhère à mes cuisses comme des sables mouvants. En me penchant pour libérer mes chaussures trempées de la gangue neigeuse, je sens brûler chaque fibre de mes muscles. J'avance en titubant vers Sandra, l'appelle. Mais elle ne répond pas.

Ses yeux sont grands ouverts, sa peau violacée. Debout juste au-dessus d'elle, je vois son regard fixe. Je m'agenouille, les jambes tremblantes. Je la secoue. Je lui parle.

Sandra, tu m'entends ? Sandra, tes yeux sont ouverts.

Je colle mon visage au sien. Tu as glissé, c'est tout. Tout va bien. Allons-y !

Son regard se perd dans le gris de la brume. Son corps est raide comme celui d'un mannequin. Elle est morte. Telle est la réalité, même si l'intensité de son regard la dément.

Je sens peser sur mes épaules le poids de l'erreur que j'ai commise en me penchant dans le toboggan. Il faut que j'y échappe. Je tape du pied, me débats comme un animal pris au piège, puis me recroqueville à l'intérieur d'une peau qui me semble tout à coup plus épaisse. Le corps blotti, vidé de toute énergie, ravagé par toutes ces morts, par le froid que je dois affronter, il ne me reste plus suffisamment de force pour ressentir quoi que ce soit, y compris la honte.

Je perds un temps précieux accroupi là. Puis un grognement vibre dans ma poitrine, m'envoie comme une décharge électrique. Je me mets à quatre pattes, redresse la tête. Je casse quelques brindilles de sapins et perds encore de précieuses minutes à en recouvrir le corps et le visage de Sandra, laissant deux ouvertures pour les yeux.

Je dois y aller, Sandra.

26

CE DIMANCHE MATIN, nous quittons Topanga à cinq heures. Mon père et moi portons des jeans et des tee-shirts. Sandra a pris sa parka. Je m'installe comme je peux à l'arrière sur mon sac de hockey, avec mes crosses par terre – tout l'équipement pour mon match ce soir, après le championnat de ski. Dad et moi chantons des airs country jusqu'à Big Bear pendant que Sandra dort, la tête calée sur un coussin posé contre la vitre côté passager.

La journée est claire. Le soleil se lève au-dessus de la station de ski de Snow Summit, dessinant un halo rose derrière les montagnes recouvertes de neige jaunâtre. Je prends mon petit déjeuner avec les skieurs de Mountain High et me rends compte que je cours pour leur équipe ce jour-là. Lorsque je demande à Dad pourquoi, il me répond que pour pouvoir participer au championnat de Californie du Sud, il faut que je fasse partie d'une équipe de la région – même si je viens de beaucoup plus loin. Mon père a tout arrangé et m'a fait entrer dans un monde totalement nouveau pour moi comme s'il ne s'agissait là que d'un détail mineur – une attitude typique chez lui. Je m'adapte à la situation sans faire d'histoire, sans rancune, comme Dad semble en avoir lui-même l'habitude. Il s'agit juste d'un nouveau nom. Le reste ne change pas : c'est le même équipement, les mêmes montagnes, les mêmes skis, la même course. Il est certes plus facile de voir les choses de cette manière que d'y résister. À la fin du repas, Dad m'offre un pull de marque Spyder pour parfaire ma transformation.

La neige s'est transformée en glace au cours des jours précédents. D'ici midi, elle va s'amollir. Pour Dad, le mieux serait qu'ils fassent démarrer la course au plus vite afin que ma seconde manche ne se déroule pas dans la neige fondue. Le parcours ressemble à celui de Squaw Valley, très raide et très serré.

Je fais ma première descente à neuf heures trente. Agressif, un peu trop sûr de moi, je dois enfoncer mes carres dans la neige pour compenser mes virages mal pris. Cela ne m'empêche pas d'arriver en tête, ex-æquo avec Lance, qui concourt pour Big Bear.

Lorsque débute la première manche féminine, le soleil est déjà haut. La neige commence à fondre. Dad m'informe qu'une masse d'air humide arrive de l'océan, distant de cent trente kilomètres seulement. La dernière des filles n'a pas fini sa descente que je sens déjà sur ma peau le picotement de l'air frais passant par-dessus les arêtes des montagnes. Il y a des filaments de nuages dans le ciel.

Allons, coco, supplie Dad en levant les yeux en l'air, sois sympa, ne réchauffe pas l'air.

Après le déjeuner, des nappes de cumulus fripés strient le ciel. Une brise fraîche se lève. La neige reste suffisamment dure pour que j'en tire un avantage.

Pourvu que ça se maintienne, Ollestad, dit Dad.

Prends tes virages bien larges. Vas-y tranquillement, Norman, me conseille l'entraîneur de Mountain High.

214

Le concurrent est prêt ? demande le starter avant d'entamer le compte à rebours. Je cale mes lunettes contre le bord de mon casque. Ma vessie s'emplit brusquement. Serrant les cuisses, je parviens à me retenir juste à temps. Je vrille les poignets, glisse les bouts de mes bâtons dans les trous de l'autre côté de la ligne de départ, les bras tendus en avant à la manière de Superman.

Deux... un... partez ! crie le starter.

Projetant le buste en avant, j'enfonce les bâtons et frappe le sol de mes talons. Avant même que mes chaussures aient franchi le portillon, mon corps est déjà parti. Je prends mon premier virage de haut, frôle le piquet et coupe pour préparer le virage suivant. Plus la piste devient raide, plus les marques des autres skieurs sont profondes. Mes skis se courbent dans les creux, puis se tendent brusquement, me projetant en l'air. Au virage suivant, je ramène les genoux sur la poitrine si bien que mes skis absorbent les chocs. Plus qu'une porte avant la chicane, là où les portes sont les plus rapprochées. Placé largement en tête à la sortie des virages, je mets les gaz. Cinq changements de carres – cinq virages rapides entre des portes placées tout près les unes des autres. Juste après la chicane, la piste plonge à quatre-vingt-dix degrés, puis remonte brutalement. Mes genoux viennent heurter mon menton. Je vois trente-six chandelles. Ma bouche s'emplit de sang. Au virage suivant, j'ai pris du retard. À moitié aveuglé, j'enfonce mes carres dans la glace puis, lâchant tout, rebondis et me retrouve en l'air, ce qui me fait encore perdre du temps. Dès que mes skis reprennent contact avec la piste, je les replace dans les traces et crache un peu de sang avant de me mettre en boule pour attaquer le prochain creux. Cracher, me mettre en boule, pivoter. Un autre creux aux bords irréguliers. Un peu de carres, juste ce qu'il faut. Léger, tout léger. J'ai retrouvé mon rythme.

Je franchis la ligne d'arrivée à moitié étouffé par mon propre sang. Je le recrache sur la neige. Mon père s'approche de moi. Je relève la tête. Son sourire est sans équivoque.

Je suis premier ? demandé-je quand même, histoire d'être sûr et certain.

Eh oui ! Il reste deux concurrents. Ça va ?

Je réponds d'un hochement de tête. Voilà Lance, dis-je en tendant le bras vers la ligne de départ.

Il passe la chicane comme une flèche puis, ayant mal pris le grand creux, se retrouve sur l'arrière de ses skis, incapable de retrouver son équilibre. Dad et moi consultons le panneau d'affichage. Mon temps sur les deux manches est inférieur au sien.

Le concurrent suivant prend le premier creux de travers et fait un vol plané. Hors jeu.

Dad hoche la tête, me regarde, le visage placide, un sourire doux aux lèvres.

T'as gagné, Ollestad.

Levant les bras au ciel, je crache du sang. Nous échangeons un long regard. Son visage est si net – l'arcade sourcilière surmontée de ce front bosselé, la grappe de diamants scintillant dans le bleu de ses yeux comme des éclats dans une vitre toute fine et craquelée. Il m'apparaît tout d'un coup comme un très jeune homme plein d'ambitions. Je me souviens qu'il voulait devenir joueur de base-ball professionnel. Il me regarde comme on regarde dans un miroir, étudie mon visage comme si je détenais quelque chose qu'il admire, qu'il m'envie même.

C'était à tomber sur le cul, dit-il.

Merci.

L'entraîneur de Mountain High s'approche et me donne une tape sur les fesses.

Toi, tu sais skier ! s'exclame-t-il.

Lui aussi m'adresse un regard appuyé. J'ai l'impression de tenir entre mes mains une petite flamme dont tout le monde voudrait savourer la chaleur.

Enfin ! dis-je.

27

JE ME DÉTOURNE du corps de Sandra protégé par les brindilles et contemple le paysage. Tout là-haut, j'ai tracé le plan de ce tablier de neige elliptique et de l'étroit ravin qui le ferme. Je dois descendre tout doucement, ce qui me permettra, je l'espère, d'éviter le ravin. Après, je devrais tomber sur le pré et, quelque part dans les bois, sur la route qui me guidera vers un abri.

Aussi loin que mon regard se porte, le tablier de neige se prête à merveille à ma technique de descente sur les fesses. Alors je me lance. Au bout de quelques minutes, je me rends compte que je zigzague entre les obstacles qui parsèment la neige – rochers, bosses, traces d'animaux, n'importe quoi – et que je pousse des cris de joie comme dans un slalom. Cette humeur ludique me paraît tout à coup bien légère. Alors je descends tout droit, en silence, limitant mes virages aux moments où je dois contrôler ma vitesse.

Trois cents mètres plus bas, les parois du ravin se referment peu à peu sur le tablier, se dressant comme deux immenses vagues prêtes à m'aplatir. Je suis tout au fond. La pente est encore plus inclinée. J'alterne les positions. Parfois je glisse sur les fesses, parfois je me retourne sur le ventre et plante mes bâtons dans la neige pour me freiner.

Plus bas, des rochers sont de plus en plus nombreux et la pente atteint les trente-cinq degrés. C'est devenu trop dangereux. Je dois rester sur le ventre.

En ralentissant, je donne à la nuit l'occasion de me rattraper. Chaque mètre parcouru, chaque tentative pour m'accrocher aux rochers devient une corvée. Les deux parois du ravin se rapprochent au point que je me retrouve au bord du ruisseau. Je m'y attendais, et c'est ce que je voulais éviter à tout prix. Si je tombe dans l'eau, ça va me ralentir. Et je risque l'hypothermie.

Je remarque des buissons poussant dans les fentes des parois. Je décide d'essayer de les atteindre, malgré les efforts que cela va me demander. Je glisse mes doigts gelés dans les fissures de la roche pour franchir la délicate partie en surplomb au-dessus du ruisseau. J'attrape les buissons et descends aussi près que possible du bord du ruisseau. Je suis à moins d'un mètre.

J'examine la couche de glace transparente recouvrant le filet d'eau qui scintille comme s'il était rempli de poissons d'argent. Je me souviens de la fois où mon père a failli geler parce qu'il s'était retrouvé tout trempé lors de l'une de nos descentes dans la poudreuse. Je sais que je dois soigner mon atterrissage. Tombe sur le côté, surtout pas en arrière, si jamais tu perds l'équilibre.

Je me laisse glisser le long de la branche, puis lâche tout. Mes pieds s'enfoncent dans la neige. Je titube en arrière. Heureusement, j'arrive à me pencher et à atterrir sur la hanche, évitant ainsi le ruisseau. L'un de mes pieds reste coincé dans la neige. Je sens claquer mon genou. Je m'appuie sur les mains pour le soulager. Je me remets sur les pieds et avance. Le genou me fait mal, mais il fonctionne.

De ce côté-ci, la falaise est trop verticale et le talus de neige longeant le ruisseau trop étroit. Alors je saute par-dessus le cours d'eau large d'un mètre cinquante. Je me retrouve sur un talus à peine plus large, si bien que je dois m'allonger sur le côté, dos au ruisseau, le nez collé à la falaise. J'utilise les aspérités de la roche pour contrôler ma vitesse et me laisse glisser sur la hanche – technique non encore homologuée. La moindre erreur me serait fatale. Rester sur la neige. Ne pas glisser dans l'eau. Sinon, je gèlerai et ça sera la fin.

Je me faufile entre la falaise et le ruisseau. J'ai repéré un endroit où je pourrai me poser une centaine de mètres plus bas – un rocher en forme de bol qui ne contient pas d'eau. J'espère trouver sur la droite ou sur la gauche un petit passage à travers le rempart rocheux.

L'épuisement assèche et irrite mes yeux, qui se mettent à cligner sans arrêt. Plus bas, je trouve un autre endroit où m'arrêter et ferme les paupières pendant quelques minutes. Puis j'essaie d'estimer ma progression. Je n'ai même pas fait la moitié du chemin qui me sépare de la plate-forme, qui se trouve plus de cinquante mètres plus bas.

Je reprends ma pénible progression, centimètre après centimètre, de fissure en fissure, en m'accrochant par les ongles. Le grain de la roche que je frôle du nez constitue mon seul et unique univers.

Lorsque j'arrive sur la plate-forme rocheuse, il fait déjà bien plus sombre. Je scrute les nuages, espérant qu'ils sont responsables de cette obscurité. Mais ils ont disparu dans le ravin et planent tout là-haut au-dessus des murailles.

Envahi par une peur qui ronge ma détermination, je succombe à l'engourdissement, à l'épuisement, à la faim, qui se rappellent cruellement et brusquement à moi. Je m'affale sur le rocher glacial, me cogne le menton contre le genou. Exactement comme quand je m'étais pris ce creux dans le slalom. Si seulement j'avais quitté la piste, alors je n'aurais pas gagné ce stupide trophée, et nous n'aurions pas pris l'avion. Cette pensée fige mon esprit. Je reste par terre, comme si je voulais me reposer.

Je pense à Dad qui m'interdit de manger des cochonneries. Un jour, au repas organisé pour mon équipe de foot, auquel Nick m'avait emmené, l'entraîneur a ouvert des boîtes de Snickers et de Trois Mousquetaires. Nous nous sommes précipités sur ce festin. Je m'étais emparé de ma friandise préférée – un Trois Mousquetaires – lorsque Dad m'est tombé dessus sans prévenir. Hors de question, Ollestad ! m'a-t-il dit. J'ai voulu l'envoyer promener, mais il m'a déclaré qu'il serait toujours sur mon dos, que même quand j'aurais seize ans et que je serais en train d'ouvrir une canette de bière en compagnie d'une fille, il surgirait de derrière la banquette et me ferait : « Tiens tiens ! »

De nouveau c'est mon corps qui réagit au moment où mon esprit est trop las. Je me lève et réfléchis au meilleur chemin à prendre.

Le ravin, incliné à quatre-vingt-dix degrés, se faufile dans une fissure. Mais la plate-forme s'arrête là. Je suis sûr qu'il y a un à-pic de l'autre côté. Sur les côtés, le terrain se relève et rejoint les barres rocheuses verticales. Je n'ai pas d'autre choix que d'aller là où le ravin me mène.

Je me mets à quatre pattes de dos, ventre collé au sol. En dessous, des plaques de glace font scintiller la roche. Je n'ai aucune raison d'espérer pouvoir m'accrocher quelque part une fois que j'aurai entamé la descente de l'à-pic.

Je passe le rebord pieds en avant, en me tortillant. Il s'agit d'une cascade asséchée, si ce n'est tout à droite un filet d'eau qui coule le long de la falaise. Le cœur de la cascade est composé de rochers arrondis empilés les uns sur les autres. Au moins, dans le toboggan, je pouvais éviter une collision en cas de chute, alors qu'ici, au pied de la cascade, une vingtaine de mètres plus bas, se dressent d'énormes plaques d'ardoise pointues.

Je n'ai pas à me demander quelle décision prendre. Je dois descendre. Alors je descends. Utilisant la forme incurvée de la cascade et toutes les fissures qui peuvent me servir de points d'appui, j'écarte les jambes à l'horizontale. Je descends tout doucement, de fissure en fissure. En effeuillant les parois, mes mains et mes pieds gelés trouvent par miracle des points d'appui minuscules.

Enfin, je me laisse tomber sur une immense plaque d'ardoise. Le brouillard ayant rejoint les nuages épais, je vois à des centaines de mètres et constate que je suis enfin sorti des passages les plus pentus. Mais je commence à manquer de lumière. Je prends une ou deux respirations, puis poursuis péniblement mon chemin. Le pré ne doit plus être loin.

28

ON PÈRE ME RAMÈNE dare-dare à l'hôtel. Nous fourrons nos tenues de ski dans un vestiaire, puis nous dirigeons vers le bar où nous attend Sandra.

Et le trophée, on me le donne quand ? demandé-je à Dad.

La cérémonie a lieu demain.

Mais si on me le donnait aujourd'hui, on ne serait pas obligés de revenir ?

Ce n'est pas ainsi qu'ils procèdent. En plus, en revenant demain, tu pourras t'entraîner avec l'équipe.

Nous entrons dans le bar. Sandra, déjà pompette, déclare qu'elle veut passer la nuit ici.

Little Norman a un match de hockey, explique mon père.

Et moi je te dis merde, Norm, répond-elle. Stop, vous autres ! Bougez pas ! ordonne-t-elle aux clients du bar. Ce p'tit blond, là, il a un match de hockey, alors le monde entier doit s'arrêter de tourner !

On part. Viens, dit mon père.

Il tourne les talons. Je le suis dehors. Il fait de nouveau chaud. Les nuages ont disparu. Les yeux fixés sur une chaîne de montagnes lointaine, Dad remercie la tempête de nous avoir envoyé de l'air frais.

On a dû se trouver juste à la limite, ajoute-t-il.

Sandra nous suit en traînant, jurant et rouspétant jusqu'à la voiture.

Pas moyen de prendre du bon temps, rouspète-t-elle. Il faut toujours courir à droite, à gauche, toujours, toujours !

Mon père sort du parking en marche arrière, met la première et agrippe le volant des deux mains.

Je suis bien contente de prendre l'avion demain, déclare Sandra.

Moi aussi, dis-je.

De là-haut, on pourra voir le parcours, ajoute Dad.

Super.

Fais une petite sieste. Demain, tu as un match important.

Ok, dis-je en me recroquevillant contre la vitre arrière.

DESCENDRE sur les immenses plaques d'ardoise sou-
dées par la neige se révèle plus éprouvant que je ne
m'y attendais. Certes, le terrain est loin d'être raide,
et il n'y a ni glace ni à-pic, mais la neige collante s'accroche
à mes tennis et je dois me tenir debout, ce qui m'oblige à
puiser dans mes dernières forces. Je me tords, me plie pour
franchir les dalles aux formes irrégulières, perds l'équilibre,
me retrouve coincé je ne sais combien de fois – ce qui me
ramène hélas à mon épuisement et à ma faim. J'ai l'impression que mon estomac est en train de se dévorer lui-même.

Très vite, il ne me reste plus rien, plus d'énergie pour
réagir, même plus de désespoir. Je trébuche et me retrouve
sur une nappe de neige apparue de nulle part. C'est
comme si les immenses dalles avaient fondu et s'étaient
transformées en neige, de la même façon qu'un torrent se
jette dans un lac aux eaux stagnantes et miroitantes. Je
relève la tête, pour la première fois peut-être depuis une
demi-heure.

À deux cents mètres en contrebas brille une étendue
blanche et pure – le pré. Il est en partie dissimulé par des
taillis d'aulnes noirs dont les branches percent la neige. Je
m'imagine un instant en train de foncer dans sa direction,

mais je crains que la neige ne soit instable – sous son poids, il y a des arbrisseaux comprimés tels des ressorts à matelas. Leurs branches ressortent ici ou là, comme les dernières traces d'un labyrinthe abandonné. Mes yeux tracent les zigzags de mon parcours jusqu'au pré, scrutent la surface pour détecter les endroits potentiellement dangereux. Juste devant moi se trouve une congère dont la solidité est trompeuse – je devine dessous le ressort végétal qui va me piéger. J'identifie trois ou quatre autres endroits à éviter, puis reste là, engourdi, épuisé, tremblant depuis les os jusqu'à la peau. J'ai l'impression que mes cartilages et mes ligaments se sont desséchés. Vais-je me briser en mille morceaux tel un morceau de bois sec ?

Je me penche en direction du pré, attiré par lui comme un animal assoiffé qui a repéré un trou d'eau. Je tire péniblement une jambe de sa prison de neige et tangue vers l'avant. On dirait la créature de Frankenstein. Ma tête est légère, comme si, à l'intérieur de mon crâne, il n'y avait plus de cerveau. Je chancelle, incapable de trouver mon équilibre sur cette couche de neige tour à tour dure comme du ciment ou fragile comme la croûte d'un soufflé. Il faut que je m'arrête, que je souffle, que je retrouve l'équilibre.

Je me remets en marche. Cette fois-ci, je me laisse emporter par mon élan. Lorsque je sens que la neige devient molle, j'allège mes appuis comme je le fais quand je skie sur une croûte de neige fine ou à Sierra Ciment avec Dad.

Tout en descendant clopin-clopant, des images emmêlées traversent mon esprit. Elles me brûlent comme si j'étais sous le soleil du Mexique. Pas d'émotions, rien que des traces presque effacées de tons orangé et jaune – moi,

Grand-Père, Dad en train de nager dans un océan aussi chaud qu'un bain.

J'ai les yeux fermés au moment où la croûte s'ouvre, béante. Je fais porter mon poids sur l'autre pied, qui hélas s'enfonce lui aussi. Je vacille, et brusquement je ne sais plus quoi faire. Je dégringole, tombe comme une pierre dans les taillis. Je me retrouve quasiment enterré. Seule ma tête et l'une de mes mains dépassent.

Je crache pour me débarrasser de la neige que j'ai avalée. En tendant le bras, je fais tomber encore plus de neige. Mes tennis se prennent dans les branchages emmêlés et je dégringole de quelques centimètres.

C'est comme un tronc d'arbre creux. Je revois mon père coinçant ses pieds et ses mains dans les aspérités pour se hisser à l'air libre. Je n'ai qu'à faire pareil.

Les branches cèdent sous mon poids dès que je m'appuie dessus. Malgré tous mes efforts, elles se plient et ne me sont d'aucune utilité.

Quelques feuilles aux bords dentelés sont restées accrochées aux branches. Quand je bouge à nouveau, mon pantalon et mon pull s'accrochent à cette masse végétale, secouant la neige qui s'y amoncelle.

Rien ne marche. J'ai l'impression que rien ne va m'aider. Je suis au bout du rouleau. Une décharge de colère et de frustration me parcourt, puis s'éteint brusquement, comme si tous les fusibles de mon cerveau avaient fondu. Je ne suis plus là.

COMME PROMIS, Dad s'installe dans les gradins au début de la deuxième mi-temps. Il a ramené Sandra à la maison parce qu'elle refusait de rester dans la patinoire glaciale. Dès le coup d'envoi, je me retrouve avec le palet. Je perce la défense ennemie en chargeant en milieu de terrain. Personne à qui passer. Le gardien de but tente de me bloquer le passage. Je change de main, reprends le palet, et pars dans l'autre sens. Pris par ma feinte, le gardien se penche du mauvais côté. Je fais glisser le palet juste sous son gant.

Joli coup, Ollestad ! s'exclame mon père depuis les gradins.

Mes coéquipiers viennent toper avec moi pour me féliciter, et l'entraîneur me garde sur le terrain jusqu'à la fin du match. En plus de mon propre but, j'aide mon équipe à en marquer un autre.

Après le match, certains des joueurs de l'autre équipe viennent me complimenter pour mon jeu. Cette nuit-là, je me mets au lit avec le sentiment que j'ai le vent en poupe. Ce que Dad dit à mon sujet, c'est vrai. Je suis capable de battre des garçons plus grands et plus forts que moi. Je suis bon, très bon même. Et en plus, demain, je pourrai le prouver avec mon trophée.

JE SUIS PHYSIQUEMENT ET MENTALEMENT ÉREINTÉ, coincé au fond d'un trou, à demi évanoui, pris dans une végétation inextricable. Puis je reprends conscience de mon propre corps, comme s'il s'extirpait d'une jungle épaisse. Mon esprit s'accroche à une idée encore un peu floue – à quelques dizaines de centimètres de moi, il y a quelque chose à quoi je peux m'agripper, un buisson. Peu à peu, je perçois à nouveau ce qui m'entoure – le dos de l'énorme barre rocheuse qui se jette en avant, telle la proue d'un navire battue par les éléments. Je suis près, tout près du pré. Je pourrais utiliser mes ongles pour me hisser à la surface, plonger vers l'avant – j'envisage toutes sortes de stratégies. Mais malgré toutes ces voix qui me chuchotent d'agir, je reste immobile.

J'entends un bruit. Levant la tête, j'aperçois le ventre rebondi d'un avion. Le brouillard a disparu, laissant la place à un ciel plombé. L'avion vire sur une aile. Les yeux rivés sur lui, j'agite la main dans sa direction.

Par miracle, il revient en faisant un cercle. Je fais des signes. Il survole le pré. J'agite le bras. Je crie. Ils me voient. Je suis sauvé. L'avion passe par-dessus la barre rocheuse. Ils m'ont vu. C'est pour cela qu'ils ont décrit des cercles.

J'attends. Longtemps. L'avion ne revient pas. Personne n'arrive pour me sauver. Personne ne m'appelle. J'ai l'impression d'entendre des voix portées par le vent. Je crie. Seul le vent me répond.

Le ciel plombé est ourlé de noir – la nuit n'est plus loin, une heure peut-être. Je me sens de nouveau vidé, dans les vapes, les yeux humides. Voilà, ma lutte est terminée. Je vais mourir, je crois.

32

DAD ME RÉVEILLE à cinq heures trente. Dans le salon, Sandra se réchauffe les mains au-dessus du poêle ventru. Il me faut un certain temps pour me souvenir de la raison pour laquelle nous nous levons si tôt – nous prenons l'avion pour Big Bear.

En laçant mes Vans, je remarque deux ou trois photos sur le bureau monumental qu'un client désargenté a donné à Dad pour qu'il sauve son fils de la prison. À côté du vieux cliché noir et blanc où je suis attaché sur le dos de mon père qui surfe une vague près de la pointe se trouve une photo couleur de Dad, Grand-Père et moi dans la mer le jour de notre arrivée à Vallarta. Avec nos trois têtes qui sortent de l'eau, nous ressemblons à des phoques. Il y a aussi une photo de Dad et moi sur les pistes à Saint Anton, en Autriche – dans une poudreuse bien épaisse. Je suis devant, en train de faire ce chasse-neige qui me permet de passer partout, comme dit Dad.

Qui est-ce qui a pris cette photo à Saint Anton ?

Il sort de la salle de bains tout nu, sa brosse à dents à la main.

Je l'ai fait faire par un professionnel. Elle est chouette, non ?

Ouais. On était à fond tous les deux.

Sandra s'approche.

Je me demande quelle taille il aura, le trophée, dit-elle.

Il devrait être assez gros, non ?

Le trophée, le trophée ! On s'en tape, du trophée ! s'exclame mon père. Tu sais que tu as gagné. C'est la seule chose qui compte.

JE SUIS COINCÉ, épuisé, gelé. La nuit fond sur moi comme un vol de corbeaux arrivant de toutes parts. Je ferme les yeux pour ne pas les voir – si je pouvais m'endormir avant qu'ils ne me dévorent !

Une sorte de frémissement s'immisce en moi. Puis du cœur de la terre remonte quelque chose qui compte le temps qui passe. Presque imperceptiblement, comme une goutte de rosée qui ferait trembler une feuille, pas plus.

Je sens le vent s'engouffrer en sifflant dans les ravins et balayer la neige. Des gouttes glacées tombent sur mon visage. Je me rends brusquement compte que je suis toujours coincé, toujours gelé, et donc toujours vivant. Des particules de neige brillantes comme les grains d'une feuille de papier de verre s'envolent, soulevées par une rafale de vent. Cela me fait penser à un cimetière désert dans une ville fantôme. Je nous revois à Bodie, Dad et moi. On revenait à la voiture dans le crépuscule et Dad a dit qu'il faisait un froid de canard, et j'ai ajouté qu'il faisait même un putain de froid de canard.

Je regarde le buisson qui dépasse de la neige à quelques mètres de moi. J'essaie de dégager mes pieds de la végétation qui emprisonne mes jambes et mon buste sous la neige. Impossible d'atteindre les branches.

Je tends quand même le bras vers le buisson. Mon corps suit. La neige cède sous mon poids. Comme un chien pataugeant au ralenti dans une mare, j'avance en piétinant la masse végétale. Instinctivement, mon flanc se loge tout contre les branches, sur lesquelles je pèse prudemment.

Tel un gymnaste faisant passer ses jambes par-dessus le cheval-d'arçons, je balance le bas de mon corps et atterris sur un enchevêtrement de branches. Puis, me hissant sur les pieds, je sors du trou. Surtout, ne pas me pencher. Je risquerais de tomber tête la première dans un autre piège végétal.

Crac ! les branches cassent sous mes pieds. Écartant les jambes et les bras, je m'accroche comme une araignée par ses fils.

Je tends de nouveau le bras. La neige paraît solide. J'ouvre les jambes au maximum pour répartir mon poids. Mon bras repose sur une galette de neige ferme. Glissant tel un serpent, je me hisse, menton, buste, ventre, sur cet îlot. La galette se fracture, m'envoyant rouler sur le dos. Je pivote les hanches, fais passer mes pieds en premier dans le trou qui s'ouvre. Ma tête dépasse tout juste. L'arbuste n'est plus qu'à cinquante centimètres de moi.

Je plonge dans sa direction. Hélas, n'ayant aucun point d'appui, je tombe plus bas. J'essaie à nouveau. Cette fois-ci, je me déplie avec prudence et tends le bras vers l'extérieur. Je me hisse au bord du trou. Mes doigts tâtent le pied de l'arbuste. En me tortillant, je parviens à extirper mon buste du trou. Je me laisse glisser sur la neige, puis agrippe les branches du buisson. Mes mains sont maladroites, mais la masse végétale tellement dense qu'elle me retient.

Brusquement, la neige cède à nouveau. Mes mains lâchent prise. J'ai à peine le temps de lancer le bras en avant pour attraper une branche. Mes jambes se retrouvent coincées dans la masse végétale sous la neige. J'agrippe une autre branche et donne des coups de pied pour me dégager. Enfin, je parviens à me hisser au-dehors et enroule mes jambes autour du buisson. Hors de question que je lâche.

Alors, je comprends que je peux laisser pendre mes jambes et me déplacer d'un arbuste à l'autre en m'agrippant aux branches, à la manière d'un enfant s'accrochant à des anneaux. Mes pieds se balancent comme des poids morts au-dessus de la neige. Un espace d'un mètre environ me sépare de la branche suivante. Je tente d'apercevoir le pré derrière la végétation. Peine perdue. Pourtant je sais qu'il n'est pas loin.

Je tâte le terrain du bout du pied. La neige est suffisamment ferme pour que je puisse y faire reposer une partie de mon poids. Je me laisse glisser puis, étalé de tout mon long sur le sol, parcours à quatre pattes la distance qui me sépare des autres branches. Je me remets alors debout.

Je marche sur la neige tout en me tenant aux branches pour ne pas trop peser sur la croûte fine. Les arbustes sont de plus en plus rapprochés. Je passe de l'un à l'autre. Je ne tombe qu'à deux ou trois reprises et chaque fois, parviens sans mal à me relever grâce aux branches toutes proches. C'est alors que le pré apparaît. Mes yeux se fixent sur cette oasis. Rien d'autre n'existe.

34

À L'AÉROPORT de Santa Monica, le garde nous ouvre le grand portail basculant. L'endroit est désolé, le ciel gris, triste. Nous nous garons derrière un bâtiment au pied de la tour de contrôle. Mon père frappe à une porte. L'homme qui nous ouvre est un peu plus jeune que Dad. Il s'appelle Rob Arnold. Avec ses cheveux blond roux mi-longs impeccablement peignés, il me rappelle ces types un peu collet monté qui débarquent de Los Angeles pour faire du surf à Topanga. C'est lui, notre pilote. Nous sommes prêts à embarquer.

*E*N LISIÈRE DU PRÉ, la neige accumulée sur la végétation forme un rebord haut d'environ un mètre cinquante. Je me laisse glisser jusqu'à l'oasis recouverte de mousse blanche. Le fait d'avancer debout, dans une neige molle, sur un terrain plat, me fait un choc – cela rompt cet envoûtement qui a aspiré toute mon énergie, physique aussi bien que mentale. Je m'arrête. L'envie me prend de tout laisser tomber. D'abandonner. De m'asseoir, de refuser d'aller plus loin. Tout ce que j'ai vu ou vécu ces dernières heures me rend tout à coup furieux.

J'enrage. Ma colère est tellement vive qu'elle m'empêche de m'asseoir sur le sol matelassé. Elle est brûlante. Pour la première fois depuis l'accident, je ne sens pas le froid. Mes doigts, mes pieds sont complètement gourds alors que mon visage, mon torse et mes cuisses sont chauds.

Maintenant, le plus important, c'est de ne pas me refroidir – en une seconde, je me retrouve aspiré par cet envoûtement qui m'a fait descendre la montagne, sortir de cet enchevêtrement de branches tel un loup flairant l'odeur de la viande fraîche.

Je cherche une ouverture dans la barrière d'aulnes noirs et de chênes qui clôturent le bas du pré. Mais la forêt est trop dense. Il n'y a visiblement aucun moyen de parvenir à cette route que j'ai repérée d'en haut. Putain, comment je fais pour sortir de là ?

J'aperçois quelque chose entre les taches de lumière. Je me penche sous les feuillages et me mets sur un genou. Une empreinte de botte. Qui a imprimé des petits carrés dans la neige. Comme les bottes de Dad. Dad qui est resté là-haut, fouetté par la tempête. Je n'arrive pas à soulever mon genou devenu trop lourd, comme si quelque chose l'écrasait. Dad. La vision de son corps avachi qui ne bouge pas quand je le secoue m'embrouille. Me voilà arrivé en bas, alors que lui est tout là-haut. Lui, il m'aurait porté jusqu'ici, c'est sûr.

Je me force à examiner l'empreinte – tiens bon, ne pense à rien d'autre. Elle est fraîche. Et il y en a d'autres.

En concentrant toute mon énergie sur ces empreintes, j'ai l'impression de me glisser à nouveau dans la peau d'un loup affamé – qui me semble plus naturelle maintenant que mon enveloppe de gamin de onze ans.

Je me focalise sur le sol. Je soulève le genou et, accroupi, suis les traces. Elles décrivent des courbes sans logique apparente. On dirait des enfants en train de jouer. Voilà une empreinte plus grande. Un adulte. Leur père. Je me redresse, titube. La piste m'attire à droite, à gauche, me fait passer dans un tunnel de branches et de buissons. Chaque petit carré imprimé dans la neige est comme un fil qui me tire en avant. Les empreintes vont certainement me mener à cette route que j'ai vue.

C'est alors que j'entends quelque chose. Une voix.

NOUS SUIVONS Rob, notre pilote, jusqu'à l'un des petits Cessna à quatre passagers alignés sur la piste. Mon père lève les yeux vers le ciel d'un gris uniforme.

Vous pensez qu'on pourra voler avec ce temps ? demande-t-il à Rob.

Bien sûr. C'est juste deux ou trois nuages. On va certainement rester dessous. Ça devrait être un vol sans problème.

Mon père regarde de nouveau le ciel.

Puisque vous le dites, répond-il.

37

COMME LE VENT m'a déjà trompé, je ne prête pas attention à la voix. La piste décrit un cercle. Je la suis jusqu'à ce que je comprenne que je suis en train de revenir à mon point de départ. Une vague de panique booste mon adrénaline. Je me mets à trembler, n'arrive plus à me concentrer. Je devrais démêler le labyrinthe de traces mais mon esprit est complètement brouillé.

Un cri retentit dans le ravin. Houhou ! Y a quelqu'un ?

Je cligne des yeux. J'ai l'impression que la voix vient de partout à la fois. Je fixe mon regard sur les traces, de peur qu'elles ne disparaissent. Elles sont bien réelles, alors que je ne suis pas sûr que la voix le soit. Mais je crie quand même.

À l'aide ! Au secours !

Houhou ! me répond-on. Non, ce n'est pas le vent.

À l'aide !

Continue à crier, me répond une voix de garçon. Ça va me guider.

Je fais comme on me dit en descendant la colline au trot, vers l'endroit d'où il me semble que la voix provient. Je contourne les petits chênes comme un slalomeur. Je débouche sur la route, inondée d'une lumière laiteuse.

Putain de merde ! J'ai réussi !

Je descends la route d'un pas mal assuré, tout en appelant.

J'entends quelqu'un me répondre derrière le virage. Brusquement, un chien apparaît. Maigre, le poil brun. Il est suivi d'un jeune homme qui porte une veste sur un tricot de flanelle. Il s'arrête, tétanisé. Je m'avance vers lui.

Tu étais dans l'avion accidenté ? me demande-t-il.

Je lui réponds que oui en m'étonnant qu'il soit au courant.

Il y a d'autres personnes là-haut ?

Oui. Mon père et Sandra, sa copine. Le pilote est mort.

Et ton père ?

La réponse m'échappe.

Mort, sonné, je ne sais pas. Je l'ai secoué, mais il ne s'est pas réveillé.

Le jeune homme me regarde, stupéfait. Son visage ébahi et le mot – *mort* – que je viens de prononcer me renvoient en pleine face la triste réalité – mon père n'est plus. Il ne me réveillera plus pour aller aux entraînements de hockey, ne m'entraînera plus dans les vagues, n'attirera plus mon attention sur la beauté des éléments déchaînés. La douleur se referme sur mes os, fragiles et friables. Un poids insupportable descend sur mon dos. Mes jambes et mes pieds se mettent à trembler. Je suis incapable de regarder le jeune homme en face. Il est la preuve vivante que tout cela est bien réel, que Dad est mort.

Je regarde par terre. Je lutte pour ne pas m'effondrer.

Tu veux que je te porte ? me demande-t-il.

Non, ça va.

Il me prend quand même dans les bras. Je n'oppose aucune résistance. Il me porte sur ses bras tendus. J'ai l'impression d'être allongé sur des couteaux. La douleur transperce mon corps, mon crâne. J'ai tellement mal que je me tords – mon corps et mon esprit se recroquevillent sur eux-mêmes comme un rouleau de réglisse.

Pendant la descente, je regarde la montagne. Malgré les gros bouillons de nuages qui l'enveloppent, je peux imaginer avec précision ce qu'il y a à l'intérieur de cette tempête. L'espace d'un instant, tout l'arc de ma vie se déploie : Dad me poussant chaque jour au-delà des frontières de mon confort, Dad faisant de moi son petit chef-d'œuvre, même Nick et les doutes qu'il a instillés en moi et contre lesquels j'ai dû me battre tout seul, tout cela se retrouve complètement transformé. Toutes mes mésaventures, toutes mes luttes, tout ce qui m'a fait maudire Dad s'enchaîne. Les scènes se succèdent, tombent les une après les autres comme des dominos alignés les uns derrière les autres.

Furieux, je regarde la tempête qui dévore la montagne et fouette mon père coincé là-haut. Moi, elle ne m'a pas eu. Et je sais – je sais maintenant que ce qu'il m'a fait subir m'a sauvé la vie.

Dans la lumière gris foncé du crépuscule, le jeune homme, qui dit s'appeler Glenn Farmer, me porte jusqu'à une scierie juste à côté d'un ranch. Devant la scierie, une grande femme blonde nous observe. Elle s'avance au milieu de la route. Glenn me porte jusqu'à elle. Elle grimace en voyant mes yeux cerclés de noir et de bleu, le sang gelé autour de mes plaies, mes phalanges râpées jusqu'à l'os. Mais très vite, sous ses paupières tombantes son regard s'adoucit.

Tu étais dans l'avion accidenté ? me demande-t-elle.

Je m'étonne qu'elle aussi soit au courant. Je fais oui de la tête.

Je m'appelle Patricia Chapman. Tu es en sécurité ici.

Elle se tourne vers la scierie et appelle. Un homme vêtu d'un bleu de travail sort. C'est son mari, Bob. Je lui raconte ce qui s'est passé et où se trouvent Sandra et mon père.

Puis Patricia me dirige vers sa maison. Elle pousse la lourde porte en bois et me fait entrer. Un vieux tapis indien offre sa surface molle à mes pieds. Deux fauteuils à bascule font face à un vieux poêle ventru comme celui de mon père. À peine entré, je sens ma peau se dégeler sous l'effet de la chaleur.

Assieds-toi, dit-elle.

Le fait de m'asseoir, de sentir le fauteuil épouser mon corps, de pouvoir me reposer, me paraît extraordinaire. Je tends les mains et les pieds vers les braises. Patricia me propose un chocolat chaud.

Oui, s'il vous plaît.

Elle m'explique qu'elle a des enfants et que ses deux fils sont en train de jouer au bout de la route. Je fixe des yeux la lueur rose pourpre qui palpite à l'intérieur du poêle. Je me demande si ses fils ont des vélos ou des skates.

Quelques minutes plus tard, Patricia me tend un bol de chocolat chaud, puis s'installe dans l'autre fauteuil. Nous nous penchons vers le poêle. Je sens des picotements dans mes pieds et des lancements qui remontent le long de mes chevilles et de mes mollets. Le chocolat chaud et la chaleur du poêle font fondre mes mains.

Ma main droite me fait très mal. Je remarque qu'elle est toute gonflée. Alors je prends le bol dans l'autre main.

Patricia me demande si j'ai besoin d'autre chose.

Non. Juste de me réchauffer.

Elle est calme, patiente. Nous restons assis là tranquillement à regarder le feu. Peu à peu, je m'habitue au calme et à la chaleur de la pièce. C'est la première fois que je me repose depuis plus de neuf heures.

Quand j'ai fini mon chocolat chaud, elle dit qu'elle va appeler pour dire que je vais bien. Je fais oui de la tête.

Patricia va dans l'autre pièce téléphoner aux pompiers de Mount Baldy. Puis elle revient et m'annonce qu'ils nous attendent à la jonction avec la route principale. Je me lève, lui prends la main. Nous sortons.

Dans les dernières lueurs du jour nous descendons un chemin qui traverse des plaques de neige et contourne des troncs d'arbres d'un brun rougeâtre. Patricia m'explique que les traces que j'ai repérées près du pré sont les siennes et celles de ses deux fils. Je lui demande pourquoi elle est allée jusque là-bas.

Une intuition, c'est tout, répond-elle.

Ainsi, nous avons tous les deux été attirés par le pré. L'hélicoptère n'a pas pu me retrouver. Il n'y a qu'elle qui a pu m'aider – ses empreintes ont été mon fil d'Ariane.

Près de la route principale un camion de pompiers, une ambulance ainsi que deux ou trois autres véhicules nous attendent. Des types en costume se tiennent debout devant les voitures. Ils s'approchent tous en même temps pendant qu'un infirmier m'examine. Quand il a fini, l'un des hommes en costume se détache du groupe. Il se présente. Un inspecteur, je ne me souviens plus de son nom. Il va m'emmener à l'hôpital d'Ontario. Je dis au revoir à Patricia.

Sur la route en lacet, il me pose des questions sur l'accident. Qui pilotait ? Suis-je bien certain que ce n'était pas mon père ? Ai-je remarqué quelque chose de bizarre en montant dans l'avion ? Le pilote a-t-il dit

quelque chose avant que nous ne percutions la montagne ? L'avion a-t-il eu un problème ? Je lui raconte ce
que je sais. Vingt minutes plus tard, nous arrivons à
l'hôpital.

38

A *LLONGÉ SUR LE DOS*, je regarde une lampe. Le visage penché sur moi, une infirmière et un médecin me recousent le menton. Le médecin fait passer l'aiguille par l'intérieur de la bouche, puis par l'extérieur. Ensuite, il s'occupe des plaies sur mes joues.

Très bien, dit-il. Quand j'aurai fini, est-ce que tu veux boire ou manger quelque chose ?

Je n'ai pas mangé depuis plus de douze heures. Mon ventre gargouille.

Oui ! Un milk-shake au chocolat.

Je retiens mon souffle, m'attendant vaguement à entendre la voix retentissante de mon père. Hors de question, Ollestad ! Pour toi, ça sera un sandwich poulet-pain complet !

Mais personne ne critique mon choix. Le docteur demande à quelqu'un de me préparer tout de suite un milk-shake.

Quand il a fini de me recoudre, je me redresse. L'infirmière me donne le milk-shake, que j'engloutis illico. Ce que je ne comprends pas, c'est pourquoi il y a un shérif devant la porte. Je ne suis pas un criminel. On me met de la pommade sur les doigts et on les entoure de gaze.

Le médecin m'emmène dans une autre pièce. Le shérif nous suit. Au bout du couloir se bouscule une foule de journalistes avec des caméras et des micros. Pourquoi toute cette agitation ? Je ne peux tout simplement pas admettre ce qui est arrivé. Cela me broierait. Jamais je ne me laisserai broyer par quoi que ce soit. Ces journalistes me forcent à reconnaître la réalité de ces heures terribles. Alors je leur tourne le dos.

Le médecin me fait une radio de la main. L'infirmière reste avec moi le temps qu'il aille voir les résultats.

Tu as la main cassée, me dit-il en revenant.

Je regarde la grosse bosse rouge sur le dos de ma main. Impossible de la bouger. La douleur m'immobilise le bras entier. J'entends gazouiller la radio du shérif – ils parlent de cordes dont l'équipe de sauveteurs a besoin pour monter. Je pense au toboggan – si raide que même en restant collé à la glace je me sentais partir en arrière. Comment ai-je pu descendre de la montagne avec une main dans cet état ? Le médecin se penche vers la radio du shérif tout en glissant un regard sur ma main brisée. Je le vois frémir. L'espace d'une seconde, il a l'air épouvanté. Puis il sourit.

Bon, il est temps de plâtrer cette main, Norman, dit-il.

Une fois le plâtre posé, l'infirmière refait les pansements de mes doigts brûlés par la glace, avant de mettre une bande Velpeau autour de mon plâtre – maintenant, ma main ressemble à un gant de base-ball.

Je suis perdu dans mes souvenirs – je revois les yeux grands ouverts de Sandra, ses iris constellés de paillettes bleu azur, alors qu'ils sont censés être bruns. J'ai beau essayer d'effacer ce bleu et de le remplacer par le brun, les iris gardent leur couleur saphir. Une voix indique ma chambre à quelqu'un. Je glisse par terre. La porte s'ouvre. Ma mère se précipite sur moi. Son sac s'écrase sur le sol tandis qu'elle s'agenouille et me serre dans les bras, ses larmes inondant mes joues. On m'avait dit que les recherches avaient été abandonnées, bafouille-t-elle.

Elle passe les doigts dans mes cheveux. Ses yeux scrutent mon visage comme pour s'assurer que je suis bien là.

Une heure plus tard, dit-elle, on m'a rappelée pour me dire qu'un garçon probablement rescapé de l'appareil accidenté avait été recueilli à Baldy.

Son étreinte se resserre.

Nick s'avance. Il me donne une petite tape affectueuse sur le dos et me dit qu'il remercie Dieu de m'avoir sauvé. Je me souviens du marché que j'ai conclu – que si j'arrive en bas vivant, je croirai en Dieu –, mais il ne me semble pas que Dieu ait quoi que ce soit à voir avec ma survie. C'est mon père que je remercie.

Ils ont trouvé Dad ? demandé-je.

Nick échange un regard avec ma mère.

Non, mon cœur, dit-elle. Mais ils ont trouvé Sandra.

Elle est morte ?

Oui.

C'est ce que je me disais.

D'après eux, tu l'as recouverte de branchages, dit Nick.

Oui. Pour qu'elle n'ait pas froid.

Pourquoi, si tu croyais qu'elle était morte ? me demande Nick.

Je fronce les sourcils. Il pense que je mens ou quoi ?

Et si elle n'était pas morte ?

Nick cligne des yeux comme si quelqu'un venait de lui donner une claque. En effet, dit-il.

En regardant par la fenêtre, je remarque qu'il fait nuit. C'est la dernière fois que je demande des nouvelles de mon père. Pas de larmes. Je suis secoué. J'ai quitté ma peau de garçon de onze ans, enfilé une enveloppe plus épaisse.

39

L E LENDEMAIN, Nick a le visage gonflé et les yeux injectés de sang, comme après une nuit de beuverie. On me pousse dans le fauteuil jusqu'à une grande pièce pleine de journalistes et de caméras. Ma mère et moi répondons à leurs questions. Je leur raconte que mon père m'a appris à ne *jamais laisser tomber*, quelque chose que Nick m'a rappelé la veille. En le répétant, je sens à quel point c'est vrai.

Après l'interview, nous rentrons à Pacific Palisades, à la maison que Dad a achetée pour nous au bord d'un canyon près de l'océan. Je suis incapable de me servir de ma main droite à cause du plâtre, et mes orteils sont encore engourdis, si bien que je ne peux pas sortir jouer dehors.

Eleanor vient cette nuit-là. Elle s'allonge dans le lit avec moi. À l'étage, ma mère et Nick prennent soin de faire le moins de bruit possible. J'ai des crampes terribles aux jambes. À cause de la douleur, je ne cesse de me tortiller. Impossible de dormir. J'allume la radio et tombe sur un bulletin d'information. Ils parlent de l'accident. Deux types se demandent si l'avion n'a pas été victime d'un sabotage exécuté par un membre du FBI. Ils évoquent l'esprit revanchard de J. Edgar Hoover et le nombre important de fidèles qu'il conserve parmi les hauts responsables du FBI.

N'importe quoi, déclare Eleanor en changeant de station. Les gens passent leur temps à imaginer des conspirations. Ils adorent les mauvaises excuses.

Les crampes dans mes jambes deviennent de plus en plus fréquentes, alors Eleanor me masse pour me soulager. Elle passe la nuit entière à me masser, à me parler pour me faire oublier la douleur, à me lire des histoires, à me rassurer. Je sais que ma mère a à faire avec Nick, qu'ils discutent de choses sans doute importantes. Tant qu'Eleanor, mon autre mère, est là, je n'ai besoin de rien d'autre.

Je passe la journée du lendemain à dormir. Ma mère me prépare ce que je veux et, une fois le repas englouti, je retombe dans le sommeil.

Le deuxième jour, je me réveille à neuf heures du soir. Je reste allongé un moment, puis sens l'odeur de marijuana provenant d'en haut. J'entends rire ma mère et Nick. Ils font beaucoup de bruit. Je téléphone à Eleanor et lui demande de venir.

Quand elle arrive, ma mère veut savoir ce qu'elle fait là. Eleanor lui répond que je l'ai appelée.

Eleanor, je peux m'occuper de lui, dit ma mère.

Alors je monte leur dire que je veux qu'Eleanor reste. Nick et ma mère prennent un air stupéfait. Je suis sûr que mon visage contusionné et suturé, ma main cassée et mes doigts couverts de pansements les ont désarmés.

Quelques jours plus tard, Grand-Père et Grand-Mère Ollestad arrivent de Puerto Vallarta. Grand-Mère n'arrête pas de parler, comme pour faire taire la douleur qui crie en elle. Grand-Père se comporte de manière stoïque, comme à son habitude. Ses yeux doux, émouvants, brillent, sans que jamais une seule larme coule sur ses joues.

Toute la famille, oncles, tantes et cousins, s'est rassemblée dans la petite maison de mon père dans le canyon. Nous nous installons dans le salon et parlons de Dad. Je vais dans ma chambre pour pleurer loin des regards compatissants.

Seul dans ma vieille chambre, je sens ma poitrine se consumer. L'armure qui m'entourait, la peau de loup, a commencé à fondre. C'est comme si mes larmes venaient du feu qui brûle ma poitrine. Plus elles coulent, plus j'ai l'impression de perdre mon sang-froid.

Fais gaffe, tu vas devenir un vrai barjot. Ne te laisse pas aller.

Laisser mon corps se déverrouiller, c'est trop dangereux. La peau me gainait. Elle m'empêchait de me défaire.

S'il t'arrive encore quelque chose de dur, tu risques de la perdre, me dis-je.

L'image de Timothy, le gamin qui passe son temps les yeux sur ses chaussures, me hante. Je le revois traînant dans le coin comme un chien battu, se cachant derrière ses BD, se faisant des croche-pieds quand il essaie de fuir les gars du quartier qui lancent des balles sur lui.

Je me relève, ravale ma douleur. J'essuie mes joues et reviens dans le salon, le sourire aux lèvres, exactement comme mon père l'aurait fait.

Des centaines de personnes viennent aux funérailles de Dad. Beaucoup doivent rester debout dans l'allée centrale de la petite église. La foule déborde à l'extérieur – il n'y a que deux cent cinquante places assises. Chaque fois que quelqu'un prend la parole, je me mets à pleurer. Lorsque Eleanor va au pupitre, j'ai l'impression qu'elle est très loin. Je n'arrête pas de cligner des yeux. Autour de moi, les gens paraissent tour à tour proches et lointains. Chassant ces images hachées de mon esprit, je me raccroche au fil du monde stable qui est là, quelque part, je le sais.

Au bout de deux heures, les gens qui désiraient encore prendre la parole ne peuvent pas parce que les autorités religieuses veulent en finir.

Oncle Joe, le demi-frère de mon père, qui possède l'hôtel où nous sommes descendus à Lake Tahoe, organise une fête après les funérailles. Tout le monde danse au son d'un orchestre de jazz. C'était ce que mon père aurait voulu, de l'avis de tous. Il criait de joie dans la poudreuse, même quand elle était mauvaise, bravait les tempêtes et les vagues traîtres, jouait de la guitare même quand les *vaqueros* le traitaient avec mépris, transformant la nuit hostile en instant magique.

Moi aussi je danse à la fête. J'ai l'impression d'être sur un escalator qui m'emmène quelque part ailleurs, comme si je n'étais pas retenu par la gravité. Mes cousins, mes tantes, mes oncles ont les pieds sur terre – ils pèsent. Je me sens séparé des autres par une vitre épaisse qui transforme le moindre son en tintamarre. Je me dis que je ne veux pas devenir un trouillard comme Timothy.

J'ai arrêté le hockey, le surf, et passe le plus clair de mes journées à traîner avec les gamins du quartier en espérant que je ne deviendrai pas renfermé et gauche. Mais j'attrape des maux de gorge à répétition, ce qui m'oblige à rester seul à la maison plusieurs jours par semaine. Mon corps n'est pas habitué à traîner et mon chagrin reste coincé dans ma poitrine, sans exutoire – si ce n'est les maux de gorge.

Ce printemps-là, j'attrape une angine avec beaucoup de fièvre. C'est Nick qui me soigne. Il pose ses lèvres sur mon front pour mesurer ma température et m'administre avec tendresse des remèdes irlandais. Il me fait prendre une cuillère d'eau tiède dans laquelle il a mis un cachet d'aspirine en m'expliquant comment procéder. Suivant ses instructions, je laisse les petits bouts d'aspirine se coincer dans ma gorge. À ma grande surprise, ma douleur disparaît quasiment. Ce soir-là, il me fait un grog bouillant – du thé avec un peu de cognac, du citron et du miel. En le voyant s'affairer dans la cuisine, ma mère le surnomme docteur Nick. Une fois le grog prêt, Nick m'en apporte une tasse. Ensuite, il m'enroule dans deux édredons. Seule ma tête dépasse. J'ai l'air d'un hot-dog. Puis Nick verse délicatement le liquide chaud dans ma bouche. Je sens la brûlure dans ma gorge et mon ventre.

Nick me raconte que sa mère utilisait des grogs pour les soigner, lui et ses frères et sœurs. Elle détestait devoir s'occuper de nous quand on était malades, ajoute-t-il.

Tu veux dire qu'elle ne voulait pas ? lui demandé-je malgré ma gorge brûlante.

Non, pas du tout, mais quand elle avait l'impression qu'on couvait quelque chose, elle nous jetait un œil mauvais.

Je me mets à transpirer avant même d'avoir fini mon grog. Nick me borde avec moult cérémonies. Je m'endors illico. Quand je me réveille le lendemain matin, les édredons sont trempés, ma fièvre est tombée et je n'ai pratiquement plus mal à la gorge.

Merci docteur Nick, lui dis-je.

Je suis soulagé de m'être rapproché de lui, mais je sens
que ça peut être dangereux.

Fin juin, je passe mon examen de fin d'année. Comme
Grand-Mère Ollestad a une pneumonie, il faut que
j'attende quelques semaines pour aller au Mexique. Nick
me dit que je dois me trouver un job. Grand-Père, qui est
à Los Angeles, peut-être pour acheter des médicaments
pour Grand-Mère, m'indique une cafétéria en face de
Topanga Beach, de l'autre côté de la route, où il s'est arrêté
un jour. Il m'y conduit, et je suis engagé comme aide-
cuisinier, serveur et plongeur. Grand-Père part quelques
jours plus tard.

Un jour, sur un coup de tête, je traverse la route et reste
un bon moment sur le promontoire au-dessus de la maison
sur pilotis transformée en poste de secours. Les as du surf
sont tous là, sur la plage, en face du poste. Des planches de
toutes les couleurs sont posées contre les pilotis du poste.
Les vagues sont petites. Je reconnais Chris Rohloff, mon
vieux copain qui est venu me voir au Mexique l'été précédent. Il surfe une vague d'un vert étincelant, un bras plié
devant lui comme un patineur. Il est goofy-foot, c'est-à-
dire qu'il met son pied gauche en arrière, comme moi.
Alors je me rends compte que je reproduis tous ses mouvements, que je fléchis les genoux comme lui. Il surfe
jusqu'à l'intérieur de la vague. Puis d'un seul mouvement,
il saute de sa planche, prend celle-ci sous son bras et rejoint
la plage en sautant élégamment de rocher en rocher. Eh
ben, il est devenu vachement bon, me dis-je.

Je descends en dérapant le sentier qui slalome entre les plantes grasses où je me cachais autrefois. Je rejoins la route d'accès à la plage. En traversant une plaque de béton où les gardes garent leur camion, je me rends compte qu'il s'agit de notre vieux garage qui a perdu son toit et se retrouve à moitié enfoui sous le sable.

Je m'approche du poste de secours. Au sud, la plage s'incurve vers Santa Monica et ses grands immeubles à moitié cachés par la brume salée. Je baisse les yeux, et mon regard tombe sur les escaliers en briques de Bob Barrow qui remontent de la plage. La véranda de la maison a disparu, mais les pieds des piliers dépassent du sable. Les escaliers ressemblent à une colonne vertébrale. Il y en a plein d'autres sur la plage, des squelettes d'une autre ère. Je pense aux villes fantômes que Dad et moi visitions. Le souvenir de ce que cet endroit a été m'attriste.

Je m'arrête. Les souvenirs se sont transformés en buée devant mes yeux. Tout se met à miroiter comme l'eau d'un étang. C'est alors que Rohloff m'appelle.

Norm !

Je me retourne. La buée se fige, redéfinissant les contours.

Salut. Qu'est-ce que tu deviens ? me demande Chris.

Les squelettes enfouis dans le sable se tortillent. Des centaines de voix m'accueillent. La ville fantôme reprend vie.

Pas grand-chose. Je travaille.

Je m'avance, tope avec les as du surf sous les regards des filles et des gars qui affluent.

Shane me dit que j'ai l'air de m'être bien remis. Je touche la cicatrice sur mon menton. Trafton me demande alors si je suis prêt à surfer à nouveau. Comment sait-il que je n'ai pas surfé depuis plusieurs mois ? Je fais oui de la tête sans réfléchir, et quand Rohloff propose de me prêter sa planche, je décline son offre au prétexte que je n'ai pas de short.

Ça me fait bizarre de venir sur la plage sans short et sans planche. J'explique que je travaille à la cafétéria de l'autre côté de la route. Rohloff dit qu'on y déjeune bien mais les autres préfèrent George's Market.

J'enlève mes chaussures, saute dans le sable. Mes orteils s'enfoncent. Les autres parlent de surf. On attend une forte houle pour dans deux ou trois jours, en provenance du sud de Tahiti. Shane pense que l'île de Catalina risque de bloquer les vagues. Je jette un coup d'œil vers le sud, comme pour estimer le risque que Catalina, simple tache à l'horizon, soit frappée par les vagues. Cinq minutes plus tard, je suis de nouveau complètement inclus dans le groupe et emporté par la conversation. J'ai enlevé ma chemise. Le soleil brûle ma peau. Une heure plus tard, je remonte la route d'accès, tout excité à l'idée de ce qui va se passer le lendemain, ce qui ne m'est pas arrivé depuis des mois.

Notre garage se trouve au même niveau que la rue. Je me précipite sur la porte, l'ouvre, cherche la planche aux rails jaunes que mon père m'a offerte pour mon dixième anniversaire. En vain. Je descends les escaliers pour rejoindre la maison, construite à flanc de colline en contrebas. Je fouille dans le débarras sous le garage. Elle n'y est pas. Sunny me suit en gémissant, ce qui signifie qu'elle veut jouer. Alors je l'emmène dans le canyon et lui fais rapporter des bâtons jusqu'à ce qu'elle tire la langue d'épuisement.

L'idée de surfer à nouveau me consume. Je ne suis pas sûr de pouvoir encore me redresser sur la planche et prendre de la vitesse sur les vagues.

Quand ma mère rentre de l'école où elle donne des cours d'été, je lui demande, sans même lui dire bonjour, où est ma planche.

Je crois qu'elle est quelque part dans le garage, répond-elle.

J'ai cherché.

Et sous le toit, entre les poutres ?

Ah oui ! Je n'y avais pas pensé.

Je grimpe sur le capot de la Volkswagen de ma mère, puis me hisse sur les poutres et commence à fouiller, accroupi dans la poussière. Je trouve ma planche sur des boîtes entassées au fond.

Pendant que je la lave au tuyau sur la pelouse, ma mère me demande ce que ça m'a fait, de revoir Topanga Beach.

Tout bizarre, dis-je.

S'attendant visiblement à ce que j'en dise plus, elle me suit dans la cuisine, où je suis allé chercher une spatule pour racler la wax incrustée de saletés.

Ils étaient tous là, les autres ? me demande-t-elle quand nous ressortons.

Ouais.

Et alors, ça t'a fait plaisir de les voir ?

Ouais.

Je la regarde. Son visage s'ouvre, comme si quelque chose de doux lui frôlait la peau.

J'espère que je sais encore surfer, dis-je.

Tu sais, c'est comme le vélo.

Tu surfais, avant, pas vrai ?

Oui. Un été, ton père m'en a fait faire tous les jours.

Et ensuite ?

Elle se met à bafouiller.

Oh, l'hiver est arrivé, il a commencé à faire froid. Et l'été d'après, tu étais né.

Mais tu n'avais pas envie de continuer le surf ?

Pour tout te dire, non. J'avais appris pour faire plaisir à ton père. Après le divorce, j'ai cessé de m'y intéresser.

Elle secoue ses cheveux en arrière, contemple l'océan.

Quand on surfait ensemble, il s'occupait beaucoup de moi, ajoute-t-elle.

Il ne me vient pas à l'esprit qu'elle pouvait avoir besoin d'autres formes d'attention de la part de mon père. L'idée que Nick non plus ne surfe pas et que ma mère a abandonné, peut-être même précisément parce que Nick n'en fait pas, me donne brusquement envie de surfer – une envie irrépressible, qui me prend à la gorge. Le surf va me libérer.

Après le boulot, je prends le sentier qui longe le tertre et arrive sur la plage par le promontoire. Je traverse le ruisseau, pratiquement à sec à cause du manque de pluie et envahi par de la mousse verte. La bande me voit. Quelqu'un siffle. Je souris. Mes joues brûlées par le soleil d'hier se craquellent.

Je demande qui a de la wax. Shane lui-même se lève et va en chercher sous le poste de secours.

C'est ma réserve secrète, dit-il.

Je waxe ma planche. Shane évoque le jour où mon père me l'a achetée.

Elle a une forme parfaite pour filer sur les vagues, ajoute-t-il.

Je fais oui de la tête. Que Shane me donne sa wax et me fasse des compliments sur ma planche, voilà qui est exceptionnel. Je remarque que certains des surfeurs nous observent, confirmant mon impression que le geste n'est pas anodin.

Une fois tous les rites observés, il n'est plus question de reculer devant l'inévitable. Le moment est venu de ramer vers les vagues. Rohloff prend sa planche et annonce qu'il m'accompagne.

Nous nous avançons jusqu'au promontoire. La marée est haute. Les vagues viennent frapper la plate-forme rocheuse, se brisent dans une explosion d'énergie et se déroulent comme un rayon lumineux suivant le rivage.

Je me rassure en me disant que l'eau va m'arriver à la taille, pas plus.

On les prend où, les vagues ? demandé-je à Rohloff.

Au large du ruisseau, répond-il en me lançant un regard étonné.

Il s'éloigne de moi. Penché sur sa planche, il marche dans l'eau peu profonde.

Il y a un petit chenal ici, Norm.

Je me dépêche pour le rattraper. Les fonds sont sablonneux, avec un rocher par-ci, par-là. Ma dérive en heurte un. Rohloff me conseille de retourner ma planche. Quand nous sommes dans l'eau jusqu'aux genoux, Rohloff remet sa planche à l'endroit, saute dessus et se met à ramer. Je l'imite. Mes épaules craquent comme si elles étaient prises dans une gangue de terre sèche. Je peine à ramer. Quand nous arrivons au take-off, je suis déjà épuisé.

Les nombreuses algues qui rendent notre progression difficile vont, je le sais, nous compliquer la tâche pour prendre les vagues. Je m'assieds sur ma planche et regarde la plage. Je crois retrouver l'endroit où se trouvait le Yellow Submarine autrefois, là où le sable est sale. C'est d'ici que j'ai observé la fête, par-dessus le dos des vagues. Ici que

Dad m'a dit qu'un jour je me rendrais compte que tout ça est fantastique, que je suis verni, et alors je serais content qu'il m'ait forcé à apprendre à surfer.

En voilà une série, Norm ! s'exclame Rohloff.

Je fais tourner ma planche, manque perdre l'équilibre, et le suis dans l'espoir qu'il m'emmènera pile au take-off. Il pivote sur place, se penche en avant et fait deux ou trois mouvements de crawl, ses bras sortant avec élégance de l'eau. Puis il se met sur les pieds, se laisse glisser vers la vague, place le bras en avant.

Je me rends compte de l'arrivée de la vague suivante juste à temps. Je plonge en canard. Le froid de l'eau réveille mes sens. Mon corps est parcouru de picotements. L'air est vivifiant. L'eau salée remplit mes oreilles. La puanteur des algues me pousse vers la vague suivante, malgré cette impression que les muscles de mes épaules vont s'arracher de l'os. Toussant, grognant, je rame, conditionné par ces sensations que je retrouve.

Après avoir dépensé beaucoup d'énergie à lutter contre la houle, je me retrouve en bas de la vague. Je me relève, haletant, les jambes flageolantes. Je pèse de tout mon poids vers l'arrière pour faire sortir le nez de ma planche du fond de la vague. Une petite poussée sur le côté, et ma planche remonte. Je me retrouve pile en face de la lèvre arquée. Je commence à faire des virages, à pomper avec mes jambes, à pivoter d'un côté puis de l'autre. Bref, à surfer. Chaque fois que je fléchis les genoux, la planche prend de la vitesse. Tout à coup, emporté par un courant invisible, je me mets à hurler comme un avion au décollage. En une seconde, je retrouve cet univers magique et familier, loin de la terre.

La vague se casse devant le poste de secours. Je la chevauche. Tout le monde sur la plage m'acclame. Il y a un type un peu plus âgé que les autres avec une moustache et des cheveux bouclés. Je le regarde une fois, deux fois. Mes yeux piquent, mon visage s'effondre. Je baisse la tête, décris quelques virages, puis rejoins le promontoire à la rame, toussant et m'étouffant dans ma morve et mes larmes.

Je cesse un instant de ramer, me laisse dériver. Rohloff me regarde, intrigué. Je me détourne de lui.

Ça va, Norm ? me demande-t-il.

Je lève un bras en l'air. Déséquilibré, je fais un petit tour sous l'eau. Les sédiments étincelants tombent au fond comme des gouttes de pluie, croisant les bulles que les rochers laissent échapper. Je suis dans mon élément.

Sans ton père, je ne serais peut-être pas en train de surfer à l'heure qu'il est, déclare Rohloff quand je le rejoins. En tout cas, je ne serais pas aussi bon.

C'est cool, hein ? dis-je.

Le bonheur, dit-il en hochant la tête.

À la fin de l'été, j'ai mon argent à moi, mes potes à moi, et je suis tellement peu au courant de ce qui se passe entre ma mère et Nick que je ne me suis pas rendu compte que Nick est parti vivre ailleurs. Je vais parfois dormir chez Eleanor, mais elle ne m'en parle jamais. Finalement, le jour de la rentrée des classes, je demande à ma mère où est passé Nick.

Il est allé s'installer sur la plage, répond-elle.

C'est bien.

Je lui ai dit qu'il pourra revenir quand il aura arrêté de boire.

Autant dire, quand les poules auront des dents, songé-je.

Ma mère veut me donner l'impression qu'elle sera ferme. Mais je reste persuadé qu'elle le laissera revenir à la première occasion. Alors, comme je ne veux pas faire semblant d'être dupe, je m'éclipse.

Le premier jour au collège Paul Revere, l'un des garçons de quatrième, un surfeur du nom de Rich, me reconnaît parce qu'il m'a vu à Topanga. Si j'ai bien compris, un jour qu'il surfait là-bas cet été, il a vu tous ces as du surf qui s'occupaient de moi et de temps en temps me laissaient prendre une belle vague. Rich veut devenir mon copain parce que je suis admis au sein d'un club hypercool dont le prestige dépasse les limites de Topanga Beach. Dès le deuxième jour d'école, je fais partie de sa bande, dont les membres, cheveux longs et peau brûlée par le soleil, portent toujours des shorts et des vieilles chemises trouées. Je m'y intègre tout naturellement, et me retrouve dans le monde normal d'un jeune garçon. Tu avais raison, Dad. Merci de m'avoir forcé à surfer.

Une semaine plus tard, je me réveille au beau milieu de la nuit. Par la fenêtre de ma chambre luit une étrange lumière. Je monte dans la chambre de ma mère. De l'autre côté de sa porte vitrée, de grandes flammes s'élèvent.

Je pousse un cri. Debout !

Je suis tout nu. Elle ouvre les yeux. Je me tourne pour qu'elle ne voie pas mes trois malheureux poils pubiens. Je descends en trombe chercher un caleçon. Ma mère me dit de ne pas m'en faire, qu'elle peut me passer une serviette. Puis nous sortons en courant. Je vais chercher ma planche dans le débarras. Ma mère me crie de me dépêcher, mais il est hors de question que je laisse ma planche brûler. Le dos bouillant à cause du feu, je monte jusqu'à la rue. Ma mère frappe chez les voisins, qui appellent les pompiers.

Nick rapplique une demi-heure plus tard. Le toit a entièrement brûlé et le crépi du premier étage est carbonisé par la chaleur. Le capitaine des pompiers nous explique que des braises provenant d'un incendie à un ou deux kilomètres plus au nord ont certainement été apportées par les vents de Santa Ana et ont atterri sur notre toit. Comme celui-ci est fait de vieilles tuiles en bois, il a pris feu en un rien de temps.

Nous sommes contraints de vivre pendant six mois dans une autre maison à trois kilomètres de là, de l'autre côté de Sunset Boulevard. La première nuit, ma mère me parle de puberté. Je me rends compte qu'elle m'a vu tout nu pendant l'incendie, ce qui me met mal à l'aise. Elle me demande si je me sens différent.

Non, réponds-je, peu enclin à reconnaître qu'au cours des derniers mois, j'ai souvent été saisi de grosses bouffées d'agressivité. De montées de colère que je ne parviens pas vraiment à expulser de mon corps. Bon, je vais me coucher, dis-je.

Au cours de la première semaine passée dans la nouvelle maison, Nick débarque. A-t-il cessé de boire ? Je n'en sais trop rien et je ne demande pas à ma mère. Simplement, je prends soin de l'éviter, et lui fait de même.

À peu près à cette époque, l'une des filles de troisième invite notre bande de surfeurs à une fête un samedi soir. Le week-end, j'ai l'autorisation de sortir jusqu'à dix heures. Je rentre à dix heures et demie. Ma mère, folle d'inquiétude, menace de me priver de sortie. Je m'enferme dans ma chambre, commence à lire *Surfer Magazine*, pense au surf et à l'une des filles rencontrées à la fête, qui s'appelle Sharon et a passé la soirée à discuter avec moi. Mon téléphone sonne. Sharon, justement, qui veut savoir si j'ai bien aimé la fête. Tout ce que je trouve à lui dire, c'est que c'était super. Alors elle me demande si je vais me branler. Je ne sais pas quoi répondre. Je lui dis que je ne l'ai jamais fait. Elle me répond en ricanant que je mens. Je lui jure que non. Ça a l'air de l'exciter. Elle m'invite chez elle le dimanche.

J'accepte avec enthousiasme.

Elle me donne son adresse, que je note sur ma main avec un stylo que j'ai dégotté quelque part.

Bonne nuit, me dit-elle alors d'une voix sensuelle.

Je ne ferme pas l'œil de la nuit. Je ne suis pas totalement ignorant en matière de sexe. J'ai vu ce qui se faisait à Topanga. Pourtant, je ne sais pas trop si je peux me branler, ni même comment faire. Je suis vraiment hors du coup.

En préambule à notre petit rendez-vous, Sharon a volé la Mercedes de ses parents et nous allons en bagnole jusqu'à Westwood. Comme elle n'a que treize ans, conduire une Mercedes sur Sunset Boulevard toutes vitres baissées avec Madonna à fond fait d'elle la nana la plus cool du monde. C'est Sharon qui me fait ma première branlette, me fournissant ainsi un modèle bien utile pour mes futures expériences de masturbation. Quand enfin elle se gare devant chez moi, raclant au passage un enjoliveur contre le trottoir, l'heure de mon couvre-feu est passée de quarante minutes.

Je grimpe en courant les escaliers de brique de notre maison moderne aux stores en plastique et tente d'ouvrir la fenêtre de ma chambre. Elle est fermée. Je fais le tour de la maison, escalade la véranda de derrière et me glisse à l'intérieur par la porte coulissante, à moitié ouverte.

Je me dirige vers ma chambre sur la pointe des pieds. J'ai parcouru quelques mètres à peine quand ma mère ouvre sa porte.

Norman !

J'allais juste prendre du lait.

C'est ça ! Au lit ! On réglera cette histoire demain matin.

Au petit déjeuner, ma mère m'informe que je suis privé de sortie le week-end suivant.

N'importe quoi ! rétorqué-je.

Un mot de plus, et ça sera aussi le week-end suivant.

C'est ce qu'on va voir.

Elle me fusille du regard. Je ricane, avale mes céréales à toute vitesse, mets le bol dans l'évier, attrape mon skate et déguerpis.

Tu as pris ton déjeuner ? me demande ma mère.

Je ne daigne pas lui répondre. Je file sur mon skate pour attraper le bus qui m'emmène au collège.

À mon retour de l'école, Nick est dans la cuisine avec ma mère. Il me regarde, le front plissé. Je prends illico la direction de ma chambre.

Norman ! dit ma mère.

Quoi ?

Tu étais en retard de quarante-cinq minutes hier soir, commence Nick.

C'est la faute du bus.

Cette façon de mentir ! Sans une hésitation ! Tu as vu ça, Jan ? C'est devenu une seconde nature.

Eh, relax, fais-je.

Nick secoue la tête.

Tu es en train de mal tourner, Norman.

Puisque tu le dis.

La mère de Sharon a téléphoné aujourd'hui, me signale ma mère.

J'ai l'impression que mes intestins se vident et que mon ventre devient tout creux. Je lance à Mom un regard innocent.

Est-ce vrai, oui ou non, que vous avez pris la voiture de la mère de Sharon ? demande Nick.

C'est pas moi qui conduisais.

En plus, elle a treize ans, dit ma mère.

Je lui ai dit qu'il ne fallait pas.

Pourtant, tu es quand même monté dans la voiture, remarque Nick.

Elle partait de toute façon.

Tu sauterais d'un pont si elle te l'ordonnait ? me demande-t-il.

J'ai loupé le bus. J'étais en retard, c'est tout.

Les parents de Sharon ont remarqué l'absence de la voiture à sept heures trente. Tu es rentré à onze heures moins le quart.

Je n'ai rien fait. J'étais dans la voiture, c'est tout. Elle partait de toute manière.

Toujours cette façon de nier, et sans le moindre regret ! Putain, c'est vraiment écœurant !

Je hausse les épaules, manière de dire que je m'en fous.

En un éclair, sa main m'étrangle. Je manque tomber à la renverse. Je saisis son avant-bras. Il me soulève et m'envoie valdinguer contre le frigo. Je glisse par terre. En atterrissant, le choc me fait perdre mon souffle. Les yeux de Nick sont rouges, ses veines gonflées, son visage cramoisi. Ses ongles s'enfoncent dans mon cou. Je pourrais le frapper sans problème – mes bras sont libres, son visage non protégé. Mais mes muscles se sont transformés en guimauve. J'ai peur.

Lâche-moi, supplié-je. J'étouffe.

Lâche-le, Nick !

T'oses encore me regarder avec cet air méprisant, morveux, et je te fais avaler toutes tes dents !

Ok, bafouillé-je.

Il desserre les doigts. Je peux à nouveau respirer.

Il se met debout.

Quelle charmante petite discussion familiale, ironise-t-il. Ma mère et lui se mettent à rire. Visiblement, elle prend de nouveau son parti.

Ça va ? me demande-t-elle.

Je fais comme si je n'avais pas entendu.

Ta mère t'a posé une question, Norman !

Ouais, ça boume, réponds-je en continuant à regarder par la fenêtre.

Ok. Alors maintenant, plus de sorties pendant deux semaines, décrète ma mère. Tu rentreras ici directement après les cours. Pigé ?

Et pour le surf ?

Pas de surf non plus.

Je me tourne et la regarde, l'air furieux.

Parce que tu crois qu'on va t'autoriser à surfer alors que t'es puni ? s'étonne Nick.

Je voudrais lui dire d'aller se faire foutre. Mais il a raison – quand on est interdit de sortie, ça paraît illogique d'être autorisé à surfer.

Voilà qui t'aidera à comprendre que tes actes ont des conséquences. Bienvenue au club.

C'est une chose étrange à dire, mais je comprends parfaitement l'idée. Et même, je ricane.

Je purge ma peine. L'hiver a laissé place au printemps. Nous sommes revenus dans la maison au bord du canyon. J'ai l'impression que mon esprit ne pense qu'à deux choses : le surf et le cul – même si je suis toujours puceau. Juste avant les vacances de printemps, Sharon m'a quitté pour un élève de quatrième. Elle m'a attiré un jour dans un coin de la cour pour me dire qu'il était plus son type. Je me suis éloigné les jambes flageolantes et suis entré dans les toilettes, où j'ai bien cru que j'allais pleurer. Je n'aime pas Sharon, et pourtant je suis blessé. Je m'enferme dans une cabine pour que personne ne me voie dans cet état.

Hier, j'embrassais Sharon, et aujourd'hui, c'est fini entre nous. J'aurais voulu la toucher à nouveau, me perdre contre son corps. Nos sessions à deux se transforment tout d'un coup en moments de bonheur pur. Je lui ai dit des choses que seule Eleanor sait. Mon esprit, affolé, cherche une personne qui pourrait remplacer Sharon – Sharon allongée sous moi, son souffle sur mon oreille pendant que je l'embrasse dans le cou. Elle a disparu, m'a abandonné, et je suis en chute libre. Je tombe genoux à terre et, pris d'une envie de vomir, crache dans les WC.

J'essuie ma bouche. Alors, toute l'agressivité qui s'était accumulée ces derniers mois explose. Je tape du pied dans la porte des toilettes, tape, tape jusqu'à ce que la serrure casse. Je m'approche du lavabo. Je me sens plus détendu, moins coincé. Je m'asperge le visage d'eau, me calme. Plus tard, en me rendant à l'endroit où la bande de surfeurs se retrouve près de la cafétéria, je me dis que j'aimerais cogner Nick.

Le vendredi soir, je vais en skate à une fête avec la bande. Une bagarre éclate entre les surfeurs, plutôt du genre hippie, et des sportifs bien propres sur eux. Je me rappelle alors que j'étais comme ces types-là avant. J'ai envie de frapper – ça me ferait du bien, de flanquer une raclée au lieu d'être celui qui prend les baffes. Mais je me contente d'observer.

Un week-end, je viens de rentrer de la plage quand ma mère m'annonce que Grand-Mère Ollestad a un cancer du poumon. Je porte la main à mon cou. Avec tous ces maux de gorge que j'ai eus, peut-être qu'un jour j'attraperai un cancer de la gorge.

Pourtant, elle ne fumait pas, remarqué-je.

En effet. C'est pour ça que c'est bizarre. Elle va aller à Tijuana suivre un traitement qui n'existe pas aux États-Unis. Je me suis dit qu'on pourrait aller la voir le week-end prochain.

D'accord.

Assis sur le canapé, je regarde par la fenêtre. J'imagine les poumons noirs de Grand-Mère Ollestad grouillant de vers, puis mes yeux font un zoom sur l'océan, comme si je dégringolais de la colline. Quand je tourne la tête vers ma mère, j'ai l'impression que son image s'est dispersée aux quatre coins de la pièce, comme s'il y avait des miroirs partout. Je ferme les yeux. Décidément, je ne tourne pas rond.

Le samedi suivant, nous chargeons nos affaires dans le break de Nick. Je place ma planche de surf en dernier pour qu'elle ne soit pas éraflée par les valises.

Hors de question que t'amènes ta putain de planche, décrète Nick.

Pourquoi ?

Tu vas là-bas pour voir ta grand-mère, pas pour surfer. Enlève ta planche.

Mais je ne surferai pas beaucoup, juste un peu à la fin de la journée. Si jamais les vagues sont bonnes.

C'est non. Point final.

Nick, dit ma mère, laisse-le apporter sa planche. On ne va pas passer toutes nos journées à l'hôpital.

Sa grand-mère est mourante, Jan. C'est peut-être la dernière fois qu'il la voie. Il peut tout de même se passer de surf pendant deux jours.

Il se tourne vers moi.

Ce n'est pas contre toi, Norman. C'est pour ta grand-mère. Je sais que c'est difficile à comprendre.

J'ai pigé. Tout ce que je veux, c'est apporter la planche pour si jamais j'ai le temps de surfer. Je ne vois pas ce qu'il y a de mal.

Il ne s'agit pas de ça. Tu dois apprendre à penser aux autres de temps en temps, à oublier tes envies égoïstes.

Sur ce, il saisit la planche, ouvre la porte du garage et la dépose à l'intérieur.

Quel con !

Laisse tomber, me répond ma mère.

Ça te fera du bien, Norman, ricane Nick en démarrant.

J'aimerais lui balancer un gnon. Je me souviens de l'époque où nous vivions à Topanga Beach et où je rêvais d'être plus grand et plus costaud. Je m'étais toujours dit que quand j'aurais treize ans, je pourrais le battre à plate couture. Et voilà que mon treizième anniversaire approche et que je suis loin du compte.

271

Les boucles argentées de Grand-Mère sont aplaties d'un côté. Des tubes s'enfoncent dans ses bras et une pellicule trouble recouvre ses yeux au fond de ses orbites creuses. Eleanor, venue avec Lee, fond en larmes en me voyant. Quelqu'un – un oncle ou une tante – avance un siège, sur lequel je m'effondre. Avachi, le visage défait, Grand-Père est assis sur une chaise bancale près de Grand-Mère, qu'il couve du regard.

Quelqu'un dit, Little Norman est là. Grand-Mère se redresse et me cherche du regard. Ses sourcils se relèvent en me voyant. Ses pupilles dilatées donnent l'impression qu'elle est aveugle. À part ses sourcils, ses traits sont avachis, vides de toute expression. Son regard se porte alors vers un angle vide de la pièce. Elle se met à délirer. Les bras levés, elle fait des gestes en bredouillant.

La morphine la fait halluciner, m'explique Eleanor.

Elle continue à gémir et à parler dans le vide, puis retombe sur son oreiller, les yeux rivés au plafond, immobile. Grand-père pose la main sur son bras. Elle fixe le plafond, la bouche pincée. Nous restons là, silencieux.

Je me dis que c'est comme avec Sandra. Son corps est là, mais son esprit est ailleurs.

En partant, j'embrasse Grand-Père en le serrant dans mes bras. Il n'a que la peau sur les os. Pendant que ma mère et Nick disent au revoir, je demande à Eleanor comment Grand-Mère a attrapé ce cancer, elle qui n'a jamais fumé et a une santé de fer.

Le chagrin, me répond-elle. Quand il se loge quelque part, en poussant, il se transforme en poison, en cancer par exemple. Ton père, c'était son chef-d'œuvre.

De retour à l'hôtel, je me dis que si j'étais mort, ça aurait tué mon père, tout comme Grand-Mère est en train de mourir. Notre hôtel est à côté de la plage de Rosarita. En entendant le bruit des vagues au loin, j'ai envie de m'y réfugier.

Le soir du deuxième jour, le moment est venu de dire au revoir à Grand-Mère. Elle a été lucide toute la matinée. En la serrant dans mes bras, je sens ses muscles grincer sur ses os. Je comprends qu'elle souffre atrocement et que dès que je partirai, on lui fera une piqûre de morphine, qu'elle se détendra et recommencera alors à délirer. C'est la dernière fois que je la vois.

Sur le chemin du retour, je décide que Dieu n'existe pas et que nous sommes tout seuls ici-bas.

Le week-end suivant, je vais à une fête dans une maison à Brentwood avec une grande piscine, un court de tennis et une salle de cinéma. En arrivant, j'envoie mon skate contre une jardinière et mes roues, en raclant la bordure, font voler des lamelles de brique.

T'as complètement niqué leur mur, dit l'un des gars venus en skate avec moi.

Je contemple les bouts de brique par terre.

Ouais.

J'éprouve le même soulagement que quand j'ai défoncé la porte des toilettes.

Les gars de la bande partent d'un rire nerveux. Ils me suivent jusqu'à l'arrière de la maison. Nous passons un portail et débouchons sur une magnifique pelouse bien verte avec des massifs de fleurs. Les invités – vingt-cinq jeunes environ – tournent tous la tête en nous voyant débarquer. Missy, l'hôtesse, et ses copines, des filles friquées, sont allongées au bord de la piscine sur d'immenses serviettes roses. Pas forcément ravie de nous voir débouler,

Missy soulève ses Ray-Ban et nous fait signe du bout des doigts.

Immédiatement, je défie du regard toutes ces paires d'yeux masculins qui nous dévisagent. Je ressens de nouveau le besoin de cogner. D'être libéré d'un poids. Je suis tenté. Je lance à ces types des regards mauvais. Mais personne ne répond à ma provocation. Alors, tout pavanant, je vais me chercher une bière dans la glacière.

Nous envoyons valser les chaises et les bancs – façon de marquer notre mépris pour la civilisation – et, installés sur nos skates, buvons nos bières en imaginant comment on pourrait transformer les lieux en skatepark, installer une rampe et vider la piscine par exemple.

Missy se lève, réajuste son bikini et s'approche en se dandinant.

Dites, les gars, vous promettez de ne pas faire de grabuge, Ok ?

On peut vider ta piscine ? lui demandé-je.

Tiens, Norman. Non, hors de question. Sinon, j'appelle les flics. Et je ne plaisante pas.

Ils sont où, tes parents ?

Ils sont partis, mais la gouvernante est là, alors…

Alors on peut se défouler.

Ma réponse déclenche des fous rires ainsi que quelques hurlements enthousiastes.

L'une des filles friquées, une nana que je n'ai jamais vue, dit quelque chose. Je me retourne brusquement vers elle.

T'as dit quoi ?

La fille est jolie. Des cheveux de sirène. La peau lisse et souple. Elle porte une ridicule robe dorée, des sandales dorées qui doivent coûter la peau des fesses et serre contre sa poitrine un sac à fanfreluches. Elle a un accent – anglais peut-être. Elle pince la bouche en cul de poule.

Tu es grossier et immature, dit-elle le nez en l'air.

Je m'en fous. La maturité, ça fait chier.

C'est quoi, ton problème ?

Je m'apprête à répondre quand je me rends compte que tout le monde me regarde. Je commence à bafouiller. J'ai l'impression qu'on voit à quel point je me sens bizarre et triste. Ça me fait peur.

Alors, tirant la fille par le bras, je la jette dans la piscine.

Elle remonte à la surface, les cheveux sur le visage et sa robe en corolle autour d'elle. Ses bras se prennent dans le tissu. Vais-je devoir plonger pour la sauver ? La moitié des invités se tord de rire.

Quelques filles vont lui porter secours avec l'aide d'un garçon et l'aident à sortir de la piscine. Ses cheveux trempés recouvrent ses yeux, et son nez et sa bouche tremblent. On voit ses bouts de seins à travers le tissu doré.

Missy et ses copines l'emmènent dans la maison. La fête est finie. Je n'ose plus affronter le regard des autres, alors j'ouvre une autre bière et vais faire des figures de skate sur le court de tennis. L'image de cette fille qui pleure, avec sa robe qui lui colle à la peau comme du cellophane, crée une sensation bizarre dans mon visage, comme s'il fondait, comme s'il ne restait plus que le crâne. J'ai l'impression que ma peau se contracte, révélant les contours de mes muscles et de mes tendons, exposant mon corps tout entier. Je ne suis plus qu'une espèce de monstre, un garçon mutilé. Je me demande ce que mon père penserait de moi.

Missy apparaît, suivie de deux policiers. Il est temps de partir. Nous ramassons nos skates et faussons compagnie aux flics.

Nous prenons le bus jusqu'à Westwood et allons provoquer la bagarre avec des collégiens d'Emerson Junior High. L'un des gars de notre bande se retrouve coincé dans une cabine téléphonique par trois des leurs. Les autres ont trop à faire pour lui venir en aide. Une fois de plus, je me contente d'observer. C'est alors que je me souviens de ce type qui a raconté aux funérailles de mon père comment, un jour où des fans de l'équipe de foot de Stanford l'avaient coincé, Dad a été le seul à lui prêter main-forte. Alors, je me rue sur la cabine téléphonique et frappe deux grands mecs avec mon skate. Ils s'effondrent et nous réussissons, je ne sais trop comment, à nous faire la malle juste au moment où les flics arrivent.

La bande se disperse. Je me planque un moment en haut de Makeout Mountain, puis dans les petites rues derrière Sunset Boulevard. Enfin, je prends le bus et arrive à la maison juste avant l'heure de mon couvre-feu. Nick, qui regarde la télé, me demande comment je me suis fait cette coupure au nez.

En tombant au skate, réponds-je.

Je monte me regarder dans la glace. Je ne me souviens pas d'avoir été frappé sur le nez. Mes yeux ont l'air fatigués. J'ai des cernes noirs, comme si j'étais malade. Mon corps frissonne. Je me dis que cette fille friquée a eu ce qu'elle méritait. Pourtant, le souvenir de sa bouche tremblante et de la façon dont elle s'est dirigée en titubant vers la maison dans sa robe défaite me met mal à l'aise. Je me détourne du miroir.

Lorsque je me réveille le lendemain matin, je suis toujours à cran. Je vais à Topanga et me mets à l'eau sans dire un mot à qui que ce soit. Je pique les vagues de tous les surfeurs, à l'exception de Chris Rohloff et des as. Je flanque un pain à un certain Benji, parce qu'il m'a mis de l'eau dans les yeux. Il faut dire que je lui suis passé devant sur une vague. Il m'attrape par les cheveux et me met la tête sous l'eau. Shane lui conseille d'arrêter. Benji me lâche. Je m'éloigne en lui disant d'aller se faire foutre.

On veut bien te couvrir, Norman, dit Shane. Mais faudra que tu songes à te calmer, hein ?

Je fais oui de la tête.

C'est comme si la colère et la violence se multipliaient en moi. Ça me rend nerveux. Je loupe les vagues, je plante un rail, j'exagère mes virages. Chaque fois, Benji s'esclaffe bien fort. Je me console en me disant qu'il ne peut pas me mettre son poing dans la gueule même si je le mérite. Cette injustice me met du baume au cœur.

L'été de mes treize ans, je le passe en grande partie à me bagarrer. Je prends plus d'une raclée, mais les coups que je reçois au nez, à la mâchoire ou dans les côtes me font bizarrement plaisir. Même quand je perds, je m'assure de toujours placer un ou deux coups de poing pour que mon adversaire ne soit pas près d'oublier. Parfois, j'ai l'impression d'être plus fort quand je me fais cogner dessus que quand je cogne. Je sais que je peux tout endurer. Alors, c'est comme si je gagnais, malgré mon œil au beurre noir ou mon nez ensanglanté.

Cet automne-là, mes résultats scolaires sont déplorables, si bien que Nick me prive de sortie pendant un mois.

Un après-midi, alors que je lis des magazines de surf dans ma chambre où je suis consigné, Nick rentre plus tôt du boulot. Je l'entends faire du bruit dans le salon, puis il m'appelle. Il a baissé les stores et installé un projecteur sur la table basse. Il me dit de m'asseoir sur le canapé et de regarder l'écran placé devant la télé. Il appuie sur un bouton et le projecteur se met bruyamment en route, crachant un rayon lumineux. Apparaît alors sur l'écran un match de foot. Nick a loué les services d'un professionnel pour faire un montage de mes meilleurs moments au foot – par exemple quand je tacle des armoires à glace qui ont crevé la défense de mon équipe, ou bien quand un défenseur format Hulk vient me plaquer au milieu du terrain et que je m'accroche au ballon. En voyant apparaître brièvement l'image de mon père en train de manger des cacahouètes dans les tribunes avec la section sportive du journal pliée en rectangle, une brûlure me perfore la poitrine. Je dois fermer les yeux jusqu'à ce que la douleur disparaisse.

À la fin de la bobine, Nick et moi évoquons ces matchs où je cachais ses plombs de pêche dans mon slip au pesage, ces quartiers dangereux où il nous est arrivé de jouer et les petites manies de mes entraîneurs et coéquipiers.

Tu pourras regarder ce film chaque fois que tu voudras te souvenir de ces moments, dit Nick.

Je compare le garçon de l'époque à celui que je suis devenu. À présent, je suis insensible, irritable, maussade. Ce gamin enjoué sur l'écran, c'était qui ? Où est-il passé ? Mais comme pour la plupart des choses qui me mettent mal à l'aise, je fais semblant de m'en foutre.

Rohloff m'a appelé pour me dire comment sont les vagues, alors je lis des magazines de surf dans l'espoir de faire taire ma faim. Après l'école, comme je traîne, désœuvré, à la maison, je décide de réparer ma planche, qui a pris quelques coups – au moins ça me donnera l'occasion de la toucher. En allant chercher la résine et son catalyseur dans le débarras sous le garage, je trouve un carton avec *Little Norman* écrit dessus.

Je le sors, l'ouvre. Il y a là des coupures de presse, des portraits de classe, mes histoires de Murcher Kurcher, et enfin des vieilles photos de moi au hockey, au Mexique en train de surfer, au ski à Saint Anton avec Dad et un cliché de Dad surfant avec moi, tout bébé, attaché sur son dos. Ma mère m'a raconté qu'un jour, en rentrant de faire les courses, elle nous a vus tous les deux dans les vagues. Folle furieuse, elle a engueulé mon père. Tu ne te rends pas compte du danger que tu lui fais courir, lui qui est si petit ? s'est-elle écriée.

Je lâche les photos, sens les larmes se presser au bord de mes paupières. Je me penche en avant et les refoule. Tu n'es pas une fillette. Tu peux faire face.

J'appelle Sunny, la serre dans mes bras, lui frotte le ventre. Elle se met sur le dos et se tortille, toute contente.

Moi aussi je suis heureux, comme toi, lui dis-je.

Alors je lance son bâton le plus loin possible. Elle bondit dans le canyon.

En remettant les photos dans le carton ainsi que les autres objets, mon regard est attiré par une coupure de journal : une photo en noir et blanc du *Los Angeles Times* me représentant assis dans un fauteuil roulant, le visage enflé et entouré de bandages, un œil noir et un gros pansement autour de la main droite.

Je me dis que c'est déjà comme un rêve, comme si c'était arrivé à quelqu'un d'autre.

Je soupire. Alors, quelque chose se coince dans ma gorge et me brûle la poitrine. Je suis obligé de m'asseoir, le dos appuyé contre le mur de la maison.

Ne t'en fais pas, tu n'es pas fou. Tout va bien.

Je suis censé être endurci parce que j'ai réussi à descendre cette montagne. Quant à cette noirceur qui bouillonne en moi, je dois simplement la dominer. Dad a dominé ses propres chagrins. Il s'en est débarrassé, est passé à autre chose. Les sentiments négatifs doivent être circonscrits. Ça, je sais faire. Alors je lis l'article accompagnant la photo comme pour me prouver que je vais bien.

On s'est dit que soit on bougeait d'ici, soit on mourait de froid... Je ne parviens pas à détacher les yeux de cette phrase. Je tente, en vain, de repousser les images qui déferlent. Je me retrouve de nouveau tout là-haut, à expliquer à Sandra qu'il faut qu'on bouge. Elle ne veut pas. Mais je la force. Ensuite, elle glisse et je tends le bras, mais trop loin parce que j'ai mal calculé mon coup, et alors la brume se referme sur elle.

Mon esprit et mon cœur se verrouillent, repoussent les pointes de douleur. Je me frotte le dos contre le mur. Le crépi m'arrache la peau. Au bout d'un certain temps, je me force à arrêter. Calme-toi, mon vieux.

J'ai la gorge serrée. Alors je bois à l'évier de la cuisine. En se répandant dans mon corps, j'ai l'impression que l'eau finit par s'accumuler dans mes pieds, comme tout le reste. Je m'asperge le visage, mais suis toujours groggy. Je monte les escaliers. Les cuisses me font mal. Je me traîne jusqu'à mon lit et m'endors illico.

Quand je me réveille, j'ai de la fièvre. Sandra serait peut-être toujours vivante si je l'avais laissée sous l'aile de l'avion.

J'attrape un verre vide près de mon lit et le jette contre le mur. Les morceaux s'éparpillent sur mon bureau.

Je regarde mes doigts, l'endroit où la peau cicatrisée fait un bourrelet comme si j'avais des cloques.

Je me lève. Ne plus y penser.

D'un mouvement de la main, je fais tomber les morceaux de verre dans la poubelle. Certains vont se loger dans un tiroir. Je l'ouvre en grand pour les retirer. Et là, mes yeux tombent sur l'Indien en plastique que Dad m'a acheté à Taos.

Je me souviens que je le regardais en me disant que si mon père mourait, alors moi aussi je voudrais mourir.

Il s'est fait tuer en m'emmenant skier, dis-je à l'Indien.

Je ferme le tiroir et sors. Je replace les coupures de presse dans le carton, que je referme et remets dans le débarras sous le garage. Et j'ai la grippe pendant une semaine.

Le week-end, les gars de la bande du collège et Chris Rohloff m'appellent pour me dire qu'il y a une belle houle d'hiver. Ma fièvre est enfin tombée et en entendant parler de ces vagues parfaites et de tout le fun qu'elles promettent, une envie irrépressible me prend. Le jeudi suivant, mon excitation est telle que je suis prêt à exploser.

Ma mère est en train de faire du poulet au miel avec du riz complet et de la salade – sa spécialité. J'attends patiemment dans ma chambre que le repas soit servi pour ne pas provoquer de scène. Après le repas, une fois la vaisselle faite, j'entre dans le salon où ma mère et Nick regardent les nouvelles.

Excusez-moi, leur dis-je, mais il faut que vous me compreniez.

J'ouvre les mains comme si je tenais un gros ballon.

J'ai besoin de surfer, c'est tout. C'est ça qui fait battre mon cœur. Ça fait partie de moi, de ce que je suis, et si je ne peux pas surfer, je ne peux pas fonctionner normalement. Je me sens mort à l'intérieur et c'est affreux.

Sunny boit mes paroles. Je tends la main vers elle.

Imaginez que vous lui preniez son bâton. Elle ne pourrait plus rapporter. Ça la tuerait. C'est contre sa nature. Le surf, pour moi, c'est comme le bâton de Sunny. Je n'ai besoin de rien d'autre. Les copains, les fêtes, je peux m'en passer. Je promets même de ne pas m'attarder sur la plage. Simplement, j'ai besoin d'être dans ces vagues, sinon, je vais me ratatiner.

Assis au fond du canapé, Nick m'écoute, fasciné.

Je t'en prie, Nick, dis-je.

Bon sang ! Le moyen de dire non après un tel discours ! s'exclame-t-il, à ma grande surprise. Tu sais, Norman, si tu mettais ne serait-ce que dix pour cent de cette passion dans autre chose, le travail scolaire par exemple, tu pourrais faire des choses extraordinaires. Vraiment.

Oh ! merci, Nick. Tu peux m'emmener là-bas demain matin avant l'école ? Il y a une houle du tonnerre.

Voyons… je ne travaille pas. Il paraît qu'il va pleuvoir. Tu es au courant ?

Oui. Je m'en fiche.

Bon, alors je te réveillerai à cinq heures trente.

Génial. Merci.

Je me réveille tout seul à cinq heures et quart. La pluie tambourine contre les stores en plastique. La nuit précédente, j'ai mis ma planche et ma combinaison dans le break de Nick. Il ne me reste plus qu'à avaler mon petit déjeuner. Nick prépare le café dans la cuisine.

Tu veux toujours y aller ? me demande-t-il.

Plus que jamais.

Je suis tellement excité que je ne peux avaler qu'une cuillerée de céréales.

Nick a mis un bonnet en laine, une parka et une cape de pluie jaune par-dessus. Je porte un bermuda, un tee-shirt et des tongs.

Tu vas attraper froid si tu ne te couvres pas, remarque Nick.

Je vais surfer de toute manière.

Il réfléchit un instant. Bien vu, dit-il.

Il met le radiateur du break à fond. Quand nous arrivons sur le promontoire dominant Topanga Beach, je suis en sueur. La pluie cingle le pare-brise et le sentier menant à la plage s'est transformé en bourbier. J'étudie l'océan. Le vent, la houle, les grosses gouttes de pluie se mêlent tandis que, apparus d'on ne sait où, des rubans blancs se détachent en s'avançant vers la pointe.

Bon, on se tire ? fait Nick.

Ça se passe plus loin, au large, dis-je.

Les branches des fougères se tendent vers l'océan, ce qui veut dire que le vent prend les vagues de face et les lisse.

Je sens le regard de Nick peser sur moi. Je me tourne. Son visage est enfoui sous des couches de laine et de plastique, ovale comme celui d'une nonne sous sa coiffe. Je me souviens de ces écoles catholiques d'où il nous raconte qu'il a été renvoyé et où les sœurs le punissaient.

Je prends ma combinaison sur le siège arrière, me déshabille, me glisse dans l'enveloppe en caoutchouc noir bien moulant.

Je ne crois pas que ce soit une bonne idée, Norman, dit Nick.

Pourquoi ?

Pourquoi ? Parce que c'est le déluge. Parce qu'il gèle. On ne voit pas les vagues. En plus, je parie qu'il y a un courant traître.

Je regarde de nouveau par la vitre. Des serpentins de mousse diaphane s'agitent derrière le rideau de pluie. En imaginant les vagues dressées sous le vent, je suis pris par l'ivresse du surfeur.

Ça a l'air génial, dis-je.

Il me regarde, interloqué. Nous nous rendons tous les deux compte que c'est exactement ce que mon père aurait dit. Je comprends alors, comme si la lumière se faisait en moi, que Nick éprouve le plus profond respect pour Dad et qu'il aimerait certainement être un aussi bon père que Big Norm. Pour la première fois de ma vie, en le voyant comme pris au piège par la tempête, je ressens de la compassion pour lui.

Comme je ne veux pas qu'il voie mon visage, je me baisse pour mettre mes chaussons. Quand je me redresse, Nick contemple l'océan, le parcourant du regard comme s'il s'agissait d'une chose trop terrifiante et trop dangereuse pour qu'on s'y frotte. Je suis son regard. Au-delà de la pluie battante, au bout du sentier boueux, à quelques brasses du rivage un lieu paradisiaque attend ceux qui auront le courage de braver les éléments.

J'ouvre la portière. La pluie, plus forte que je ne le croyais, me fouette le visage. Je prends ma vieille planche dont les rails jaunes ont la couleur de l'eau sale dans la lumière pâle et ferme la portière avec mon pied. Je m'accroupis en haut du sentier et me laisse glisser jusqu'en bas.

Je cours jusqu'à la pointe. Shane est en train de surfer une vague qui se dresse au-dessus de sa tête, énorme et béante. Saisi de peur tout en crevant d'envie de surfer, je me jette à l'eau. Le courant du ruisseau m'entraîne pile dans les vagues. Je plonge sous la mousse et me mets à ramer en évitant les bouts de bois, les algues et les détritus coincés entre le courant du ruisseau et celui de l'océan. Emporté vers le sud comme une vulgaire brindille, je me retrouve très vite au beau milieu de la baie, au-delà des marches de la maison de Barrow qui, sous la pluie battante, dessinent une traînée rougeâtre.

Je plonge les bras dans l'eau. Mes doigts, tout engourdis, font de bien piètres rames. Rien que pour atteindre la pointe, je dépense toute mon énergie.

Shane, Rohloff et un type que je ne connais pas sont là.

Salut, Little Norm, dit Shane. La bande arrive bientôt. Alors profitons-en maintenant.

T'as raison, réponds-je, haletant.

Difficile de voir où surfer parce que, avec le vent du large, les trombes de pluie s'entortillent et se confondent avec les vagues à l'horizon. Rohloff est allongé à plat ventre sur sa planche, alors je fais de même. Sans un mot, nous suivons Shane des yeux. Il rame contre le courant jusqu'à la pointe. Nous le rejoignons.

La vague, haute de près de trois mètres, nous prend tous au dépourvu. Le vent la retient en l'air quelques fractions de seconde, juste assez pour que nous lui passions dessous. La suivante est encore plus grosse. Cachée par le dos de la précédente, elle fond sur nous comme un oiseau aux ailes immenses, masquant la lumière. Elle paraît dix fois plus sombre qu'elle ne l'est. Sa lèvre s'abat sur mon dos, me fait rebondir dans l'eau. Le reste de la vague me pilonne. Je roule sur moi-même en m'abandonnant comme une poupée de chiffon, avec l'espoir que je ne m'écraserai pas contre un rocher. Quand je remonte à la surface, ma planche s'est détachée du leash et j'ai été emporté jusqu'au niveau du poste de secours, à une centaine de mètres de la pointe.

Je nage vers le bord en luttant contre le courant qui m'entraîne en direction du sud. La marée étant haute, je me laisse porter par une vague et passe par-dessus les rochers en m'aplatissant.

En tentant de repérer ma planche, je vois Nick avec sa cape de pluie jaune et son parapluie près du poste de secours. Ma planche est à ses pieds. Il me fait signe. J'agite le bras pour lui répondre et le rejoins, haletant, au petit trot.

C'est bon ? T'as eu ton compte ? me demande-t-il.

Mes bras pendent comme des nouilles. J'ai des étourdissements, je vois des trous blancs dans le visage de Nick. Pourtant, je secoue la tête, reprends ma planche et, sans un regard dans sa direction, rejoins la pointe en courant. J'attache ce qu'il reste de mon leash à ma planche en faisant trois nœuds. Je sais que ça ne tiendra pas si jamais une grosse vague m'aplatit. Par conséquent, je ne pourrai pas lâcher ma planche et plonger vers le fond, de peur que le leash casse. Je me retrouverai donc à nager de nouveau contre ce courant, plus épuisé que jamais.

Je franchis à grand-peine les murs d'écume en regrettant de ne pas avoir mangé plus ce matin. Je me retrouve au-delà de la maison de Barrow. Je fais dix mouvements de crawl et me repose un instant avant de recommencer. Chaque fois que je m'arrête, le courant me rabat sur la moitié de la distance que j'ai parcourue. Je décide donc de ramer plus lentement, mais sans m'arrêter. Au bout de vingt minutes, je suis enfin au niveau de la pointe. Shane et Trafton sont seuls dans l'eau.

Et Rohloff ? demandé-je.

Les dernières vagues l'ont peut-être un peu trop secoué, répond Shane.

Je fouille la plage du regard, sans le trouver. Je ne vois que la silhouette jaune de Nick. En pensant à sa façon de me demander si j'ai eu mon compte, je me sens plus déterminé que jamais à surfer ces grosses vagues. Si je ne vais pas jusqu'au bout, ce sera en quelque sorte une façon de lui donner raison, de le laisser déterminer mon caractère. Et ce pouvoir, il faut que je le lui reprenne.

Je rame jusqu'à la pointe, dépasse Shane et Trafton. Je sais qu'à leur avis je vais trop loin. Refusant de regarder en arrière, je garde les yeux fixés sur la soupe de vent et de pluie qui brouille l'horizon.

C'est alors qu'elle se dresse. Je rame droit sur elle. Trafton et Shane crient pour m'encourager. Je me place dessous, pivote et me retrouve face au vent. Je dois plisser les yeux pour voir à travers les trombes d'eau. Le vent rabat la lèvre de la vague, dont le souffle est tel que je ferme la bouche, étouffé.

Le talon de ma planche se redresse. Je me mets d'un bond sur les pieds, me penche vers l'avant pour me placer à l'intérieur de la vague. Ma planche pique du nez. Je pèse de tout mon poids sur l'arrière pour la redresser. J'ai à peine commencé à surfer cette vague, et elle menace déjà de se refermer sur moi. Ma planche étant un peu de biais, le vent passe dessous. Il me pousse, me projette pratiquement au-dessus de la lèvre. Je réussis juste à temps à incliner ma planche, qui retombe brusquement sur le fond de la vague. Le choc la déséquilibre. Elle se dresse en l'air comme une moto qui fait une roue arrière. Je mouline avec les bras pour ne pas tomber à la renverse. J'ai perdu de la vitesse. La vague enfle, se soulève, menace de m'engloutir. Pris de panique, je pivote le haut du corps et pompe avec les jambes tout en faisant des mouvements d'ailes avec les bras. Je me baisse pour passer sous la lèvre, pile au moment où je sens que ma planche répond aux mouvements de mon corps. Je pompe deux ou trois fois et me mets à rebondir sur l'eau. Fléchissant les genoux pour absorber les chocs, je réussis à stabiliser ma planche à l'intérieur de la vague.

Alors je commence à monter et à descendre sur la paroi. Je prends des risques – si je monte trop haut, je risque d'être désarçonné. J'en bave, à cause de ce vent, puissant comme un jet-stream, qui pousse ma planche vers le haut. La vague ne me laisse aucun répit. Je manque de nouveau d'être décapité par la lèvre. Un instant, je doute de moi. Puis fais taire mes incertitudes en pompant avec une énergie décuplée. Ma planche se met à glisser à la vitesse d'un bobsleigh dévalant un toboggan verglacé. La puissance de la vague se fond en moi, comme si je faisais partie d'elle. J'ajuste ma vitesse à la sienne, et brusquement elle devient facile à surfer. Et c'est ensemble que nous nous dressons, forts et libres tous les deux.

Rohloff, qui est assis sur le talus, se lève et vient me rejoindre en courant pour me féliciter.

C'était un truc de dingue, Norm, dit-il.

Je pousse un cri de triomphe. Il me donne une tape sur le dos.

Allez, on s'en fait une autre ? proposé-je.

Il prend sa planche et nous partons au petit trot.

T'as vu celle-là ? demandé-je à Nick en passant devant lui.

Il hoche la tête. Je comprends que ce que j'ai fait, jamais il ne l'oserait, qu'il a trop peur pour cela. Et qu'en surfant, je ressens des choses qu'il n'éprouvera jamais. Je rame vers le large, gonflé de force et de courage. Je suis *au-dessus de toute cette merde.*

Comme mes doigts sont trop engourdis pour que je puisse ouvrir la portière, Nick se penche pour m'ouvrir de l'intérieur. Il a posé des serviettes sur le vinyle des sièges et me dit d'entrer. Je place mes mains devant l'air chaud sortant de l'aérateur.

T'as du cran, mon vieux, dit Nick en mettant la marche arrière.

Merci de m'avoir autorisé à venir surfer.

Les choses seraient beaucoup moins compliquées si tu ne mentais pas, Norman.

Je sais. Et elles seraient beaucoup moins compliquées si tu ne buvais pas.

Il me lance un regard oblique, en souriant d'un seul côté.

Qu'est-ce que je peux dire. T'as raison. Et quand t'as raison, t'as vraiment raison.

Je regarde s'éloigner les vagues.

Nick arrête de boire d'un seul coup, et Grand-Mère Ollestad meurt peu après. Nick nous emmène aux funérailles. La cérémonie se tient dans la même église que pour mon père, à une heure en voiture de Pacific Palisades. Tout le monde évoque la gentillesse, la générosité et la vitalité de Grand-Mère. Mon père est parfois mentionné. L'idée qu'il voit à quel point je suis devenu hargneux et aveugle aux beautés du monde me fait mal. Je lui dis, comme s'il était quelque part au-dessus de moi, que je m'améliore. Tu m'as vu surfer l'autre jour ?

Je ne cesse de penser à Grand-Père sur le chemin du retour. Il est resté debout, très droit, et lorsque les invités se sont rassemblés devant l'église, il a écouté tous les oncles et tantes et cousins qui venaient le voir avec des paroles consolatrices. Il n'a pris la parole qu'à deux ou trois reprises, et chaque fois de manière concise et poétique – comme une musique ou des couleurs qui élèvent votre âme. Je revois les éclats bleus de ses yeux, les mêmes que Dad et moi, et me dis que Dad aurait été affecté par la mort de Grand-Mère sans pour autant être paralysé par le chagrin et je l'imagine jouant de la guitare pour les invités devant l'église.

Nous sommes sur l'autoroute. Nick conduit. Je me mets à comparer la fluidité des mouvements de Dad à ceux, saccadés, de Nick. Pour Nick, la moindre interaction sociale est une lutte. Aux funérailles, il a beaucoup soupiré, lancé des grandes déclarations sur la vie, la mort, etc. Il aborde les choses en se hérissant, fiévreusement, tout à fait à l'opposé de mon père – Dad, cet enchanteur. Le visage rouge et fermé de Nick et le grand sourire de mon père se superposent dans mon esprit.

Dans le tunnel qui fait la jonction avec la route de la côte, Nick parle de ce que cela veut dire, être quelqu'un de bien, de sens des responsabilités, de travail, d'honnêteté, en utilisant des mots grandiloquents comme si nous étions des soldats sur le point de partir au front et qu'il nous faisait un discours pour nous motiver. Alors que nous arrivons dans la paisible ville de Pacific Palisades un samedi après-midi, par une belle journée ensoleillée.

Je descends vers la plage, perdu dans mes pensées. Je vois que sur l'océan, des barres de vagues se succèdent jusqu'à l'horizon. Grand-Père, Eleanor et Lee doivent nous rejoindre à la maison, si bien que je n'ai pas osé demander la permission de surfer.

Je passe la journée du lendemain avec Grand-Père chez Eleanor. Personne ne dit grand-chose.

Dans l'après-midi, Grand-Père déclare tout à trac qu'il doit réparer son toit, prend sa voiture et rentre à Vallarta.

Le week-end suivant, pendant que j'exécute les tâches ménagères qui me sont attribuées, je remarque que les vagues deviennent de plus en plus fortes. Je laisse passer une heure pour m'assurer que cette forte houle n'est pas que passagère. Constatant que non, je décide de prendre le bus de trois heures trente pour Topanga Beach. Nick et ma mère sont allés faire des courses et, avant de partir, Nick m'a rappelé que notre politique, désormais, est d'enfermer Sunny dans la maison ou sur le balcon avant la nuit pour qu'elle ne se fasse pas piéger par les coyotes qu'elle s'amuse à pourchasser dans le canyon.

Pas de problème, ai-je répondu.

Tout en me préparant un sandwich au fromage, je me souviens qu'il faut que je rentre Sunny. C'est alors que Rohloff m'appelle de la cabine de Topanga pour me dire que les vagues se déchaînent. Je suis tellement excité que j'attrape mes affaires et cours jusqu'à l'arrêt de bus en m'imaginant faire des cutbacks et des tubes.

Quand je descends du bus, un groupe de quatre vagues déferle. Les as du surf sont dans l'eau. J'enfile ma combinaison en les regardant faire leurs figures. Rohloff me demande où j'étais passé. Je lui réponds que j'étais aux funérailles de ma grand-mère. Il change de sujet. Je remarque alors que Benji, assis sous le seul palmier de la plage avec ses potes, me regarde de manière insistante. Je l'ignore. Rohloff m'explique que Benji répète à qui veut l'entendre qu'il va me voler mes vagues.

Alors fais gaffe, ajoute Rohloff.

Je hausse les épaules. La seule chose qui compte pour moi, c'est de surfer et d'éviter les ennuis.

Je suis là pour m'amuser, c'est tout, dis-je à Rohloff.

Tant mieux.

J'observe les vagues et la façon dont elles se cassent en réfléchissant à l'endroit où je vais les prendre, sans prêter la moindre attention au regard mauvais de Benji. Je descends jusqu'à la pointe, m'allonge sur ma planche et passe en canard sous une petite vague. Une pellicule de tristesse se détache de moi. J'ai l'impression que je peux voir à des kilomètres à la ronde. Je rejoins les as à la pointe. Ils me demandent ce que j'étais devenu. Je leur explique.

T'as vécu des moments pas faciles, me dit Shane.

Je hausse les épaules.

Reste avec nous, Norm. Le vent va tourner.

Je fais oui de la tête.

Cela fait une heure que je surfe. Mais avec tous ces cracks autour de moi, je n'ai pas pu prendre beaucoup de vagues. Enfin, Shane sort de l'eau, ce qui ouvre un peu le champ. Impatient de prendre une série, je sens la frustration me déchirer les entrailles. Quelque chose de dangereux monte en moi, comme si tout ce dont j'ai voulu me libérer s'emparait à nouveau de moi. Cette chose, il faut que je la brûle. Brusquement, l'envie me prend de choper une série de vagues devant Benji et sa bande.

Tout d'un coup, j'entends quelqu'un m'appeler depuis le promontoire. En plissant les yeux, je reconnais Nick à sa façon de bouger. Une main sur la hanche, il me fait signe de l'autre.

Norman ! Rapplique ! Et tout de suite ! hurle-t-il.

Les surfeurs se tournent vers moi, puis vers Nick, puis vers moi de nouveau.

Soucieux de ne pas voir cette scène s'éterniser, je rame vers le bord.

T'es eu ! me lance Benji en souriant au moment où je passe à côté de lui.

La plupart des gars du coin connaissent Nick depuis longtemps. Tout en ramassant mon short, ma chemise et mes tongs, je les entends dire des trucs du genre, *Il a l'air furax. Faut qu'il se calme, Nick.*

Je salue docilement les surfeurs et remonte le sentier en traînant mon équipement.

Nick m'attend en haut, les poings sur les hanches.

Tu crois qu'on est là pour réparer tes conneries ? hurle-t-il.

Pas du tout.

T'es pas le centre du monde ! poursuit-il en pointant son index sur ma poitrine pour marteler ses paroles.

Je le sais.

Non, tu ne le sais pas ! T'es rien qu'un petit merdeux égoïste !

Non ! C'est pas vrai !

Moi, je te dis que si, Norman.

Mais qu'est-ce que j'ai fait ?

T'as laissé Sunshine dehors.

Merde ! Il lui est arrivé quelque chose ?

C'est pas ça le problème. Le problème, c'est qu'elle pourrait être morte à l'heure qu'il est. Dévorée vivante par ces putain de coyotes. Tu te fous complètement d'elle. Tu te fous de tout, sauf de ta petite personne.

C'est pas vrai.

Si, c'est l'exacte vérité.

Non. J'étais tellement impatient de surfer que j'ai oublié de l'enfermer.

Mauvaise excuse, Norman.

Il colle son nez contre le mien. Le blanc de ses yeux est d'un jaune sale. Je comprends qu'il veut me frapper, me punir, me faire ramper devant lui. Alors je m'imagine bien plus grand, hurlant, décidé à en découdre, cognant à tout va, châtiant comme Nick veut me châtier. Puis cette vision s'efface, laissant place à son visage. Ne me reste plus qu'une certaine fascination pour cette colère qui l'habite. Que peut-il faire d'autre, sinon combattre ces démons et tenter de les massacrer avant qu'ils ne l'emportent dans leur royaume obscur ?

D'une tape, j'ôte son doigt de ma poitrine, puis recule. Il ricane en me voyant battre en retraite.

Jamais je ne voudrais devenir comme toi, me dis-je.

D'une caverne chaude au fond de ma poitrine remontent des larmes derrière lesquelles Nick disparaît. Je m'éloigne, comme guidé par mon instinct. Quand je lève de nouveau les yeux, je me trouve sur le promontoire en train de marcher vers l'arrêt de bus. Je serre ma planche contre moi tout en pleurant et en regardant les vagues qui s'enroulent dans la baie. Je voudrais plonger dans ces longs rubans de houle. Alors que j'imagine ma fuite, ma colère et ma douleur convergent avec la lumière qui rebondit en mille éclats sur le miroir de l'océan et le tout fusionne, comme des rivières dont les eaux se mêlent. Le courant invisible m'emporte. Je sens que je dois me laisser aller.

Alors je descends en courant vers la plage en fer à cheval. Elle est vide et dégage une odeur d'algue. Je lâche ma planche et fonce vers l'océan. En entrant dans l'eau, ma peau se hérisse, comme si des plaques de boue séchée s'en décollaient. À présent, plus rien ne me protège de la douleur.

Dad, tu me manques.

Mes larmes coulent dans l'océan. J'ouvre les yeux. L'eau est trouble.

Tu as disparu.

Je plonge, explore le fond sableux. Tout est sombre.

Tu m'as laissé tout seul. Tout seul.

De l'air ! Je remonte à la surface. Sous mon menton, l'océan se balance en faisant des vaguelettes. Non, je ne vais pas bien, malgré ce que je voudrais croire. Je suis triste. En colère. Et à cause de cela, je me sens laid, seul, parfois cruel.

Je remonte sur la plage. J'enfonce mes poings, envoie des coups de pied, des coups de poing dans le sable pendant un bon moment. Enfin, épuisé, je roule sur le côté et contemple l'océan.

Je suis en mille morceaux. Incapable de me recomposer. Alors je n'essaie plus. Et finalement, ce n'est pas si mal d'être en mille morceaux. Je me sens calme, cool, léger. La douleur me transperce, plus profondément que jamais, jusqu'aux os. Mais bizarrement, ce n'est pas un problème. La douleur ne m'écrase pas.

L'océan s'étale, la houle ondule, les vagues qui s'enroulent au pied de la pointe sont belles. Dad m'a appris à voler sur ces vagues-là. Elles sont là pour que je les surfe, comme la poudreuse, comme un courant dans mon ventre. Je me lève.

Le sable, épousant les creux de mes plantes de pied, m'équilibre. Au souffle des vagues se superpose la voix de mon père. Il me murmure de ne pas avoir peur de cette énorme vague au Mexique, parce que cette paroi menaçante s'enroulera et m'enveloppera dans sa matrice paisible, me révélant tout ce qui est essentiel, un monde de pur bonheur – *au-delà de toute cette merde.*

295

Au large de la pointe, je plonge mes yeux dans le creux d'une vague lointaine. Quelque part dans cette ouverture ovale, je saisis ce que Dad a toujours voulu me faire voir. Vivre, ce n'est pas simplement survivre. À l'intérieur de chaque tempête, il y a une oasis – un éclat de lumière enfoui dans l'obscurité.

Épilogue

VINGT-SEPT ANS PLUS TARD, je suis sur la route de Mammoth avec Noah, mon fils, âgé de six ans. La voiture entre dans Lone Pine. Comme d'habitude, je lui montre Mount Whitney, qui se dresse, solitaire sur fond de ciel bleu, entouré d'un halo de poussière de neige. Noah, qui est en train de jouer avec sa Gameboy, jette un coup d'œil au sommet, bâille, puis me demande tout à trac : Est-ce que ton papa te montrait aussi Mount Whitney quand vous alliez à Mammoth ?

Ouais.

C'est vrai que tu as skié la Corniche à quatre ans ?

Ouais.

Mais moi, tu ne vas pas m'obliger à le faire, hein ?

Non. Les temps ont changé. Mon papa me faisait faire des tas de choses pour lesquelles on l'arrêterait aujourd'hui.

Ah bon ?

Bien sûr.

Comme quoi par exemple ?

Je commence alors le récit de nos exploits sur les pistes entre Los Angeles et l'Utah. Noah range sa Gameboy.

Il me pose des tonnes de questions, auxquelles je réponds de mon mieux. Alors que nous sortons de Bishop et entamons la montée de Sherwin, il m'interroge sur l'accident d'avion. Je me tais quelques instants. Mon fils connaît l'histoire dans ses grandes lignes, parce que la cicatrice que j'ai au menton a piqué sa curiosité. Maintenant, le moment est venu de lui révéler certaines choses, en évitant de s'étendre sur les détails les plus sordides. Je voudrais démystifier cette terrible histoire pour qu'il comprenne comment, en puisant dans ses réserves cachées, tout le monde, et par là j'entends surtout lui, peut se tirer d'une épreuve apparemment insurmontable.

Quarante minutes plus tard, la voiture dérape et s'enfonce dans la neige accumulée au bord de la route menant à notre vieux chalet. Il neige fort. Je me remets sur la route, coupe le moteur et jette un coup d'œil dans le rétroviseur. Le regard fixe, les yeux plissés, Noah songe à l'épreuve que je viens de lui décrire.

Et voilà toute l'histoire, lui dis-je.

Tu avais peur ?

Oui, mais j'étais en état de choc. La seule chose qui comptait pour moi, c'était de descendre. Je n'avais pas le temps d'avoir peur.

J'ouvre ma portière, puis la sienne. Il pose les pieds dans la poudreuse toute fraîche. Nos yeux se croisent. À son regard vif et assuré, je comprends qu'il digère bien l'histoire. Il donne un coup de pied dans la neige, soulevant un nuage de cristaux.

Ça devrait nous faire de belles descentes dans la poudreuse demain, dit-il, imitant ainsi ma façon d'exprimer mon enthousiasme.

C'est sûr. Si tu as envie de me poser des questions, n'hésite pas. Tu peux me demander ce que tu veux.

Je sais, répond-il.

Je me suis toujours demandé ce qui a provoqué notre accident en 1979. Mais il m'a fallu vingt-sept ans pour trouver le courage de chercher la réponse à mes questions. Je me suis procuré le rapport de la commission sur la sécurité des transports, rapport qui comprenait la transcription littérale des échanges entre notre pilote et les tours de contrôle.

Un jour, le rapport en main, j'ai retrouvé à l'aéroport de Santa Monica mon ami Michael Entin, un pilote qui a vingt-cinq ans d'expérience. Je me suis installé sur l'un des sièges avant de son Cessna quatre-passagers. En voyant tous ces boutons et cadrans et la tour de contrôle, ma gorge s'est serrée et mon cœur s'est mis à cogner contre mon sternum. J'avais peur, comme si le ciel, pourtant bleu, s'était couvert d'un seul coup.

Vous étiez foutus dès le départ, m'a annoncé Michael sans détour.

Il a posé le doigt sur l'une des premières transmissions de notre pilote, Rob. *Suis... en règles de vol à vue... depuis LA, direction aéroport de Big Bear, souhaite... assistance radar... ne connais pas la région.*

Trente secondes après votre départ, Rob était déjà perdu, sans la moindre idée de l'endroit où il allait, m'explique Michael. Il volait sur un avion de faible puissance, dépourvu d'instruments de bord adéquats pour ce genre de temps – jamais il n'aurait dû décoller, et encore moins poursuivre sa route en direction de la zone de tempête.

Visiblement, la tour de contrôle a averti Rob trois fois au cours de notre vol de ne pas voler à vue – ce qui ne se fait que si le pilote peut voir à plus de trois kilomètres à la ronde et que rien ne laisse supposer que sa visibilité va être réduite.

Pire encore, ajoute Michael, je lis ici que le pilote n'a jamais cherché à vérifier les conditions météo, pas plus qu'il n'a établi de plan de vol. Alors que c'est le b-a.ba, Norm. S'il l'avait fait, il aurait su qu'il ne fallait pas décoller.

Quel gâchis ! Mon père n'a pas été tué par une avalanche parce qu'il avait pris des risques dans la poudreuse. Il n'a pas été dévoré vivant par un tube géant au moment même où il connaissait l'extase. Non, un type qu'il ne connaissait pas l'a entraîné dans un vol condamné d'avance, qu'il aurait pu éviter et qui l'a tué, lui, ainsi que sa petite amie, et a failli être fatal à son fils.

Quand nous sommes arrivés à la fin du rapport, j'avais la nausée. Il fallait que je sorte de l'avion. Pendant que Michael étudiait l'enregistrement de notre vol, j'ai tendu la main vers la poignée de la portière.

Tu veux qu'on suive votre itinéraire sur la carte ? m'a proposé Michael, Qu'on essaie de comprendre où Rob s'est trompé de direction ?

Je me suis figé, ai regardé par la fenêtre – il n'y avait pas un nuage dans le ciel. J'ai inspiré bien profondément. Cette occasion ne se représenterait jamais.

J'ai eu un haut-le-cœur. Non, c'était hors de question.

Ah oui, super ! Allons-y ! ai-je fini par dire.

Michael a allumé le turbopropulseur et fait les vérifications nécessaires pendant que je m'installais sur le siège passager et mettais les écouteurs, comme je l'avais fait à onze ans.

Nous avons suivi l'itinéraire pris par Rob en 1979 et nous sommes écartés, comme lui, de la route prévue en remontant le canyon San Antonio et en virant au-dessus d'Ontario Peak. Je me suis forcé à ouvrir les yeux bien grands. Une telle occasion ne se représenterait jamais.

Puis Michael nous a fait survoler Big Bear. La ligne noire de la piste, coincée entre les montagnes à près de deux mille cinq cents mètres d'altitude, coupait en deux la forêt de conifères et venait buter contre le lac.

C'est un simple aérodrome, m'a expliqué Michael, avec personne pour te guider – tu es tout seul. Si Rob avait étudié son plan de vol et vérifié les conditions météo, il aurait su qu'il se dirigeait vers un aérodrome fermé. Moi, même avec mon turbopropulseur et tous ces instruments de bord perfectionnés, je n'aurais pas tenté un atterrissage ici ce jour-là. Jamais.

La première chose qui m'a frappé à l'aube quand je suis sorti de ma voiture et que j'ai vu se dresser devant moi le mont Ontario, c'est l'aspect inhospitalier du paysage. Nous étions en septembre 2006, la journée était claire et je me trouvais au pied du sentier de Icehouse Canyon, juste au-dessus de Baldy, en train de chercher le moyen de grimper jusqu'à l'endroit où notre avion s'était écrasé, non loin du sommet. Rencontrant par hasard une femme qui s'appelait Katie et montait faire sa promenade quotidienne, je lui ai demandé si elle connaissait la famille Chapman.

Un quart d'heure après, j'étais assis à côté de Pat Chapman dans le même fauteuil à bascule que vingt-sept ans auparavant, à me réchauffer les mains au même poêle. Tout en buvant du chocolat chaud, nous avons évoqué ce qui s'était passé le 19 février 1979.

Ce jour-là, Pat a été réveillée par une sorte de détonation assourdie. Dès le début, elle a pensé qu'il s'agissait d'un accident d'avion. Puis un coyote s'est mis à hurler et elle a entendu un étrange bip. Elle n'a rien dit à Bob, son mari, parce qu'elle n'était pas sûre.

Plus tard dans la matinée, poussée par le sentiment vague, mais persistant, que quelque chose de terrible s'était produit dans la montagne, elle est allée avec ses deux fils jusqu'au pré. Ils ont crié en direction du mont Ontario, par-dessus la barre rocheuse, jusqu'à ce qu'elle appelait Gooseberry Canyon. Bien que le canyon se trouve à au moins deux kilomètres, leurs voix, en partie étouffées par le vent et le brouillard épais, ont rebondi sur ses parois. N'entendant aucune réponse, Pat en a conclu qu'elle s'était fait des idées.

Peu après m'avoir confié à l'inspecteur de police, un adjoint du shérif est venu chez elle pour recueillir sa déposition. Pat lui a fait le récit de cette journée. Comment elle avait été réveillée par un bruit qui ressemblait à celui d'un avion s'écrasant contre la montagne, comment par la suite elle est montée jusqu'au pré. Une fois son récit terminé, l'homme lui a affirmé qu'il était impossible qu'elle ait entendu un avion et qu'il devait s'agir du chasse-neige qui dégageait la route.

Je ne lui ai pas répondu, m'a-t-elle dit. Certaines choses sont difficiles à expliquer.

J'ai fini par me mettre en rapport avec Glenn Farmer, le jeune homme qui m'avait découvert sur la piste. Je crois que pour tous les deux, le fait d'entendre la voix de l'autre a été un choc – nous ne nous étions pas vus, n'avions pas eu de nouvelles l'un de l'autre depuis ce jour où Glenn m'avait pris dans les bras et porté jusqu'au ranch des Chapman. Nous avons parlé pendant une heure au téléphone. Il s'est révélé une véritable mine d'informations. Je me suis enfin décidé à lui demander ce qu'il faisait sur cette piste par un temps pareil, à hurler à pleins poumons.

Glenn m'a alors expliqué qu'à deux heures trente de l'après-midi, il avait parlé à certains des membres de l'équipe de sauveteurs qui se trouvaient devant le fast-food, à quelques centaines de mètres de chez les Chapman. Les gars tendaient le bras vers les montagnes en calculant le temps qu'il leur faudrait pour grimper jusque là-haut. Il leur a alors demandé ce qui s'était passé et a ainsi appris qu'un avion s'était écrasé. À cause du brouillard qui cachait le mont Ontario, Glenn a cru que les sauveteurs désignaient la barre rocheuse qui se trouvait plusieurs centaines de mètres en contrebas du sommet.

Les sauveteurs partis, Glenn a décidé de grimper jusqu'à la barre pour voir s'il pouvait trouver quelque chose. Il n'est jamais parvenu à s'approcher de l'endroit parce que les buissons étaient trop denses. Il a appelé plusieurs fois, en vain. Il avait décidé de laisser tomber et de redescendre par la piste quand il s'est dit qu'il allait faire une dernière tentative.

Un mois après que j'ai revu Pat Chapman, son fils, Evan Chapman, m'a emmené dans la montagne. Nous avons traversé le pré en nous faufilant entre les buissons d'aulnes noirs, sans avoir à craindre les pièges dissimulés sous la neige. Nous avons escaladé la cascade de rochers – qui n'étaient pas recouverts de glace cette fois-ci – et remonté le ravin et le replat, jusqu'à l'endroit où j'avais découvert le corps de Sandra – Evan savait précisément où c'était parce que son père, Bob Chapman, décédé entre-temps, le lui avait montré.

Après avoir localisé l'arbre contre lequel Sandra avait terminé sa chute folle, il m'a laissé seul quelques instants. J'ai dit à Sandra que j'étais désolé qu'elle ne s'en soit pas sortie, que je regrettais d'avoir tout raté, d'avoir mal calculé sa trajectoire dans le couloir verglacé. Ensuite Evan m'a fait voir un groupe d'arbres, où nous avons trouvé la carcasse du siège qui avait glissé jusque-là.

À deux mille cinq cents mètres d'altitude, j'ai remercié Evan de m'avoir guidé. Il m'a tendu un talkie-walkie et montré la direction du funeste toboggan, l'un des trois toboggans qui dévalent le mont Ontario.

En tombant sur un large ruban de poussière toute fine qui courait tout le long du toboggan, j'ai su que, recouvert par la neige, il devenait ce couloir lisse et fatal. J'ai été obligé de me mettre à quatre pattes pour le remonter. Une heure plus tard environ, j'ai reconnu un arbre. Il dépassait les autres, avec lesquels il formait une ligne, rare aux abords du couloir. L'endroit était tellement raide que même sans glace, je devais me coller à la paroi pour pouvoir regarder l'arbre en face de moi. Mon instinct m'a dit que c'était celui sur lequel l'aile, notre abri, était appuyée.

Fatigué, en sueur, couvert de poussière, je me suis assis sur un rocher plat, persuadé que la zone d'impact ne devait pas être loin de l'arbre. J'ai tout de suite été transporté vingt-sept ans auparavant, dans la neige et le vent. Au bout d'un moment, j'ai enfin pu me concentrer sur mon père. Bien que ne disposant d'aucune preuve, j'étais convaincu que sa belle existence avait été cruellement abrégée ici même.

Eh bien, Dad, c'est ici que tout s'est terminé, ai-je dit à haute voix. Merci de m'avoir protégé. J'aurais aimé te sauver.

J'ai senti sa présence comme un nuage de vapeur s'élevant de la montagne. Je me suis laissé envahir. Les larmes ont coulé sur mes joues. J'ai commencé à gémir. Les ours ou les coyotes m'entendaient-ils ? Je me suis abandonné aux souvenirs délicieux de toutes ces choses extraordinaires et éprouvantes que nous avions accomplies ensemble.

Prudemment, j'ai pivoté et me suis baissé pour embrasser le rocher, qui représentait pour moi l'endroit où il était mort. Quand j'ai ouvert les yeux, mon regard est tombé sur un objet orange et blanc coincé entre des lamelles d'ardoise, sous une pomme de pin écrasée. Il s'agissait d'un morceau de fibre de carbone grand comme ma main, dont la peinture orange était toute ternie. En creusant, j'en ai découvert deux autres pratiquement identiques. Notre avion était orange, rouge et blanc, et l'habillage des roues ainsi que la carlingue en fibre de carbone. J'ai examiné les morceaux, émerveillé d'avoir fait cette découverte, puis embrassé les rochers et la pomme de pin en disant à mon père combien je l'aimais.

J'ai porté mon regard au-delà de Gooseberry Canyon et du ravin à la recherche du pré – mon pôle magnétique. En vain. Je savais où il se trouvait – je venais de le traverser. Pourtant, je n'arrivais pas à le voir derrière l'immense barre rocheuse qui se dressait à gauche du ravin et bloquait la vue. J'ai trouvé cela bizarre.

Le mystère s'est épaissi lorsque, en rentrant à la maison, j'ai retrouvé la cassette audio d'une interview télé faite le lendemain de l'accident, le 20 février 1979, cassette dans laquelle je disais : *Il y avait un pré, et j'ai suivi cette direction tout le temps, parce que je savais qu'il y avait une maison pas très loin.* Pourtant, en octobre 2006, alors que la journée était claire et que je disposais d'un bon point de vue, je n'ai pas pu repérer le pré, pas plus que je ne l'ai vu en redescendant dans l'après-midi. Dissimulé par la barre, il ne m'est apparu qu'une fois le ravin passé. J'ai vérifié sur les photos prises depuis tout en haut, et il n'y a pas de doute. Le pré n'est pas visible. Seul le toit l'est – il se trouve pile en face. On voit également la piste, désormais mangée par la végétation. Mais pas le pré – il est situé trop sur la gauche, derrière la barre.

Jusque-là, j'étais persuadé d'avoir repéré le pré, le toit et la route juste après que l'hélicoptère s'était éloigné, et d'avoir *suivi cette direction tout le temps parce que je savais qu'il y avait une maison pas très loin.* Malgré les preuves évidentes du contraire, je conserve le souvenir précis de m'être dirigé vers ce pré, irrésistiblement attiré par lui parce que j'étais persuadé que c'était le chemin du salut.

Les ours et les loups se déplacent en suivant leur instinct. Les oiseaux migrateurs sont guidés par une boussole interne. L'idée qu'il fallait absolument que je voie effectivement le pré pour percevoir sa présence n'est peut-être qu'un concept artificiel.

Ainsi, j'aurais perçu la présence d'un endroit où je pourrais me reposer après ces étendues gelées et accidentées – endroit vers lequel d'autres humains, Pat par exemple, avaient été attirés irrésistiblement, à la manière d'un loup ou d'un ours guidé par son instinct. Peut-être les empreintes de Pat et de ses fils, marques d'une présence humaine, m'ont-elles appelé, et alors, coupé comme je l'étais de la civilisation, mes instincts animaux sont remontés à la surface. Et je me suis raccroché à la vie.

À la naissance de Noah, j'ai eu peur qu'il ne soit, comme moi, exhorté dès son plus jeune âge à devenir un skieur et un surfeur hors pair. Je me suis préparé à ce que mon héritage génétique, faisant valoir ses droits, m'incite à pousser mon fils comme moi-même je l'avais été.

Je me suis souvent demandé ce qui avait conduit mon père à m'entraîner au-delà de mes limites. L'envie de me façonner à son image ? De compenser ses propres désirs non réalisés ? Les deux, je suppose.

J'ignore si mon père a eu raison de m'élever comme il l'a fait. On pourrait dire qu'il a fait preuve d'imprudence. Mais quand je plonge dans mes souvenirs, que j'en examine les détails, je n'y vois pas de l'imprudence, j'y vois la vie telle que je la connais. Brute, sauvage, merveilleusement imprévisible. Cependant, ma façon de réagir n'est peut-être que le fruit d'un conditionnement – mon père m'avait conditionné à me sentir à l'aise au cœur de la tempête.

Je ne veux surtout pas dire que je vis ma vie en toute sérénité. Je trébuche, je me débats comme la plupart d'entre nous. Pauvrement équipé, pas plus doué que les autres, j'avance dans ce chaos avec l'espoir que je dénicherai une pépite enfouie quelque part.

Tout en élevant mon fils avec cette idée à l'esprit, je me demande jusqu'où je peux plaquer mes passions sur celles, bourgeonnantes, de Noah. Je ne veux pas que ma relation avec lui soit le prolongement de celle que j'avais avec mon père, ou qu'elle me serve à panser égoïstement mes blessures. Pourtant, quelque chose me pousse à exposer Noah à la nature passionnée de son père, à sa façon de vivre pleinement la vie. Et j'ai du mal à trouver l'équilibre entre ces forces opposées.

La première fois que j'ai emmené Noah faire du ski, il avait quatre ans. À cet âge, j'avais fait la plupart des pistes noires de Mammoth. Je savais donc qu'il me fallait absolument résister à l'envie de pousser Noah dans cette direction. Par miracle, j'ai découvert en moi-même une réserve de patience jusque-là bien enfouie, si bien que Noah a eu le privilège de pouvoir progresser à son propre rythme.

Je pensais bien contrôler les choses. Et puis un jour, Noah, qui avait sept ans, a skié Dave's Run, une piste noire impressionnante. J'étais tellement transporté de joie que je l'ai entraîné hors piste sous le Dragon's Back. Plus bas, la pente était parsemée de rochers et de branches d'arbre à moitié enfouies. Mine de rien, je me suis mis à skier sous Noah pour pouvoir le rattraper si jamais il percutait un rocher et tombait.

Nous avions pratiquement atteint un ravin abrité où j'étais persuadé que la neige serait molle, ce qui permettrait à Noah de faire de beaux virages en dépit de la raideur de la pente. À mesure que nous parcourions les derniers mètres nous séparant du bord du ravin, arrondi comme s'il avait été façonné par l'eau, la neige s'est peu à peu transformée en glace. Les skis de Noah ont commencé à vibrer et il a vite perdu son assurance. Je l'ai encouragé à persévérer et à utiliser ses carres. Mais ses jambes tremblaient de peur. Il s'est mis à pleurer. Je me suis placé en dessous de lui en le rassurant de la voix – j'étais là pour le rattraper. Pliant les genoux à contrecœur, il a tourné et brusquement, nous nous sommes retrouvés juste au bord du ravin.

Noah s'est arrêté et a regardé au fond du ravin, qui était plus profond que dans mon souvenir mais où, en revanche, la neige était en effet bien molle.

Hors de question que je descende, Dad, a décrété Noah en s'affalant. C'est trop dur pour moi.

Mais non. Regarde comme la neige est bien molle au fond. Avec la technique que tu as, tu tiendras sans problème. C'est plus facile que sur la glace.

T'aurais pas dû m'amener ici, a-t-il répondu.

Peut-être, mais on y est.

J'avais une petite idée du genre de sentiment qu'il éprouvait au bord de ce ravin. M'étant retrouvé moi-même dans des situations comparables à peu près au même âge, je savais qu'il ne voulait pas avoir peur, qu'il ne voulait pas sentir son corps sous l'emprise de cette tension, quel que soit le bénéfice qu'il en tirerait. Il voulait s'amuser sans que cela lui coûte rien.

À ce moment-là, j'ai compris quelle était la nature profonde du conflit qui m'agitait, et avait agité mon père. Au fond du ravin, à l'abri, nous attendait une neige toute fraîche – un petit trésor protégé du soleil et du vent grâce à son orientation nord. Là, Noah pourrait sentir la résistance de cette neige souple à l'arc impétueux de ses virages – sensation que seule la neige fraîche pouvait procurer. Il saurait ce que c'est que de surfer, en équilibre précaire, contre le plus puissant de tous les courants – la gravité. Un acte de liberté suprême. Sans parler de l'impression de puissance qui suivrait. Mais pour capturer cet instant, il lui fallait d'abord dépasser sa peur, ce rebord impressionnant et la paroi rugueuse. Livré à lui-même, il lui faudrait peut-être pour cela des années. Aux yeux de mon père, et aux miens parfois, cette perte de temps était insupportable – il fallait qu'il éprouve ce frisson maintenant !

Je suis coincé, a dit Noah. C'est nul.

J'ai bien envisagé de le prendre dans les bras et de le porter jusqu'en bas. Puis la voix de mon père a pris le dessus. Tu peux le faire, Noah, a-t-elle soufflé, t'es un champion. Et tout naturellement, je me suis élancé. Le ravin était escarpé, et en franchissant ses rebords verglacés et irréguliers, mes skis se sont mis à partir dans tous les sens, jusqu'à ce que j'arrive sur la neige fraîche. Maintenant, il allait bien falloir que Noah se lance.

J'ai senti confusément que j'avais franchi une ligne et que j'étais rattrapé par mes propres angoisses égoïstes. D'autre part, je contrôlais la situation : j'étais là pour le rattraper si jamais il dégringolait dans le ravin, et en cas de chute il atterrirait sur de la neige bien molle. Je suis donc resté là à attendre qu'il se décide.

Les choses ne se sont pas tout à fait déroulées comme je l'avais prévu. Noah a commencé à se tortiller et à brailler de manière incontrôlable.

En le regardant depuis le fond du ravin, je me suis demandé si je n'allais pas devoir remonter toute cette paroi en escalier pour le tirer de là.

Qu'est-ce que je fais ? a-t-il hurlé.

Tu peux skier sur cette partie glacée le long du bord, ou bien descendre ici, là où la neige est fraîche. C'est toi qui décides, lui ai-je répondu, comme s'il s'agissait d'un vrai choix.

Sa petite tête s'est tournée vers la gauche, puis vers la droite. Tout d'un coup, il s'est redressé et a franchi le rebord. Il a dévalé la paroi, le corps secoué comme un prunier. Dès que ses skis ont touché la neige fraîche, il s'est détendu en un éclair.

C'est bien, continue, Ollestad !

Je l'ai vu filer comme une flèche en rassemblant tout son courage pour entamer le redoutable premier virage.

Déplaçant le poids de son corps, il a incliné ses skis et ses épaules face à la pente. Premier virage parfait. Deuxième, idem. Il devait se pencher complètement tellement la pente était raide. Je me suis dit que si jamais il tombait, la neige molle lui ferait comme un berceau et amortirait sa chute, ce qui me donnerait le temps de venir le sortir de là.

Je lui ai crié de s'arrêter au niveau des arbres. Mais il a fait semblant de ne pas m'entendre et a disparu dans les bois en contrebas. Je l'ai retrouvé au télésiège, persuadé qu'il allait exploser de colère. Cette expérience n'avait peut-être pas été pour lui aussi enthousiasmante que je le croyais. Peut-être même avait-elle été détestable.

Alors, pourquoi t'as mis si longtemps ? m'a-t-il demandé d'une voix joyeuse.

C'était raide.

Mais la neige était extra.

Nous avons pris le télésiège numéro 9, le seul qui nous permettait de sortir de cette partie isolée de la station. Nous avons gardé le silence tout le long de la montée. Il a appuyé sa tête sur mon avant-bras. Je savais que j'étais allé trop loin. Je savais que nous avions eu de la chance que cela se soit bien passé. Je savais également qu'il avait découvert en lui une réserve de confiance dont il n'avait pas été conscient jusque-là, et qu'il pourrait y puiser dans toutes sortes de circonstances. Il y avait certainement des manières plus douces de parvenir au même résultat. Simplement, je ne les connaissais pas. Si bien que ma lutte pour trouver le juste équilibre entre libre-arbitre et contrainte est loin d'être terminée.

Nous n'étions plus loin de l'arrivée. J'ai jeté un coup d'œil à Noah. Il explorait du regard l'immense domaine skiable en forme de voile.

Ça va ? lui ai-je demandé.

Il s'est contenté de faire oui de la tête, le regard toujours fixé au loin à la recherche du ravin. J'ai deviné que pendant sa descente, Noah avait traversé la zone de tempête et

pénétré ce lieu où il pouvait savourer sa victoire, le bonheur d'être lié à quelque chose d'ineffable – cet endroit
sacré qui m'avait été dévoilé, et qu'il connaissait maintenant, grâce à l'homme aux yeux parsemés d'éclats de soleil.
Il existe dans la vie peu de joies comparables à celle-ci.

Réfrénant mon enthousiasme, je lui ai demandé ce qu'il
voulait faire maintenant.

Manger.

Excellente idée, Ollestad.

Remerciements

Je voudrais remercier les personnes suivantes, qui m'ont été d'une aide précieuse pour écrire ce livre.

(par ordre alphabétique)
Lloyd Ahern, Kevin Anderson, Rachel Bressler, Bob Chapman, Evan Chapman, Patricia Chapman, Michael Entin, John Evans, Glenn Farmer, Jenny Frank, Alan Freedman, Sue Freedman, Harvey Good, Dan Halpern, Dave Kitching, Eleanor Kendall, Lee Kendall, George McCormick, Doris Ollestad, Noah Ollestad, David Rapkin, Craig Rosenberg, Carolyn See, Virginia Smith, Fonda Snyder, Rob Weisbach, Gary Wilson.

Composition Nord Compo
Imprimé en avril 2010 par
Normandie-Roto Impression s.a.s.
Éditions Albin Michel
22, rue Huyghens 75014 Paris
www.albin-michel.fr

ISBN : 978-2-226-20617-6
N° d'édition : 18864/01. N° d'impression : 101430
Dépôt légal : mai 2010
Imprimé en France.